FOOTBALL INTELLIGENCE

相手を見てサッカーをする

Daiki Iwamasa
岩政大樹

KANZEN

FOOTBALL INTELLIGENCE

相手を見てサッカーをする

FOOTBALL INTELLIGENCE 相手を見てサッカーをする／目次

第三章 駆け引きで優位に立つ

FOOTBALL INTELLIGENCE

序章

「相手を見てサッカーをする」を日本の常識に

自分たちのサッカーに「相手」が存在しなくなっていないか？

サッカーではしばしば言葉が一人歩きします。「自分たちのサッカー」という言葉はその好例でしょう。

「自分たちのサッカー」とは、言葉にすると〝自分たちがやるべきこと〟をやり通せた試合のことでしょうか。サッカーは相手がいるスポーツですから、本来その中には〝相手云々にかかわらず自分たちがやるべきこと〟もあれば、〝相手（あるいは試合の流れなど）によって変えるべきもの〟も、どちらもあります。

それは当然のこと。どちらかではなく、どちらも、です。試合の目的は常に「勝つこと」ですから、どちらも組み合わせながら、勝つための方法を逆算して戦うのが〝サッカーをする〟ということだと思います。

それなのに、ある時期日本では「自分たちのサッカー」から〝相手〟が存在しなくなったように感じました。「自分たちのサッカー」が〝相手云々にかかわらず自分たちがやるべきこと〟だけになり、〝相手（あるいは試合の流れなど）によって変えるべきもの〟が排除されたようでした。二つが二極化されて語られ、それを〝善か悪か〟で議論されているようにさえ見えました。そこには、国民性のようなものが影響しているところもあったと思いますが、それ以上に、日本サッカーにおいて、相手云々によって何が変わり、何が変わらないのか、が明確にされていないことが根底にある気がしました。

だからでしょう、「自分たちのサッカー」の対極の言葉として、「マリーシア」とか「駆け引き」とか「相手を見てサッカーをする」とか、そんな言葉がよく聞かれます。日本人が苦手とすると言われている部分です。しかし、実際にはこれらの全てが対極に位置しているわけではなく、むしろほとんどは同じところにあります。

「自分たちのサッカー」の中に「マリーシア」とか「駆け引き」などがあり、それは「相手を見てサッカーをする」ということですが、それらも含めたものが「自分たちのサッカー」で、対極には位置していません。

それなのに、言葉が一人歩きすると面白いことが起きました。「自分たちのサッカー」という言葉にみんなが振り回されて、日本全体が「相手を見なくていい」とか「駆け引きは必要ない」などと言っているようにさえ感じました。

私が2年間、東京ユナイテッド（関東社会人リーグ1部）と東京大学ア式蹴球部（東京都大学リーグ2部）で指導をさせていただく中で取り組んだ課題も、この「自分たちのサッカー」なるものの捉え方についてでした。

トップカテゴリーではない彼らはある意味で日本サッカーを象徴していたと思います。トップ選手たちはきっとどんな指導の下でも自分で考えて道を切り開いていけるのでしょうが、私が向き合った彼らはある意味ではそうではありませんでしたから、私が彼らに〝何をどう伝えるか〟は非常にデリケートな判断が求められました。

語弊を恐れずに言うと、私が、日々彼らから感じたのが「相手を見てサッカーをする」ということを理解できていないことでした。というよりも「相手を見てサッカーをする」という概念さえも彼らに存在していないように感じました。

例えば、サッカーにおいて〝正しい判断〟とは相手から決まります。判断は基本的に相手を見て決められていくものなのです。だから、私はよく「(判断の)答えは相手が教えてくれる」と伝えていました。しかし、彼らはそれよりも「こういう場合はチームとしてこうしよう」とあらかじめ自分たちの〝正しい判断〟を決めて、それをみんなで一生懸命にやる。それが「自分たちのサッカー」だと思っているようでした。

しかし、相手がいるサッカーにおいて、それでは不十分です。試合ではいろいろなことが起こり、想定と異なることなどいくらでも出てきます。相手だって毎回変わるのです。

その中で、いつも「自分たちのサッカー」をするためには「自分たちのサッカー」に相手を含めておかなければなりません。

「おれたちはスペースに蹴って走ろう」ではなく「〝相手〟が出てきたら裏へ流しこもう」とか「〝相手〟が出てこなくても一度裏へ流し込んで試合の流れを掴もう」でなくてはなりません。

「このエリアを攻めよう」ではなく「〝相手〟がこう動いたらここが空くからこ

のエリアを攻めよう」でなくてはなりません。

それが「自分たちのサッカー」でなければ、あらゆる相手に通用する「自分たちのサッカー」にはなり得ず、〝良い時はいいけどダメな時はダメ〟になってしまいます。


だから、私は指導者として「相手を見てサッカーをする」という概念を植え付けることからスタートしました。それを練習の中で具体的に説明しながら、粘り強く、彼らの〝自分たちのサッカー〟の考え方を変えていこうとしたのです。

それを彼らは皆「面白かった」「知的だった」と表現してくれました。つまり、これまでに考えてきたサッカーと違っていたのだと思います。だとすれば、私の考えていたことはあながち間違いではなかったのでしょう。

私には、サッカーは〝相手〟とするものだという考え方が当たり前にありますが、果たして〝日本サッカーの当たり前〟はどうでしょうか。


本書では、サッカーにおける「相手を見てサッカーをする」という部分を深く考察してみます。私にとって「自分たちのサッカー」には常に相手がいました。「取るべきポジション」には相手がいました。

「自分たちのサッカー」とはきっと、試合におけるできるだけ多くの〝相手〟に対応できる自分たちのセオリーのようなもので、それは確かに〝自分たちがやるべきこと〟です。

ここで大事なことは、「自分たちのサッカー」を構築する判断基準の中に「相手」が存在していることを意識しておくことだと思います。つまり、〝相手を見てサッカーをする〟ことがどういうことなのかを知り、〝相手を見てサッカーをする〟ことを「自分たちのサッカー」に含んでおくということです。

そうすれば、相手がいるサッカーというスポーツにおいて、相手が存在しなくなることなどないはずです。

日本人は元々「マリーシア」とか「駆け引き」という言葉に抵抗があります。「ズル賢い」という拡大解釈がそうさせたのでしょう。もったいないと思います。

私はサッカーにおける「マリーシア」は「相手を見てサッカーをする」という

ことだと理解しています。「サッカーがうまい」というのも、もしかすると同義かもしれません。

「相手を見てサッカーをする」ことがどういうことなのか。これを噛み砕いて説明できれば、それを実行する力は日本人にもあると思います。日本人は示されたものをすることは得意なのですから。

だからきっと「相手を見てサッカーをする」を噛み砕くことは日本サッカーのためになる。そう信じ、この難題に挑んでみます。

FOOTBALL INTELLIGENCE

第一章

「相手」を見るための良いポジショニングとは?

ポジショナルプレーや5レーンといった機械的に聞こえる言葉に惑わされてはいけない

〝良いポジショニング〟には明確な基準があります。特に守備面においてはサッカーをしていれば一度は聞いたことがあるでしょう。

「ボールを持った相手と自分のゴールを結んだ線上に立つこと」

ボールを持った相手への対応で判断を間違えるときは、この原則を外していることがほとんどです。ゴールへの道をあけた角度で相手に対峙すると、ボールを持った相手が〝ゴールに直線的に向かう〟という選択肢を示した時に、守備者はそれを何としても防ぎにいかないといけないという意思が働くので、それを逆手に取られやすくなります（図1）。


最近では、この原則にとらわれないプレスの方法を採用する戦術も見られます（P206のコラム2参照）が、これらもゴールから遠いエリアにおける限定的なものに限られます。高い位置でのハイプレスで相手を誘導し、ショートカウン

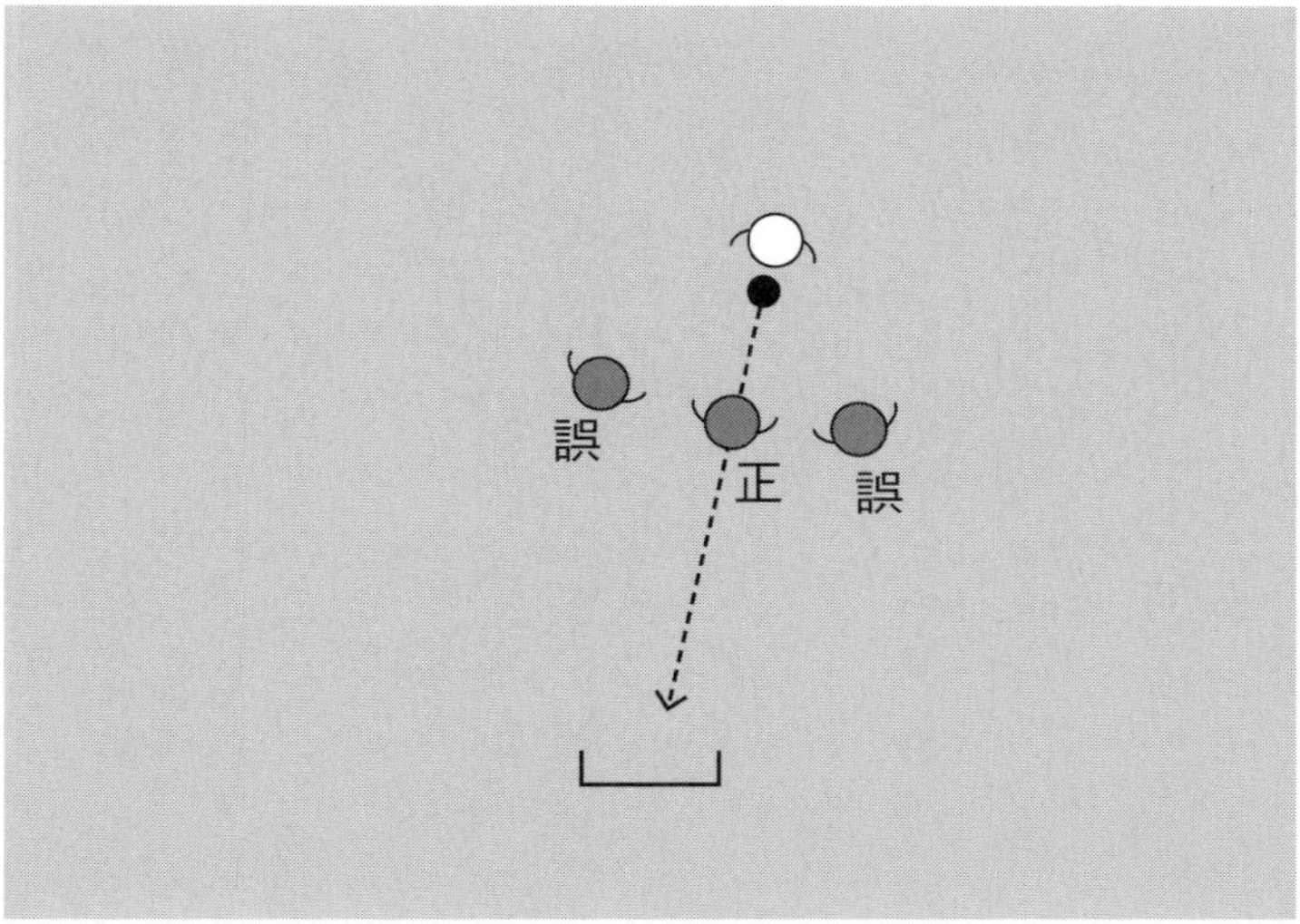

図1　ゴールへの道をあけた角度で対峙するのは誤り

ターにつなげるための罠として使っているだけで、そこを外された後の自陣での守備においては、ノーマルにこの「ボールを持った相手と自分のゴールを結んだ線上に立つこと」に戻っていきます。それはそうでしょう。結局、最終的に勝負を分けるのは局面における個人の対応になるので、相手に先手を取られる立ち位置では勝てるものも勝てるはずがありません。

問題は攻撃です。

守備における「ボールを持った相手と自分のゴールを結んだ線上に立つこと」という言葉ほど決まり切った言葉はあま

り聞かれません。それよりもシステムだとかポジショナルプレーだとか5レーンだとか、何やら機械的に聞こえるフレーズばかり目にします。

ここが肝心で、これらの言葉は本来「相手」に対して優位に立つ立ち方から連想されていった言葉たちなのだと思いますが、捉え方を間違えると言葉から「相手」がいなくなってしまいます。つまり、システムもポジショナルプレーも5レーンも、〝そこに立ったら終わり〟ではないのに、言葉が一人歩きしていって、本質を理解して使っていないと意味のないもの、本来の「〝相手〟をうまく外すため」を無くしてしまったものに変わってしまうのです。

ここからは個人的な見解になりますが、私はこれら全ては一つの原則の基に語ることができると思っています。その原則は守備者の原則の正反対にあるものです。

つまり、「ボールを受けたときに、自分と相手ゴールを結んだ線上に相手を立たせないこと」（図2）。

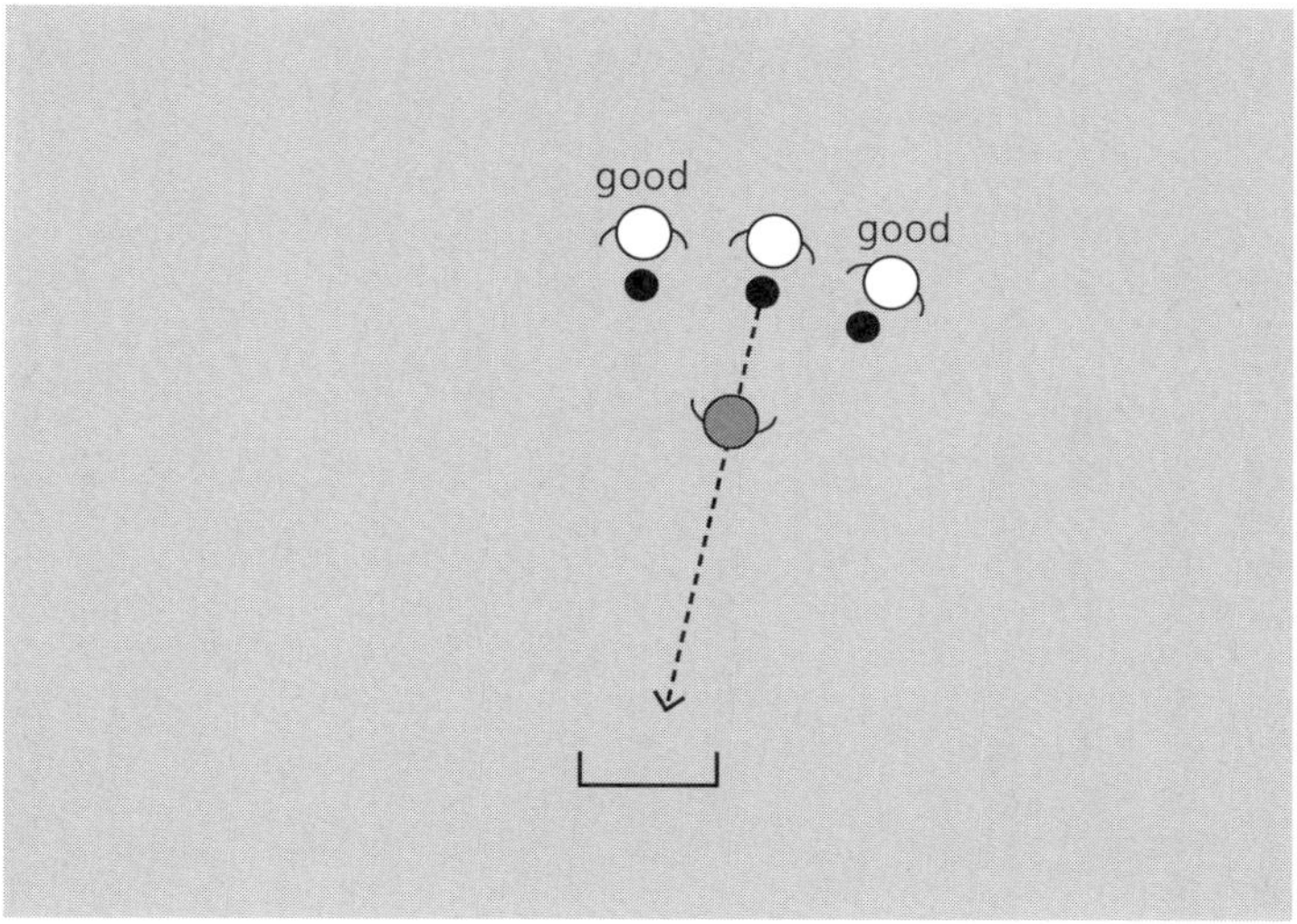

図2　自分と相手ゴールを結んだ線上に相手を立たせない

プレーしながら考えるべきは二つ「どこに立つべきか」「どこを見ておくべきか」

サッカーは展開が止まらない、かつ、目まぐるしい。その速い展開の中でサッカーをしながら考えられることはそう多くありません。時間も限られますし、そもそも「考えろ！」と言われたところで、情報量が多すぎて何を見て、何を考えれば良いのか。考えることができない選手とはそれが分からないのです。だから、サッカーの「考える」とは、〝何を考えることなのか〟が明確になっていなければなりません。

そこで私はプレーしながら考えるべきものを「立ち位置」と「視野（目線、角度）」だと限定しています。つまり、「どこに立つべきか」と「どこを見ておくべきか」。それを「考えろ！」と。

その基準となるのが「ボールを受けたときに自分と相手ゴールを結んだ線上に相手を立たせないこと」。そのために、〝寄るべきか、止まるべきか、離れるべきか〟を常に「考えよう」というわけです。

相手守備者は「ボールを持った相手と自分のゴールを結んだ線上に立つこと」という原則を守ろうとポジションを取ります。そうしなければ対応するときに判断を間違えるからです。であるならば、攻撃側はその逆をいけば良いはずです。

そうして見ていくと、各ポジションで「取るべきポジション」「見るべきポイント」は整理されます。極論、ピッチ内ではみんながその原則の取り合いをしているようにさえ見えてくるのです。

つまり、攻撃側は「ボールを受けたときに自分と相手ゴールを結んだ線上に相手を立たせない」ように、守備側は「ボールを持った相手と自分のゴールを結んだ線上に立つ」ように。

まずは、攻撃時に各ポジションで取り合っている「良いポジション」を考察してみましょう。そして、システムやポジショナルプレーなどにも触れてみたいと思います。

1

センターバックにおける良いポジショニング

センターバックはビルドアップ時になぜ「開く」のか？

センターバックは視野に関しては難しくありません。特にビルドアップの時は最後尾から全体を見渡しながらプレーできるので、体の角度は意識しなくても全体が見えている状態です。

ただ、忘れがちなのが、ボールが来る前に、ボールと逆サイドの状況を見ておくことです。攻守において、右にボールがあるなら左を、左にボールがあるなら右を見ておく意識は忘れないように考えておかなくてはなりません。

というのも、センターバックはボールを持って判断する時の選択肢に「見えていないもの」は決して入ってきません。ミスが許されないポジションだからです。ただ、ボールサイドの状況というのは最悪、ボールが来る途中に瞬時に把握することができます。しかし、ボールと逆サイドはそうもいきません。ボールが来る前に見ていなかったら、ボールから目を切って見ることなどできないので、必ずボールが来る前に絶えず移り変わる逆サイドの状況を見ておかなくてはならないのです。

私はよく思うのですが、センターバックの選手が慌てたり、判断ミスをしたりする時はだいたい「ボールと逆サイドを見ていなかった時」です。

「視野（目線、角度）」は「逆サイドを見ておくこと」。これは意識づけと習慣でほとんどが解決できます。それが済んだら、あとは相手に対する「立ち位置」です。「視野」の中でも当然、逆サイドを見ながら「相手」を把握しているわけですが、大事なのはここからの「立ち位置」の定め方です。

ビルドアップ時のセンターバックに出される指示でよく聞かれるのが「開

け！」という声ですが、開いた選手たちに「なぜ開くの？」と聞くと答えられない選手ばかりです。これでは意味がありません。開くことは相手の立ち位置に関わらず通用する万能のポジショニングではありません。それなのに「開け！」の声に判断なく開く選手は、相手に対応されると立ち位置を間違えることが多くなります。

センターバックが開くことの目的は、まさに「ボールを受けたときに、自分と相手ゴールを結んだ線上に相手を立たせないこと」です。

つまり、立ち位置を定める基準となるのは「開くこと」ではなく「（自分に対応している）相手からずれること（相手に正面からアプローチされないこと）」。

つまり〝相手〟を見て決めるべきものです。

後ろでビルドアップに入る場合、相手は中央をやらせないために中を閉めます。相手が中を閉めるから広がります。広がって、相手とずれたところでボールを受けると、相手のアプローチは正面からではなく、少し中からになります（図3）。

そうすれば、縦パスを入れたり、前に運んだりという選択肢を持つことができます。

〝前へ〟の選択肢があれば相手は基本的に狙いを定めることができません。そうすれば、全体は下がらざるを得なくなります。その時点で先手が取れたことになるのです。

基準を常に「相手からずれること」にすれば判断は明確になる

「結局広がるなら同じではないか？」と思われた方もいるかもしれません。確かに、ほとんどの場合そうです。しかし、大事なのはここで、基準が〝相手〟であることを知っておくことが選手の判断には重要なのです。

例えば、次のようなケースがあります。

ビルドアップに入った時に相手2トップが中を閉めてきたから開く。ここまでは前述したのと同じです。

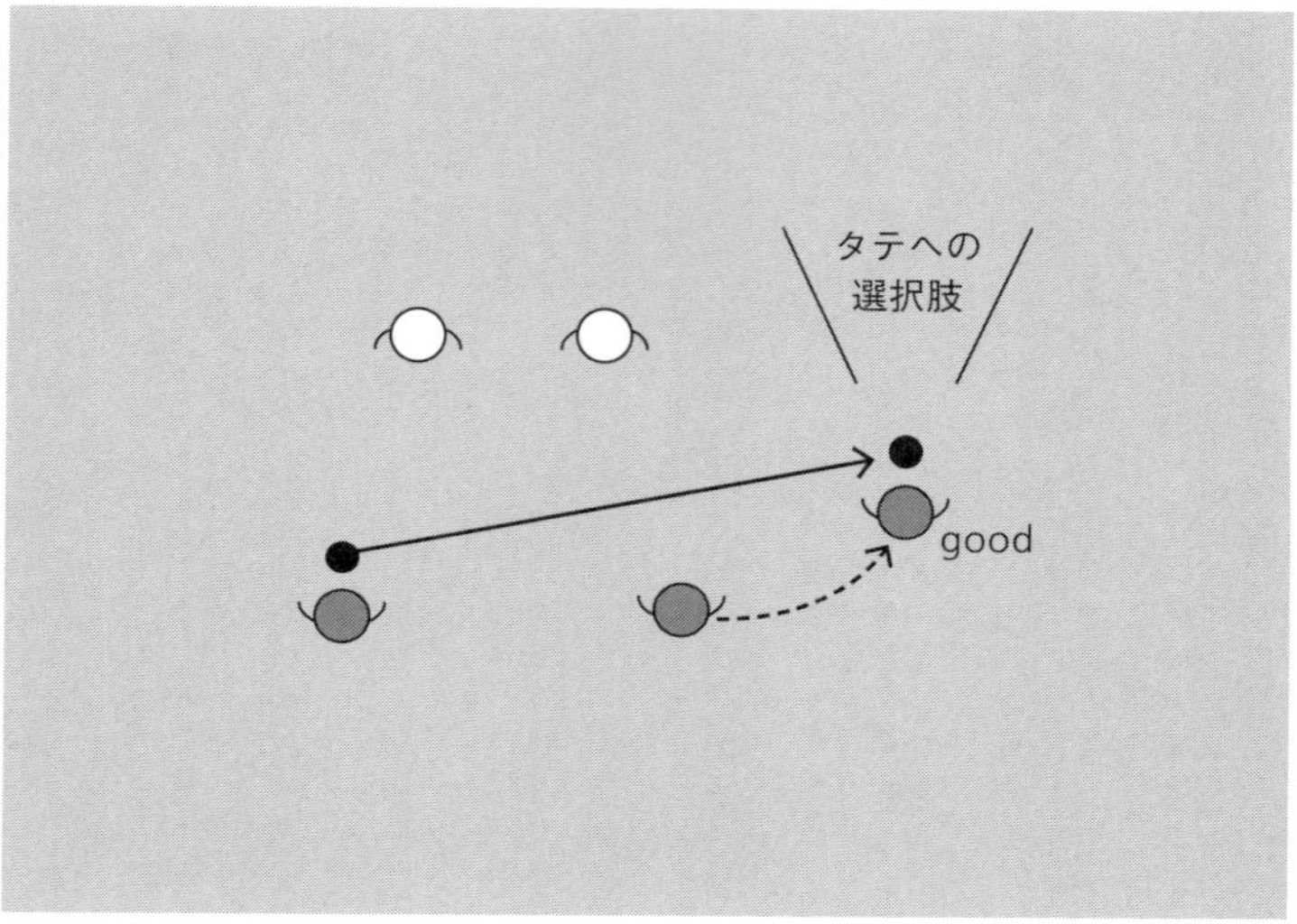

図3　相手のアプローチが少し中からになる

しかし、ボールを回している間に2トップが開いて、それぞれがセンターバックを正面で見ようとしてきたらどうでしょうか？　そのまま開き続けるとセンターバック同士の距離が開きすぎてしまいます。

こういう場合によく見られるのが、センターバックの間にボランチの選手が下りてきて3バックのようにする動きです。あるいは、チームによってはゴールキーパーが高い位置をとって二人の間に入るようにすることもあるでしょう。チームとしてのオーガナイズはそれでいいと思いますが、試合の状況によって二人の間に誰も入れない状況だったらどうしましょうか。

その時こそ「考えろ！」という声が飛びそうですが、この時の「考える」の基準が「（自分に対応している）相手からずれること（相手に正面からアプローチされないこと）」であれば、こういう場合でも判断は明確になります。

何も外側だけに外す必要はなく、内側に外すことが有効な場合もあるでしょう。とにかく、「自分と相手ゴールを結んだ線上に相手を立たせないこと」を考えればいいのです（図4）。

基本的にセンターバックへの高い位置からのハイプレスというのは、ボール保持者に正面からアプローチをした瞬間がスイッチになります。正面を抑えなければ、裏へ蹴る選択肢を持たれてしまうので、蹴られそうになると裏への対応をせざるを得ず、ラインは下がるからです。

よって、センターバックへのハイプレスは正面からとなります（ハイプレスではなく、縦方向への誘導をする場合は中からいく場合ももちろんある）。縦への選択肢を消せた時がチャンス。一気に襲いかかってハイプレス→ショートカウン

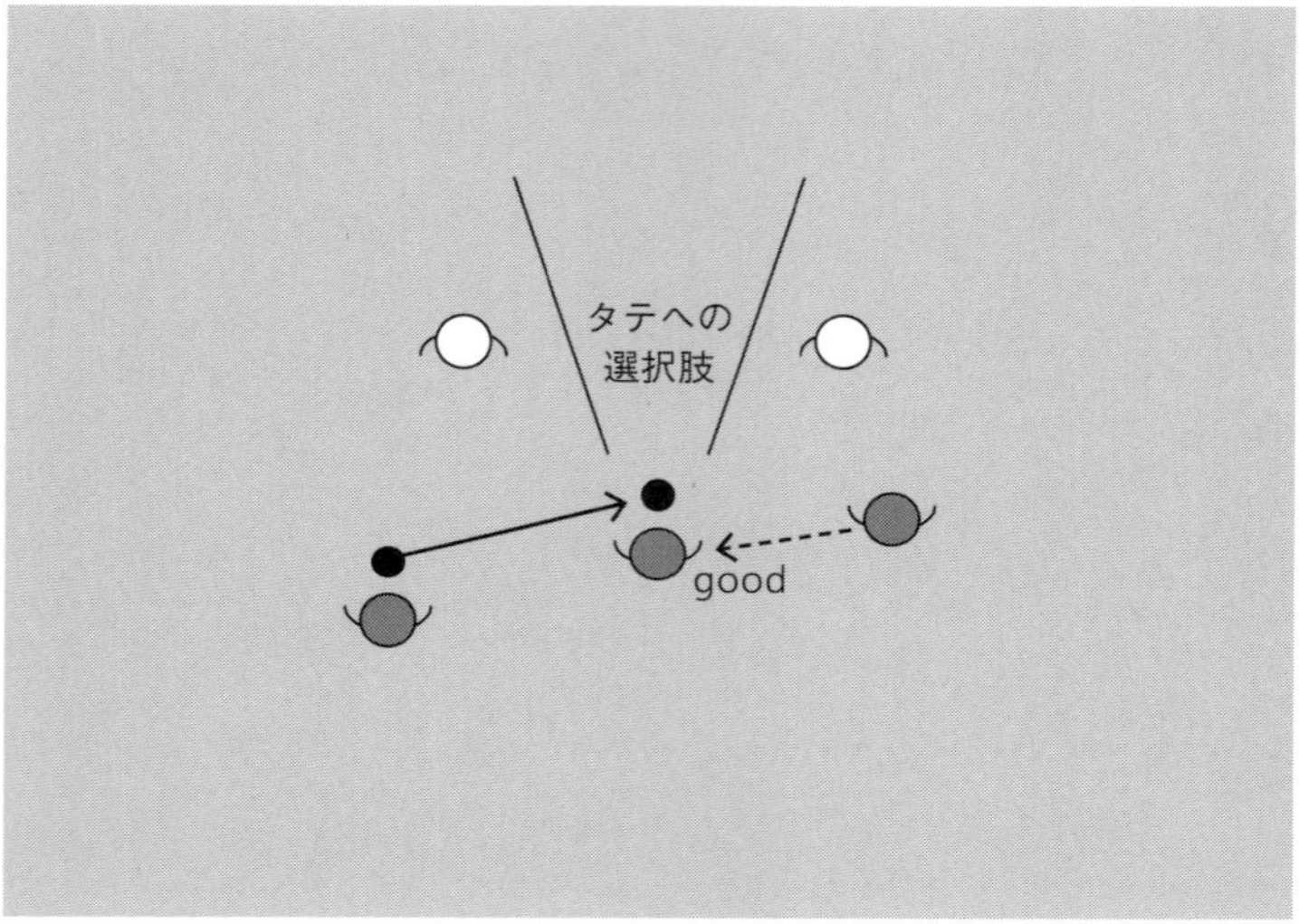

図4　外側だけでなく内側に外すことも有効

ターに持ち込もうとします。

逆に言えば、センターバックは常に縦への選択肢を持てる状態でボールを受けることが大切です。相手が縦方向にポジショニングしてきた場合には素早くそれを察知して、〝寄るか、離れるか〟の判断をしなくてはなりません。「離れる」より「寄る」が解決策になることもあるのです。

開いたところに、相手サイドハーフが対応してきた場合も同様の原則に基づきます。

相手が1トップの時によく見られます

が、センターバックが開くと1トップ一枚では到底追いきれないので、その時にはだいたい相手の2列目のいずれかの選手がセンターバックにアプローチをかけて、プレスのスイッチとします。

この時も見ておくべきは、自分に対応してきた選手の正面に立たないこと。それによって、もしプレスをかけられても、正面から受けないようにしておけば、パスコースは常に作り出せます。相手の中盤の選手が内側からアプローチをかけてくれば、その背後のハーフスペース（ピッチを縦に5レーンで区切り、中央と両サイドの間にあるレーン）にパスを出しやすくなりますし（図5－A）、サイドハーフが突っ込んでくれば、自分で前に運んだり、他の選手を使ったりしながら空いたサイドのスペースを活用すればいい（図5－B）。飛び込んでくる相手を見ながら、同時に空いたスペースを見つけやすくなるのです。

ボールを持った後の選択については本書では触れません。サッカーには無限と言っていいほど選択肢はあるし、何より、私にはボールを持ったときの判断とは

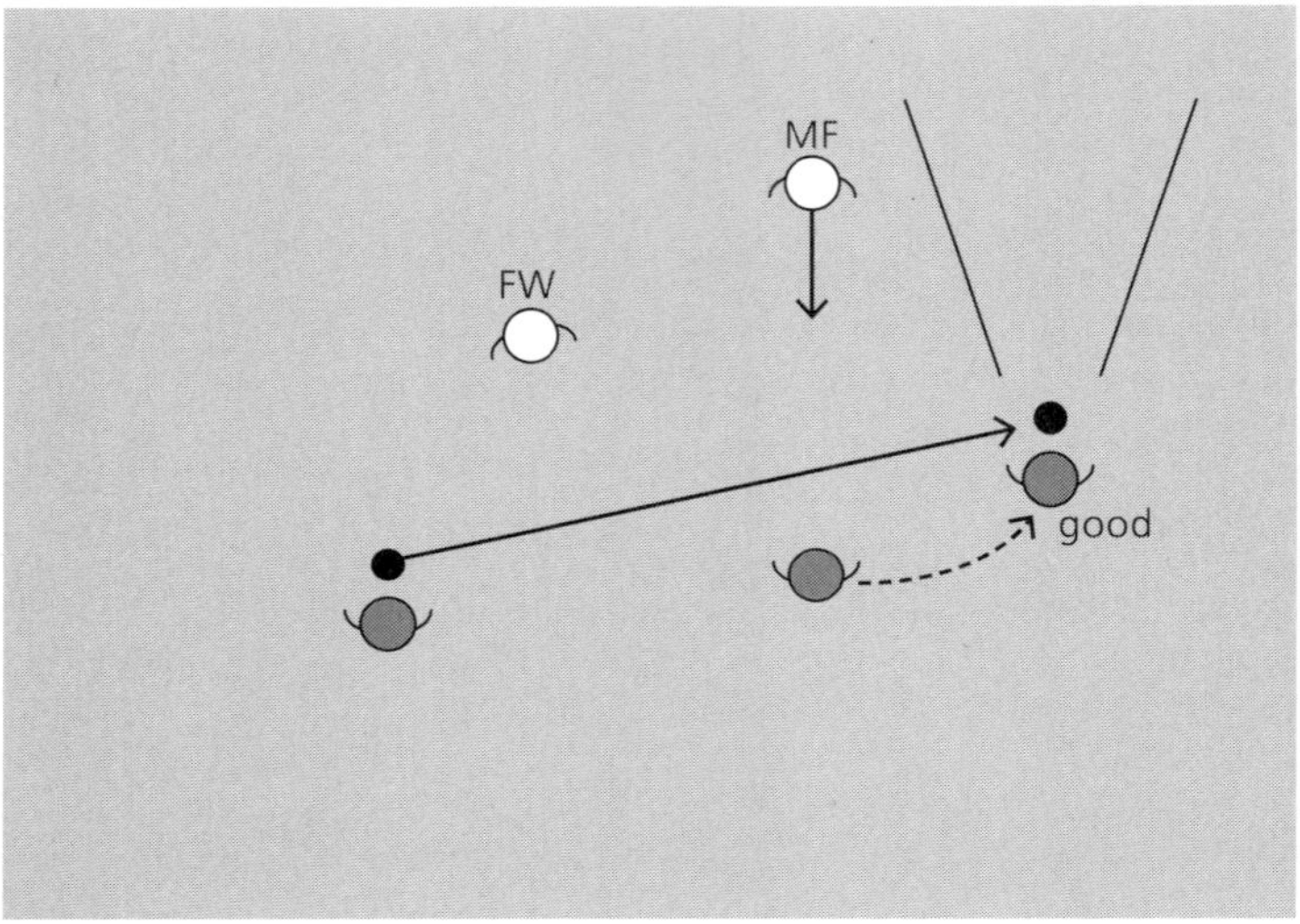

図5-A　自分に対応してきた選手の正面に立たない

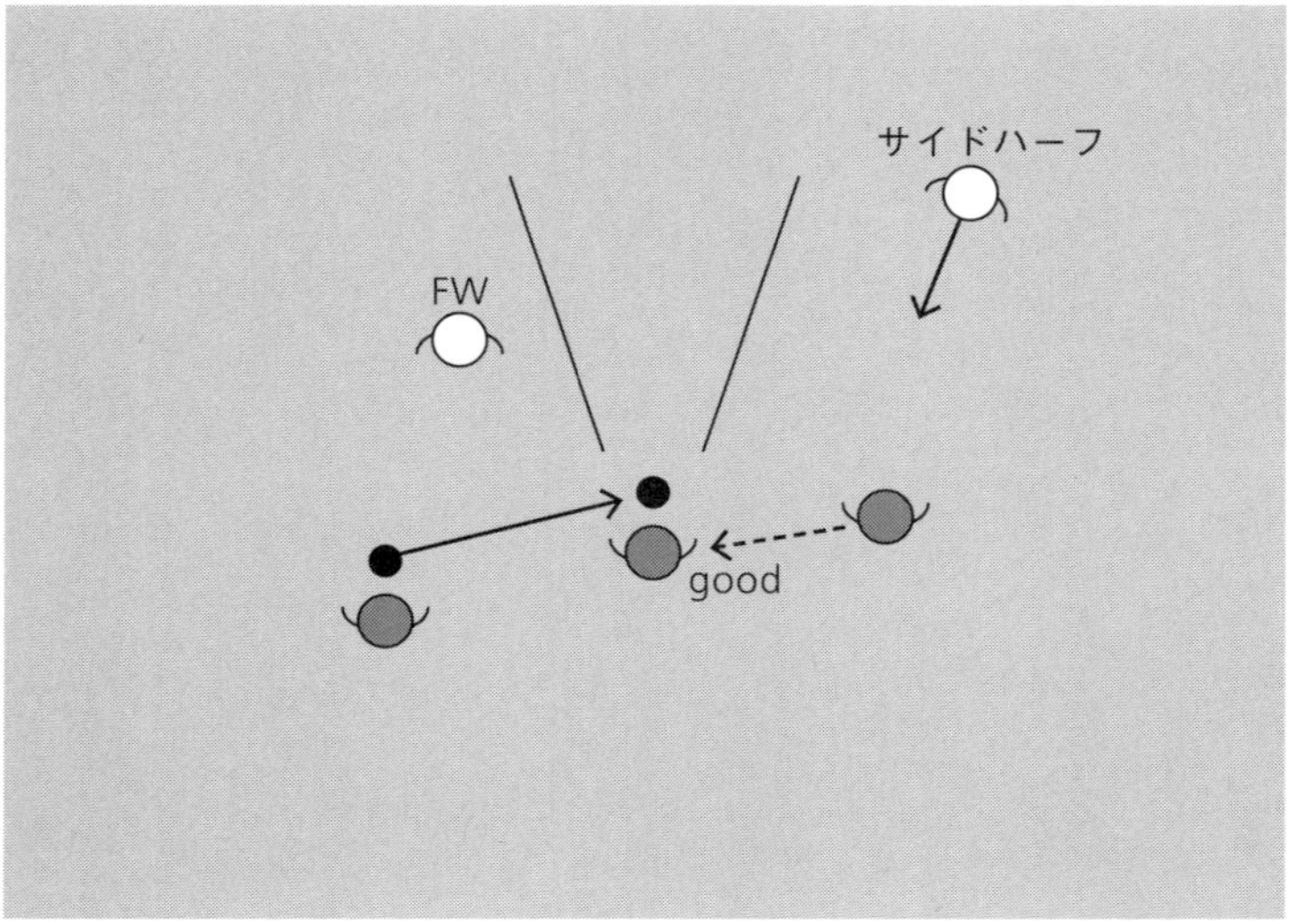

図5-B　サイドハーフが出てくれば持ち運んだりしつつ空いたサイドのスペースを活用

選手の持ち物だという考えがあります。良いポジションを取ってからの判断や技術については、選手が日々の練習の中で仮説を立てながら自分で高めていってほしいと思います。

センターバックはビルドアップの起点として、とにかく相手に正面からアプローチを受けないところでボールを受けることを常に考えておくこと。そして、逆サイドを見ておくこと。

逆サイドの状況が把握できていて、縦方向に選択肢を持った状態でボールを受けられたなら、あとは存分に見えた選択肢から相手を外していく起点になるのを楽しめばいい。幅広い選択肢（逆サイド）と、相手が嫌がる選択肢（縦）を持っているわけだから、あとは判断力と技術が相手のプレスのスピードに負けなければ、選択肢は見えるはずです。

そこから先はまさに答えのない世界。プレーヤーとして、常により良い判断を求めて、日々取り組むべきことでしょう。

2

サイドバックにおける良いポジショニング

優秀なサイドバックが意識するボールの置き所

サイドバックも視野の確保はそれほど苦労しないでしょう。タッチラインを背にして、ピッチ全体を見ながらボールを受けることができます。

センターバックと角度こそ変わるものの、意識して見ておくところも同じ。〝ボールの逆サイド〟です。センターバックは自分のゴールを背にしてボールを受けるため、「左からボールを受けたら右へ、左から受けたら右に出す選択肢を常に持った状態でプレーすること」。サイドバックはタッチラインを背にしているから、それが「後ろ（センターバック）からもらう時に前線への選択肢を持っておくこと」になります。

ただ、サイドバックはプレスのターゲットとして狙われることが多いので、ボールを持った時に相手が近くにいることが多く、前への選択肢を持つことが非常に難しくなります。さらに、最終ラインであることから、ボールを取られるリスクを考えて安全なトラップをしがちです。相手のアプローチを察したら、相手の近くにボールを置きたがらず、後ろにコントロールをしてしまうことも多くなるでしょう。

ここはせめぎ合いになりますが、内田篤人選手や長友佑都選手など、日本を代表するサイドバックたちのプレーを見ていると、常にこのボールの置き所を意識しているのが分かります。つまり、彼らは相手のアプローチに屈せず、ボールを受けたらできるだけ自分の斜め前にボールを置き、前方に出せる体勢に持っていくようにしています。繊細なタッチも求められますが、センターバック同様、サイドバックがボールを持ったときに前への選択肢があるかないかで対峙する相手の対応がまるっきり変わってしまうことをよく分かっているのだと思います。

そのための立ち位置も基本的な考え方は同じです。「相手に正面からアプローチされないところ」でボールを受けるのが理想です。

センターバックと異なり、相手のスライドが早い場合、毎度毎度、正面からアプローチを受けないようにはできませんが、その考え方を知っていることが大切です。相手とずれたポジションを取れるときにはそのチャンスを逃してはならないからです。

例えば、センターバックがフリーとなり、ボールを持ち運ぶことができたとき。自分をマークしていた相手のサイドハーフは中に絞らざるを得なくなります。すると相手と自然にずれたポジションになります（図6）。

この時がチャンス。少し離れてボールを呼び込む必要があります。「高い位置を取る」というより、「相手より前でボールを受けること」が基準です（図7）。

このときに相手よりも前にポジションを取らずにボールを受けてしまうと、せっかく2対1だったものが1対1になってしまいます。ここでも基準は相手になるのです。

個人的には、オーバーラップの考え方もこの延長にあると思います。良いオーバーラップとは最初に相手とずれて立っていることが大切です。そして、チーム

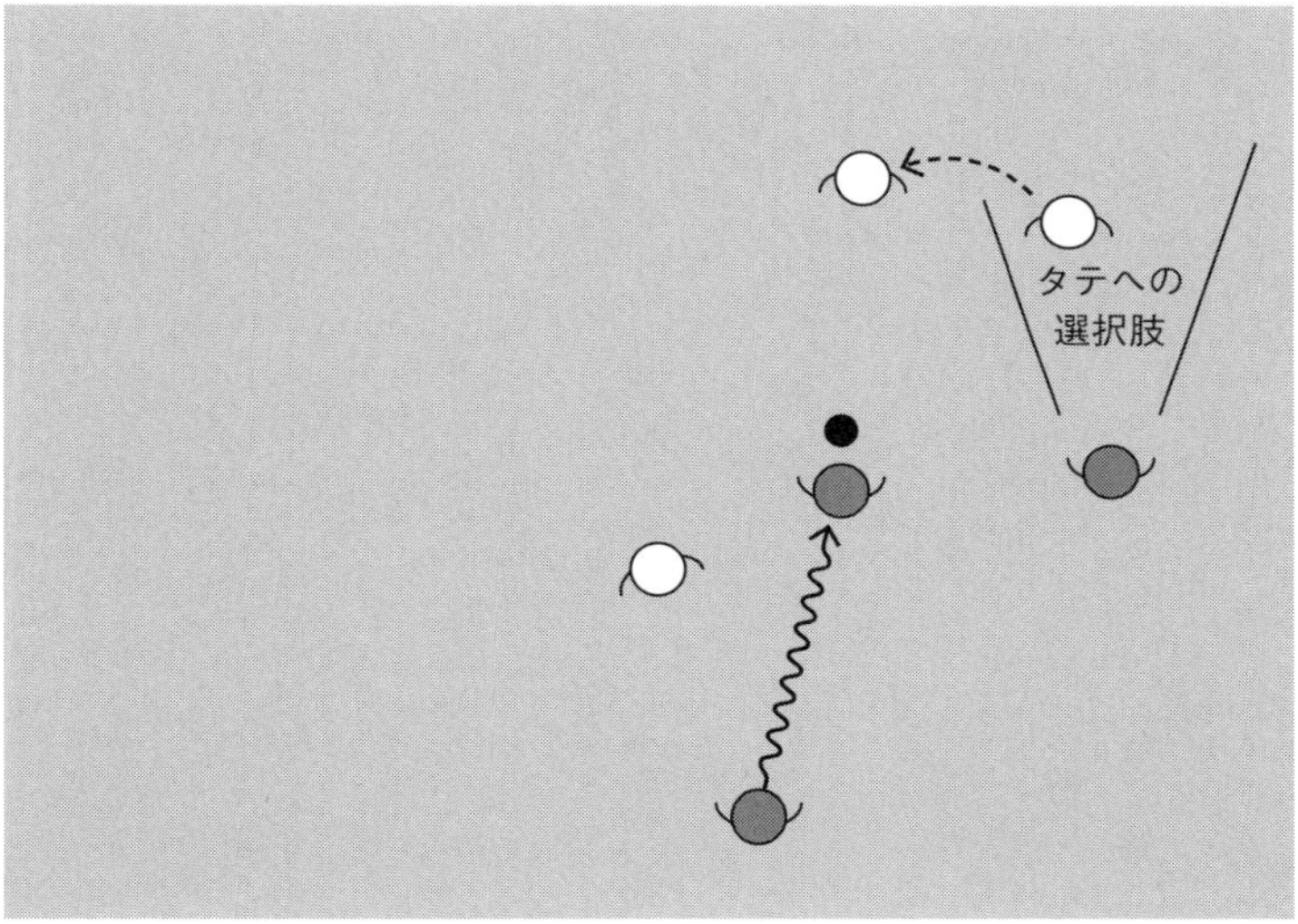

図6 相手とずれたポジションになるチャンス

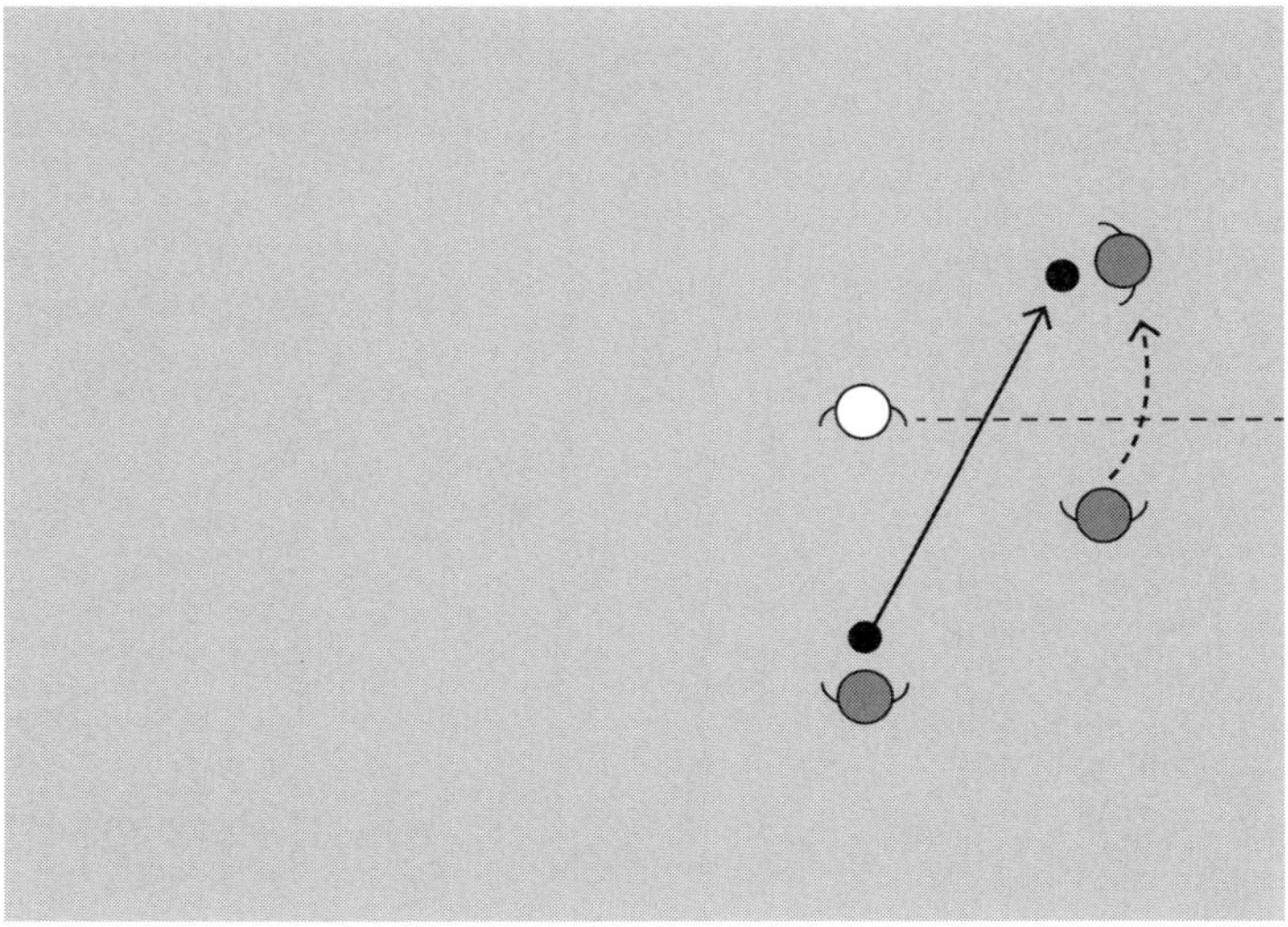

図7 相手よりも前でボールを受ける必要がある

メイトが中央でうまくボールを動かしていれば、自分のマーカーは内側を見るしかなくなります。このときにずれた立ち位置にいるからスペースが見え、かつ相手を振り切れる、というわけです（図8）。

オーバーラップのタイミングもすべて基準は相手になります。相手を振り切っていないオーバーラップで相手を崩すのは簡単ではないでしょう。相手が中を見ている間に相手の前に入り込むことが重要です。

偽サイドバックが「内側」でボールを受ける理由

最近流行りの「偽サイドバック」の考え方も、基本は「相手に正面からアプローチされないところ」で受けることからの派生だと思います（図9）。

サッカーが〝うまいやつ〟というのは常に相手を出し抜いていきます。名サイドバックというと、いつの時代もブラジル人サイドバックの名前が浮かびますが、彼らは以前から状況によって少し内側でビルドアップに参加することがありました。私がプロに入ったばかりの頃、それを見るたびに「なるほどな」と思わされ

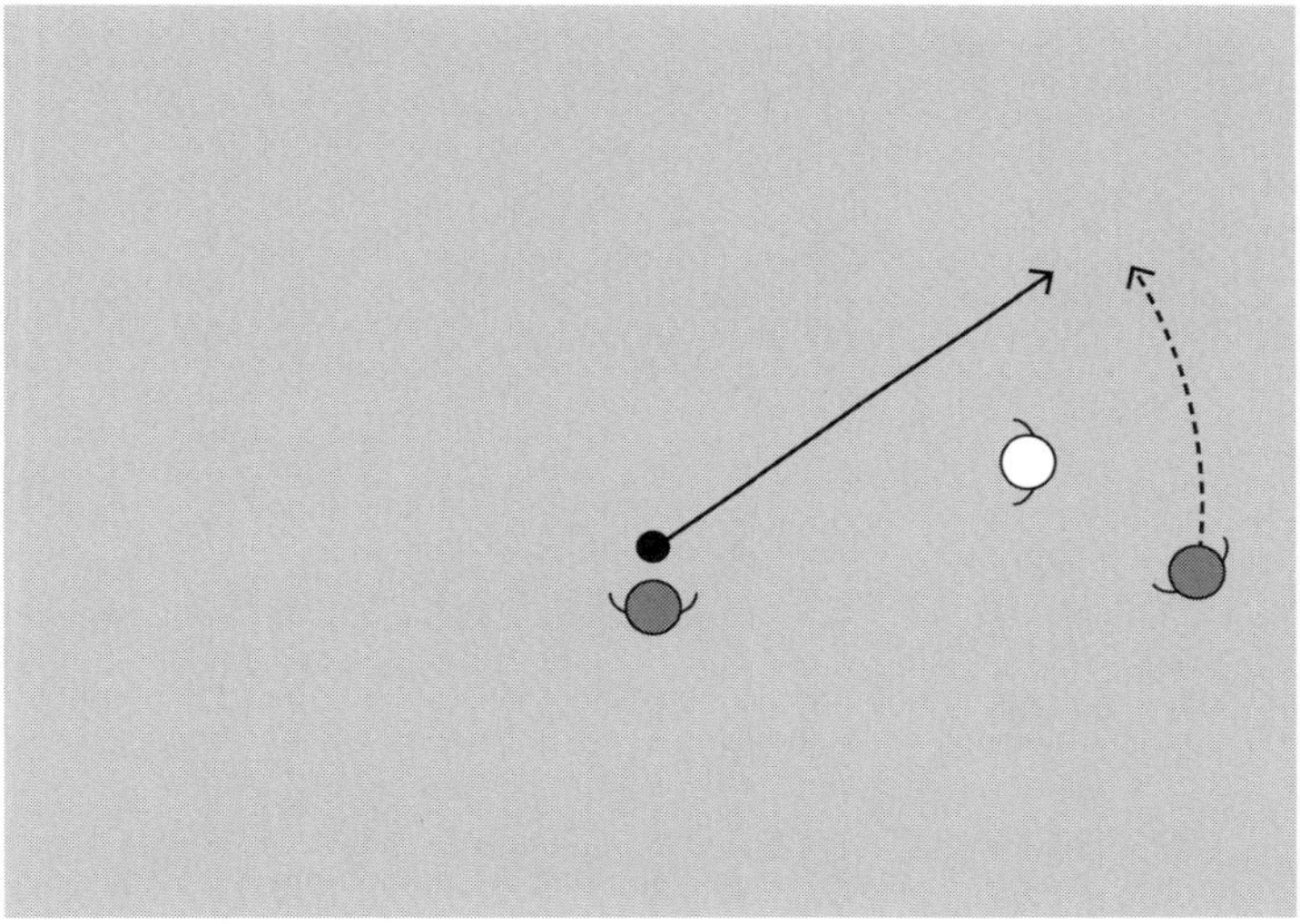

図8 ずれた位置にいるからスペースが見えて相手を振り切れる

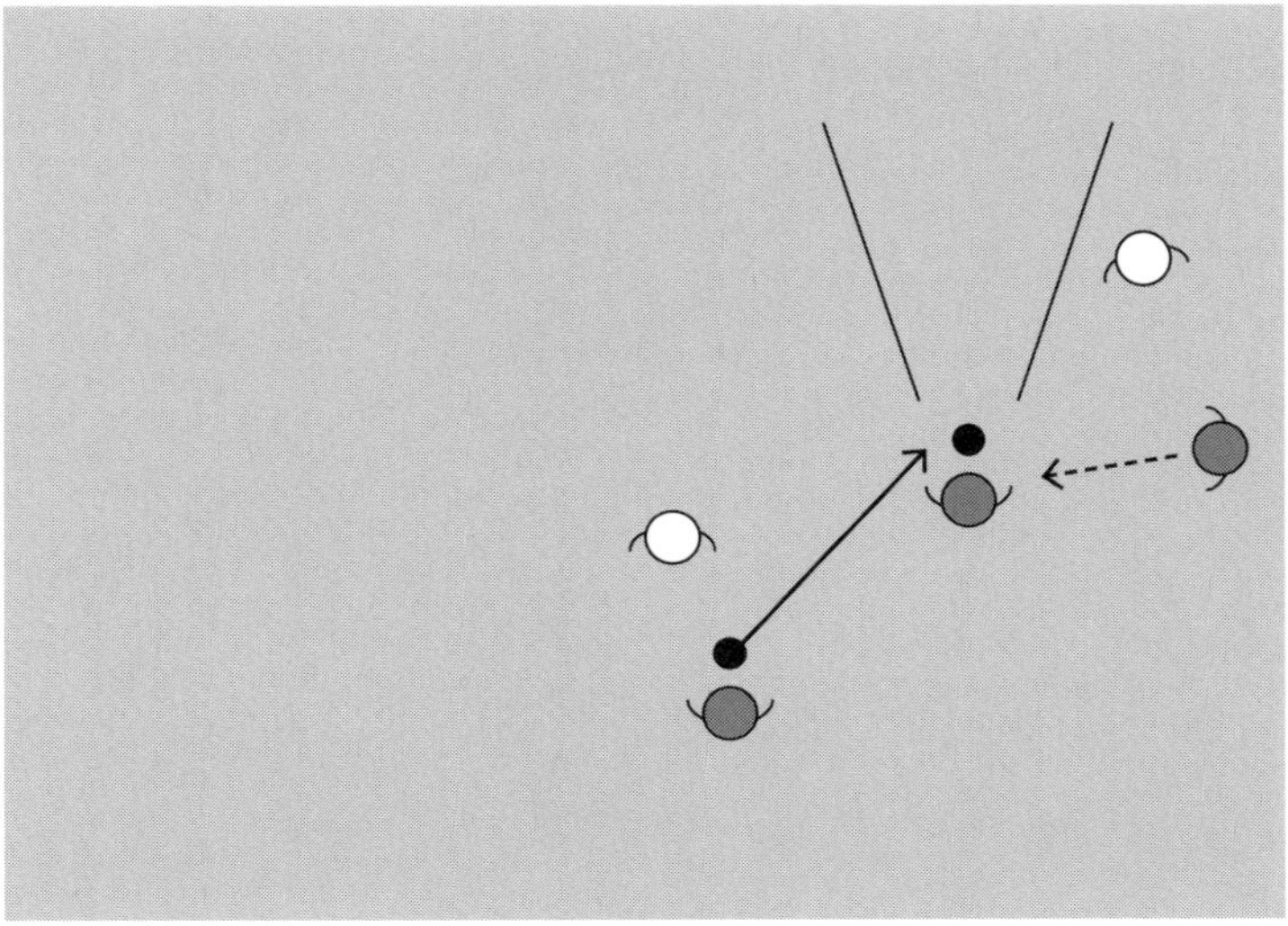

図9 ボールを受けるときに相手とずれて立っておく

たものです。

当時、日本ではサイドを駆け上がるサイドバックは常にタッチライン際を行ったり来たりしていました。しかし、それでは相手に正面からアプローチを受けてしまい、さらにその先でボールを受ける前線の選手は角度がないため、再び正面からのアプローチを受ける形となります。さらに悪いことに、サッカーにおいて最も危険な、背負ってボールを受ける状況に自分たちで追い込んでしまいます。だから、サッカーのうまいサイドバックたちは自然に相手のプレスの餌食にならないよう、内側にポジションを取っていたのだろうと想像します。

若い頃、この指摘を内田篤人選手によくしていたのを覚えていますが、当時の彼は全く理解してくれませんでした（笑）。

そこからグアルディオラ監督がチーム戦術として「偽サイドバック」を取り入れました。今やそれを真似する監督たちも少なくなく、一つのトレンドともなってきていますが、以前からサッカーがうまい選手たちは自分でやっていました。逆に考えれば、この事実が、サッカーがうまい選手たちの考えることを捉える一つのヒントになります。

監督が決めるシステムや立ち位置もありますが、最終的には判断を下してプレーを選択するのは選手です。チームとして偽サイドバックを採用していても、していなくても、相手を見て立ち位置を変えてプレーできるのがサッカーがうまい選手と言えます。

そう考えると、戦術のトレンドも結局は突拍子もないことでは一切なく、サッカーの原則に基づいたものに過ぎないと言えるのです。

また、偽サイドバックで使われる少し内側のポジションでボールを受けることには大きなメリットがあります。

本来サイドバックが受けることが多いタッチライン際でボールを受けると、アプローチに来た相手選手に連動して、その他の選手も同じベクトルを向けてプレスに来られてしまいます。しかし、図10のように、この位置であればアプローチに来る選手と周りの選手のベクトルの向きが随分違ってくることがお分かりでしょうか。

これによって、まさに「相手を見て判断をする」ことができるようになります。

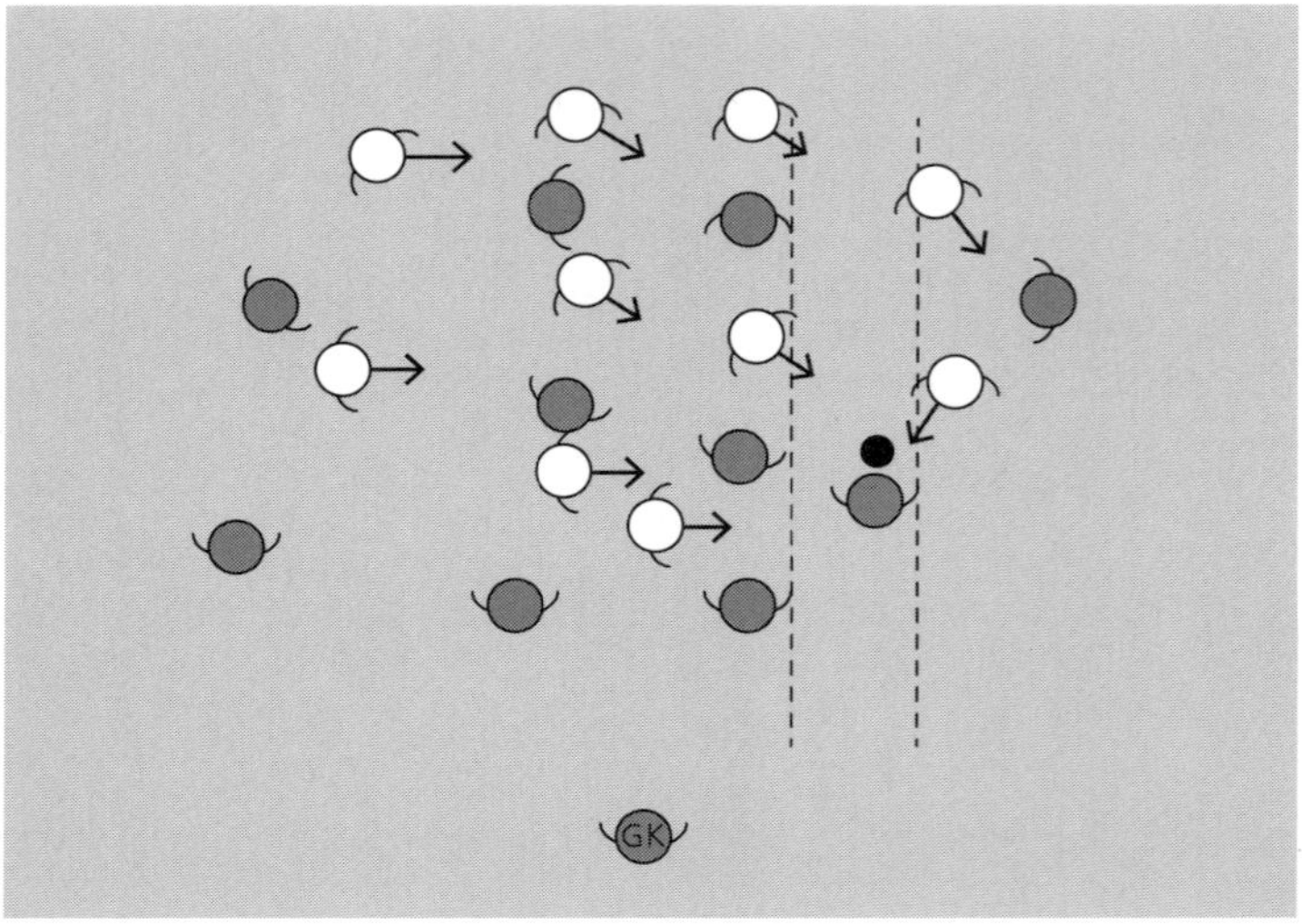

図10　アプローチに来る相手と周りのベクトルが異なる

例えば、横の選手がカバーのポジションを怠ればアプローチに来た選手の背後。カバーに急げば斜めの楔。全員が絞ればサイドへのフィード。ディフェンスラインがスペースを埋めようと飛び出してきたらその背後。というように、「相手が答えを与えてくれる」状況を作り出せるのです。

最近、「5レーン」という考え方が随分広がってきましたが、外側と中央の間に位置するこのレーンは、最も「相手を見て判断する」ことができるレーンだと思います（ボランチのところで追記する）。

まとめます。

サイドバックはビルドアップの出口の一つとして重要な役割を担っています。相手のプレスを受けないようにして、前方にボールを配給していかなくてはなりません。

そのためにまず、立ち位置を相手からずらして受けられたら理想です。しかし、サイドバックの場合は、プレスのターゲットとなる場合も多く、必ずしもそうはいきません。そこで、内側に入ってみたり、あるいは中盤の選手にボールを受けさせたりしてプレスを受けない立ち位置を探します。他の選手がボールを運んでくれたら、相手がボールを見て内側に視線を送ったときこそがチャンス。一気のオーバーラップで攻撃に厚みを持たせます。

とはいえ、プレスを受けるときもあります。その時には、できるだけ前にボールを置けるようなコントロールを意識します。

これらができたら、あとは判断力と技術力。そして、相手を見てプレーを選べるようにすることです。

3

ボランチにおける良いポジショニング

ボランチがボールを受けるときの「斜めの関係」

ボランチは視野の確保が最も難しいポジションでしょう。私は一度もボランチでプレーしたことがありませんが、３６０度見渡さなくてはならないことを想像しただけでも難しさはよく分かります。

とりわけ見えない相手に寄せられるときは注意が必要でしょう。つまり、背後からプレッシャーを受けるときです。

特に、トップレベルでの試合では、センターサークル付近の、ボランチがボールを受けることが多いエリアでは、もしファウルをしてもセットプレーからゴールを決められる危険性が薄いことから、後ろを向いてボールを受ける選手に対しては、ファウル覚悟でボールにアタックに来ることが多くなります。相手も、後ろ向きでボールを受けたときはボールに寄せてくる相手が見えないことはよく分かっているので、そこをチャンスとばかりに狙ってきます。

そこで仕留めればショートカウンターの大きなチャンス。失敗しても失点の確率は高くないわけですから、ファウル気味で突っ込んでくる判断は当然だと思います。

そこで、このエリアでボールを受けるときには後ろ向きでボールを受けないように心がける必要があります。センターバックがプレッシャーをかけられている時など、いち早くボールを受けに行くべきときは仕方がありませんが、そうでないときは、常にパスを出す味方選手と斜めの関係になるようにポジションを取ることが大事になります（図11）。

そして、時間があるなら、相手が見えるようにバックステップで開きます（図12）。そうすれば、自然と自分にプレッシャーをかけてくる相手を視野に入れる

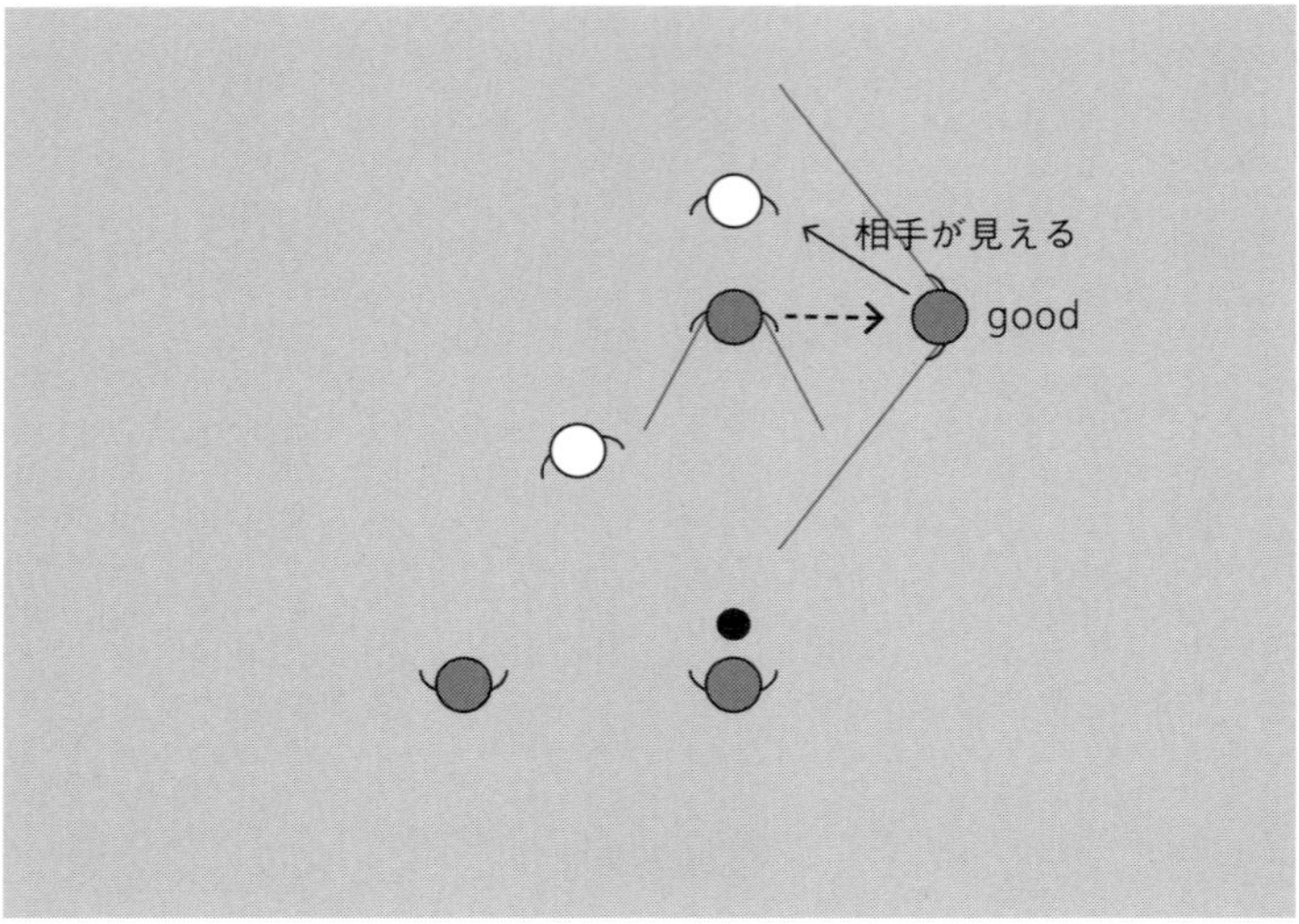

図11　パスを出す味方とは常に斜めの関係を作る

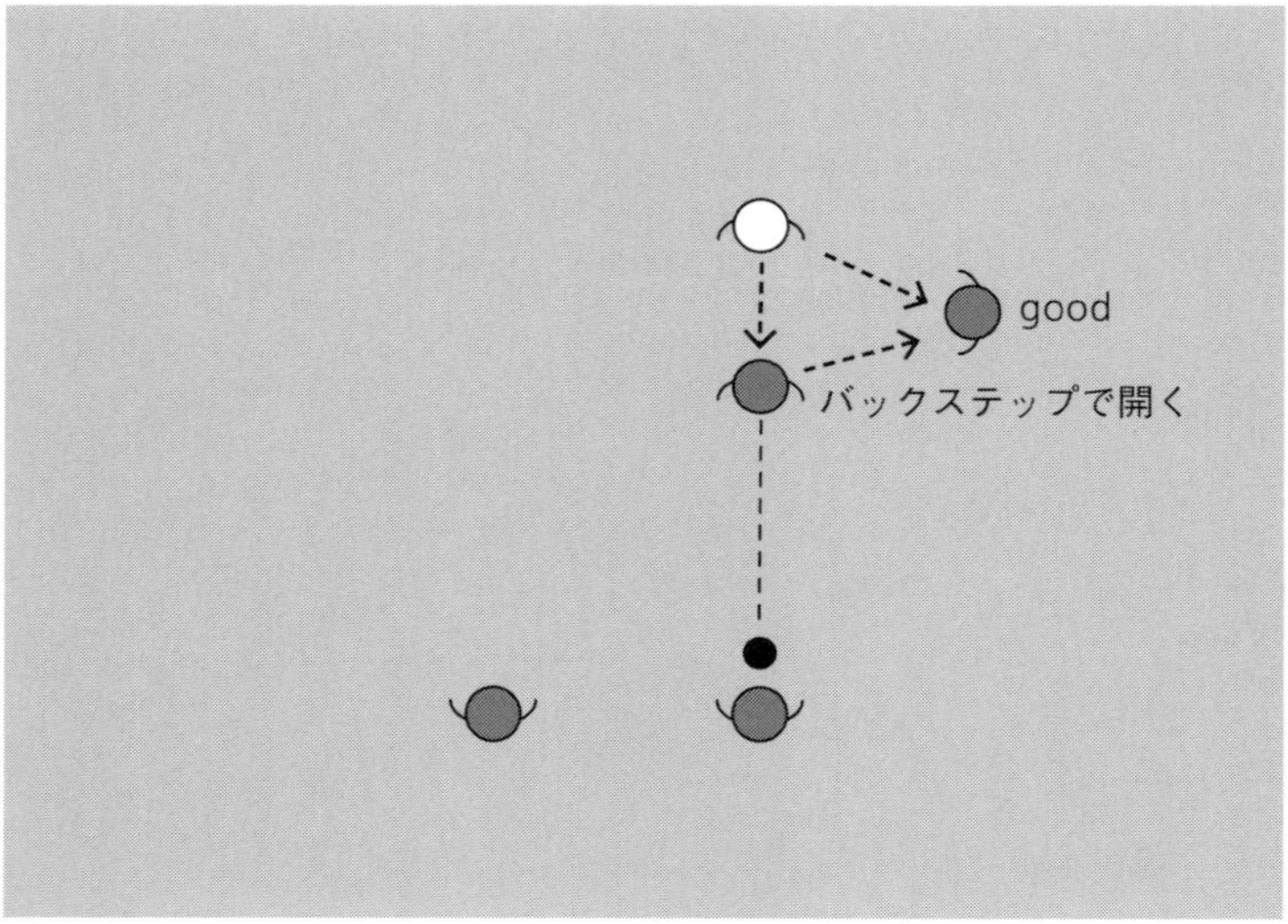

図12　バックステップで開いて受ける

ことができます。だから、私がボランチの選手によく言うのは、ボール保持者と自分を結んだ線上を走ってボールを受けにいかないこと、そして、できるだけ体を開いて受けること、決して自分のゴール方向を向いてボールを受けに行かないこと、となるのです。

その位置に立ったら、ボール保持者がプレッシャーを受けているのかどうか状況をよく見て、「寄るか、離れるか」の判断をします。基本的にはボール保持者がフリーなら、安易に寄って行かず、相手の横、あるいは背後まで潜り込むことが有効です。

この位置取りをすれば、ボール保持者と自分の二人が相手を見ながら判断することができます。

もし自分にマークをついていた相手が、そのまま自分についてくれれば、楔の縦パスのコースを開けることになります（図13）。

逆に、相手が縦パスを消そうとするポジションを取れば、自ら受けて前を向け

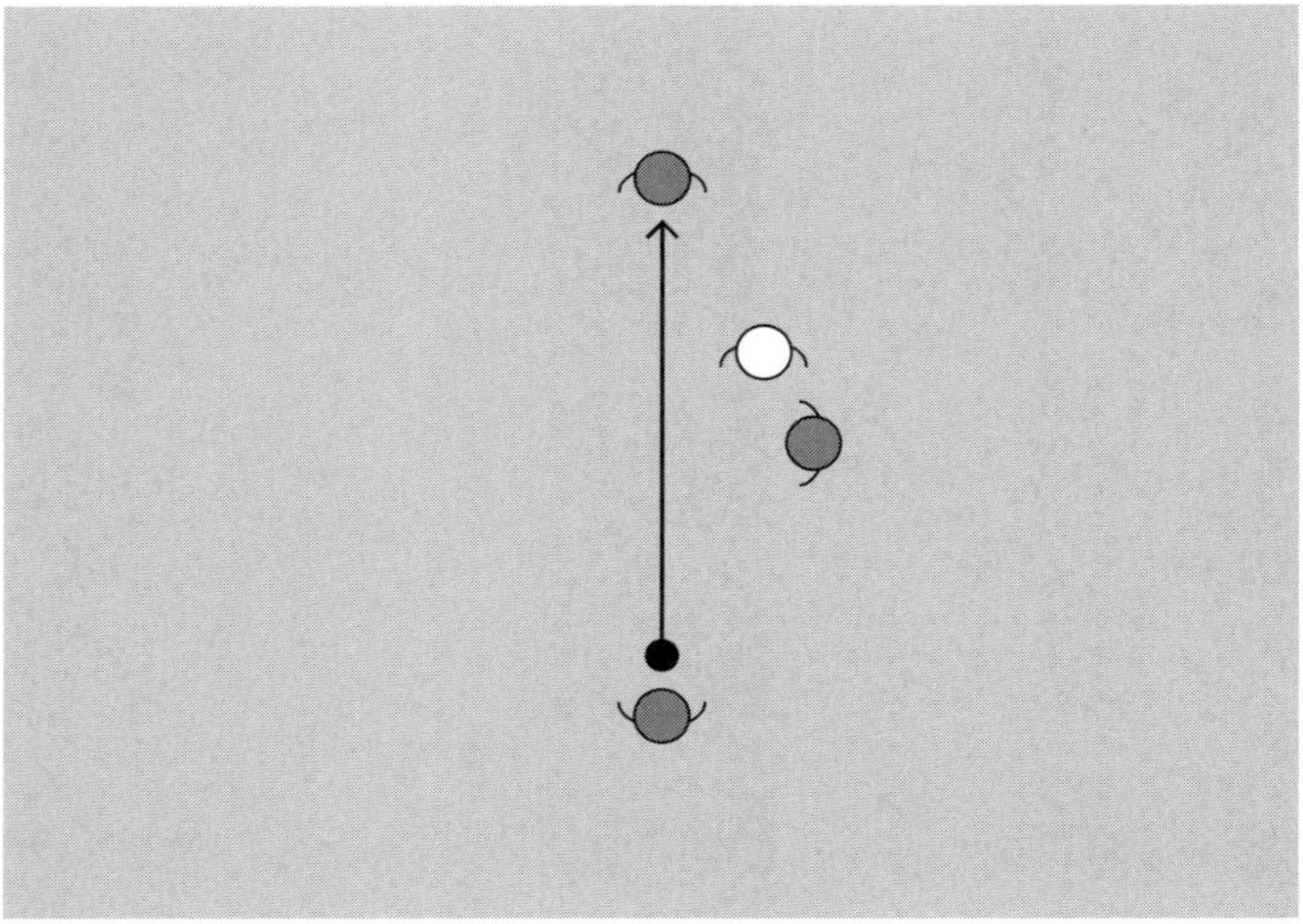

図13　マーカーが自分につけば楔の縦パスが入る

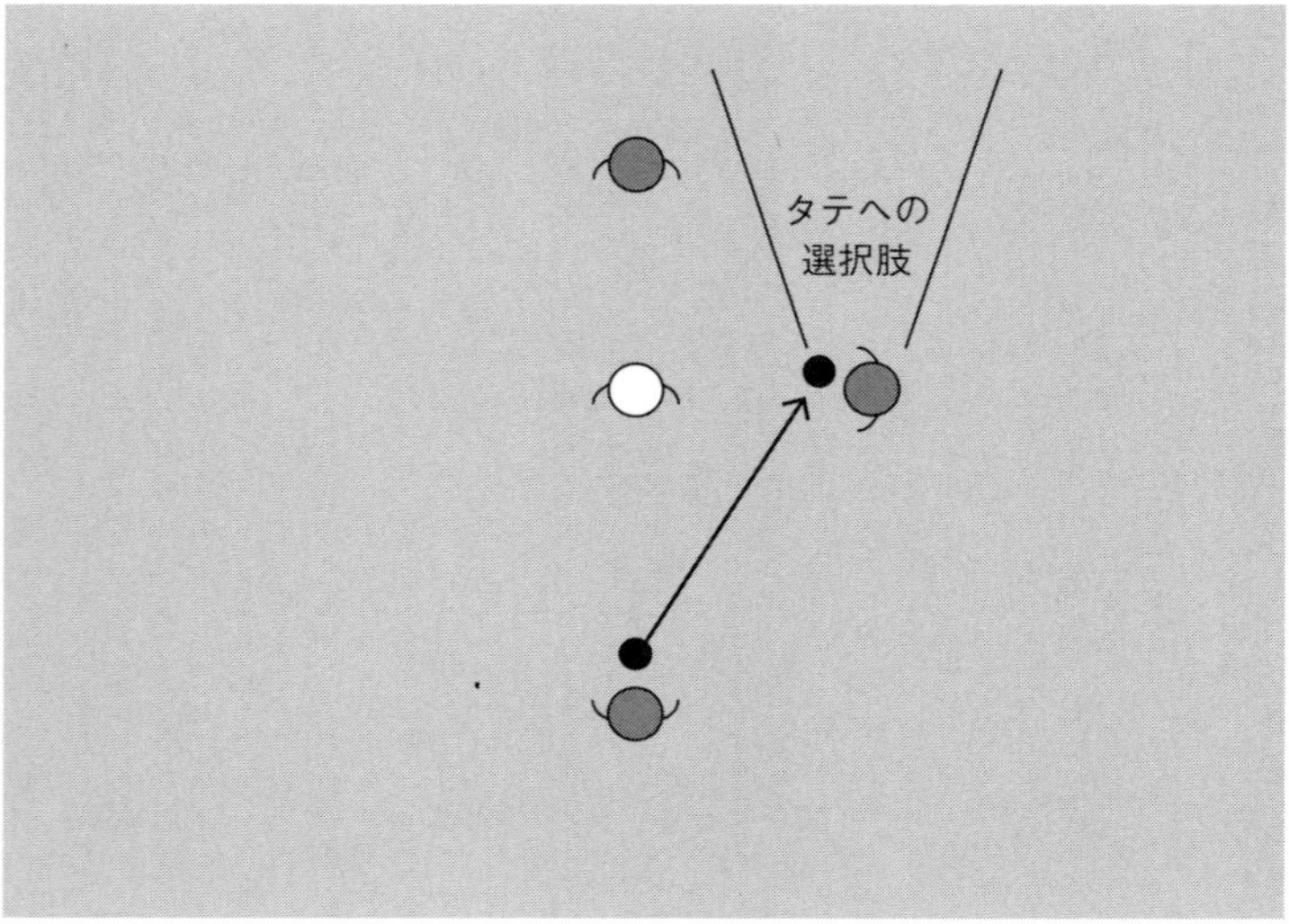

図14　相手が縦パスを消すなら前を向いて局面を打開

ば局面打開です（図14）。特に、相手の横より前に入れていれば、パスで自分のマーカーを置いてきぼりにすることができます。

また、楔を打ち込んでもらった時にも、相手の横に立っていることが効いてきます。サイドバックのオーバーラップと似ていますが、横に立っていることで縦パスが入った時に自分の前のスペースが空いた状態で走り込むことができるのです（図15）。

ボランチにとって基本となる逆サイドへの目線と立ち位置

センターバックがボールを持った時の説明をしましたが、サイドの選手からボールを受ける時も角度こそ違えど、意識することは同じです。

サイドの選手がボールを持ったら、出来るだけその選手と自分を結んだ線上で寄って行かないようにします。それにより自分に対峙している相手は困ります。近くでアプローチしようと思えば楔のコースを空けてしまい、楔を消そうとする

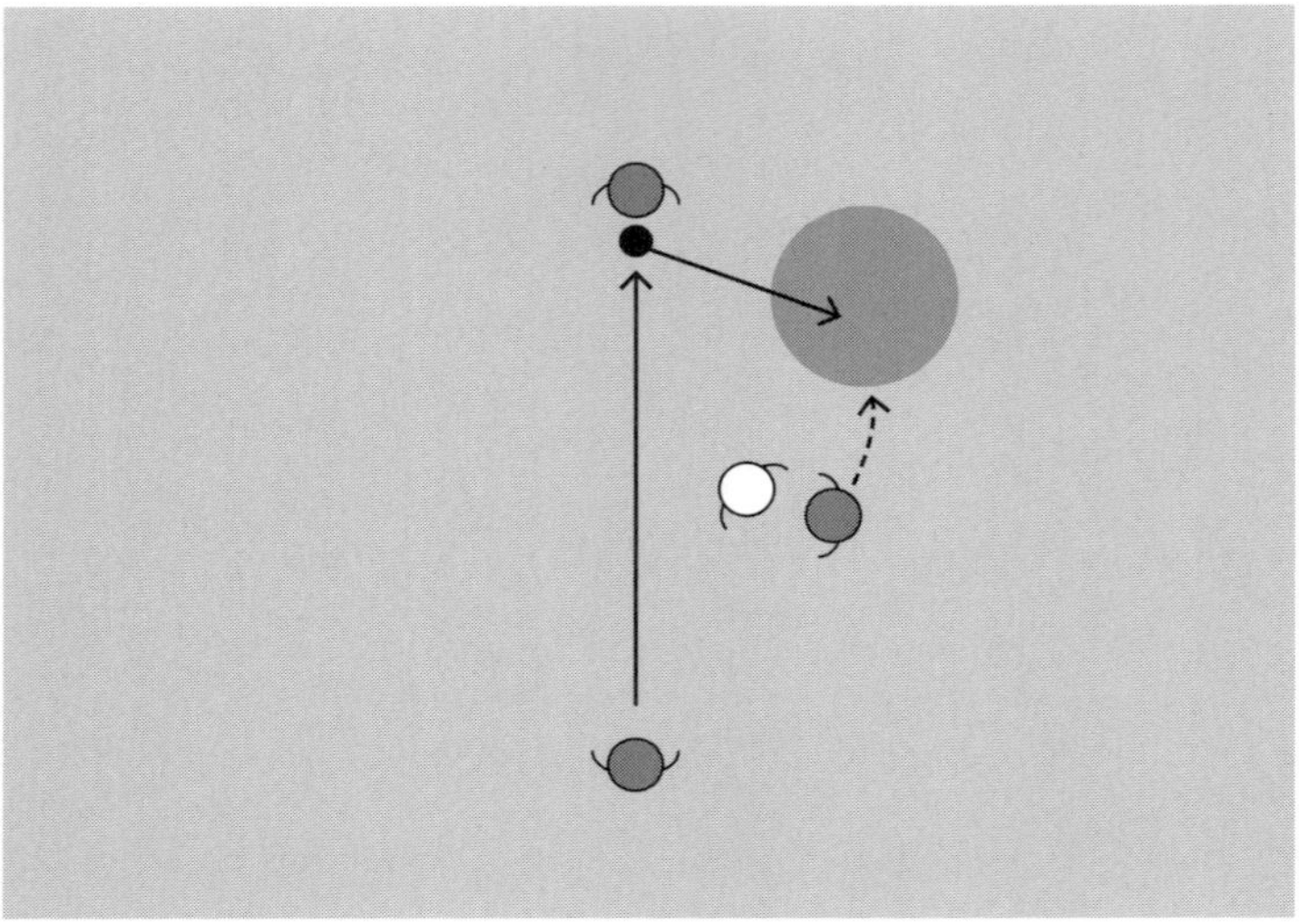

図15　縦パスが入ったときに自分の前のスペースが空く

と、アプローチを近くで仕掛けられないからです（図16）。

そこからはボール保持者の状況や攻めたい方向によって変わってきますが、相手の立ち位置を見て、基本的には出来るだけ進行方向（この場合は逆サイド）に対して相手の横、もしくは背後まで潜り込みます（図17）。そうすれば、逆サイドに選択肢を持つことができるからです。センターバック同様、目線を逆サイドに配っておくことは当たり前のように必要として、立ち位置で常に相手を意識しておかないと、ボランチの場合、スペースがないので逆サイドに運ぶことはできなくなります。

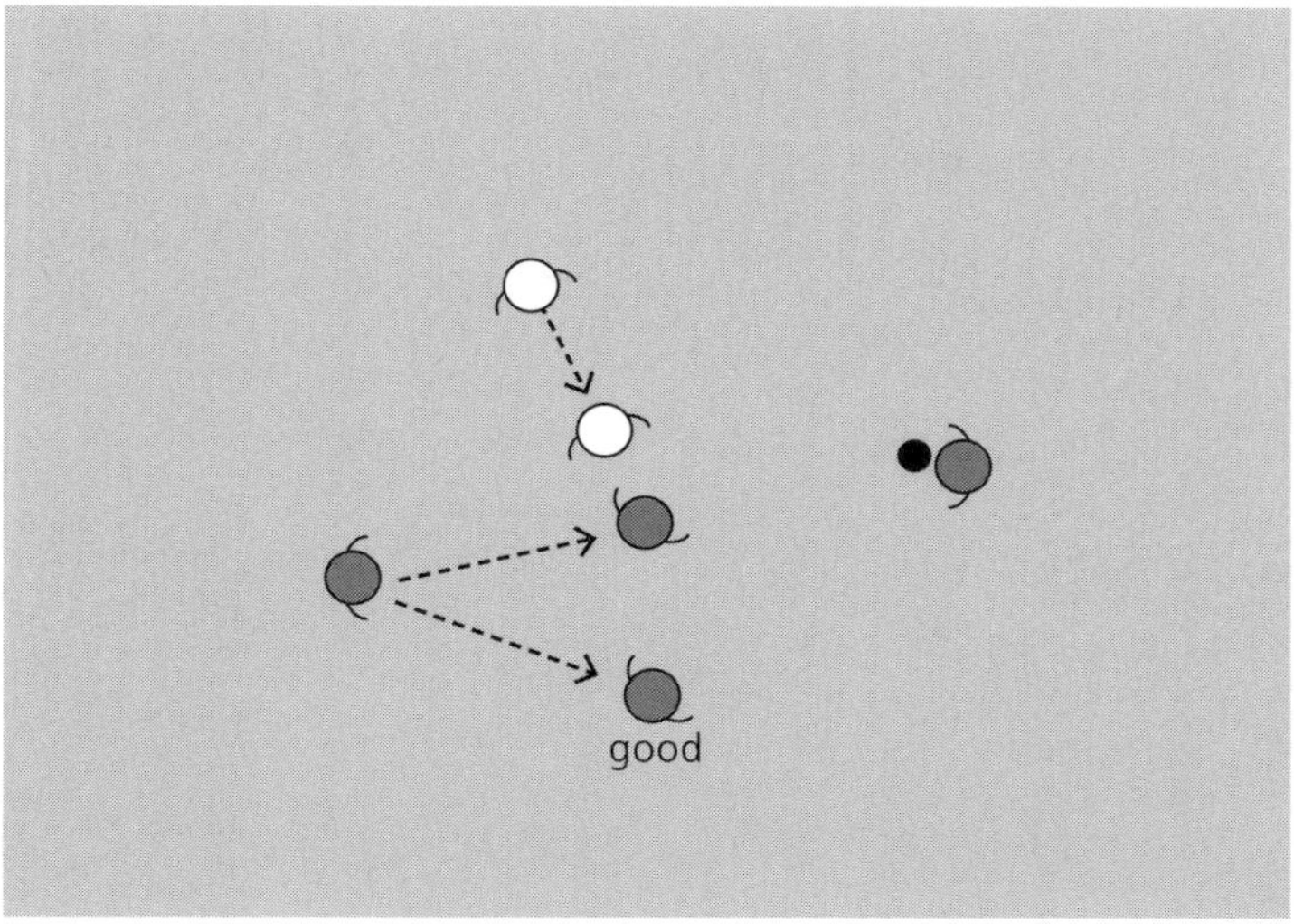

図16　サイドの選手と自分を結んだ線上で寄っていかない

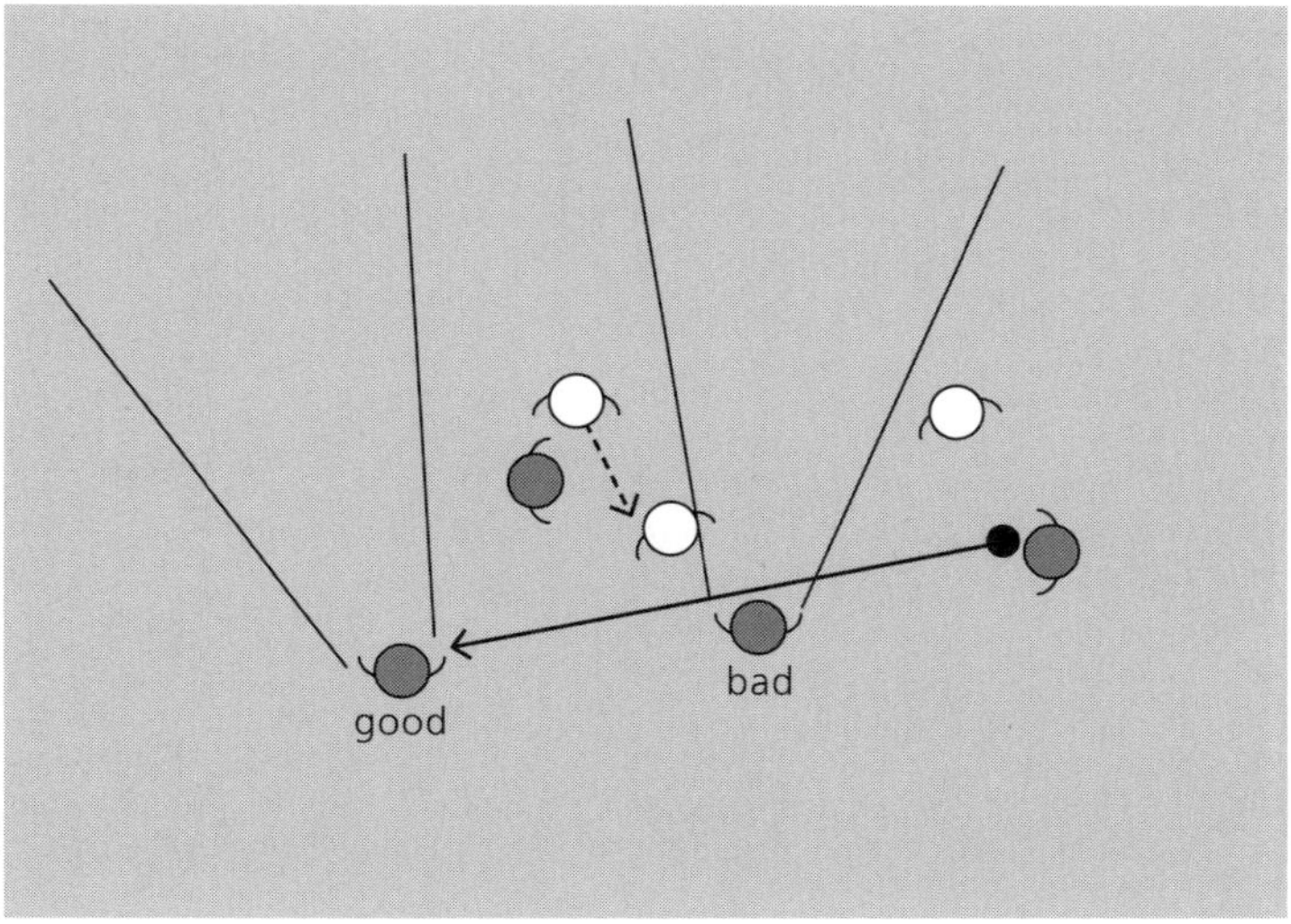

図17　相手の横や背後に潜り込めば逆サイドに展開できる

センターバックとボランチ、中央に位置する選手は常に逆サイドに選択肢を持っておく目線と立ち位置を意識することが基本です。「多くの選択肢を用意しておく」というのは中央の選手にとっては「逆サイドの選択肢を持っておくこと」に他なりません。

ボランチの選手がサイドを変えることができれば、攻撃陣は助かります。相手の選手の体の向きを反転させることができるからです。

前線の選手については後述しますが、そのことによって、前線の選手がマークを外してゴール前に侵入しやすくなるのです。最終的にゴールに結びつけるためには前線の選手が再現性高く、相手のマークを外せていなければいけません。そのためにはボランチやセンターバックの選手がシンプルに速くサイドを変えていくことが必要になります。

バルセロナのブスケッツなどを見ているといつも思います。ボールを受けたらまず、逆サイドに配給できるところにボールを置いています。ブスケッツがボールを持ったら、基本的に相手は縦パスを通させまいと中を閉めるので、その場合はシンプルに速く逆サイドに配給しておく。そのうち、相手のスライドが遅れたり、ブスケッツのパスを読んで相手が外に意識を向けたりしたら、その隙をついて鋭い縦パスを打ち込む。まさにシンプルです。それを可能にする技術もさすがですが、ボールを受ける前の立ち位置の取り方と、判断の整理がついていることが彼の真骨頂であると思います。

押さえておくべき5レーンやハーフスペースの原理原則

さて、5レーンにも少し触れておきましょう。

お気付きの方もいらっしゃるかもしれませんが、先ほど言及した、ボールを受ける時にボランチが縦方向に位置するのではなく、斜めに位置するようにすれば、基本的にチームは5レーンを埋めることになります。

2センターバックでビルドアップに入って、その間にボランチが斜めに位置どりしてボールを受けようとすれば後ろの5レーンは出来上がる。そのボランチの選手からボールを受ける選手がその斜め前に、さらにその斜め前に最前線の選手がポジションを取れば、前の5レーンも出来上がる。これが全体の絵で見れば、4－1－4－1（4－3－3）のような形になります。

3－4－3は言わずもがなで、最初から斜めのポジション取りをさせることがこのシステムの特徴ですが、そうではないシステム、例えば4－4－2などのシステムでも、個人個人が相手を見ることができる立ち位置を取り、斜めにボールを受けようとすれば、それで問題は生じません。全員が動きながら斜めにボールを受けるようにしていれば、10人のフィールドプレーヤーでチームは構成されているのですから、5つのレーンになるのは自然なことなのです。

大事なことは、選手一人ひとりがこれらの原則を知っておくことだと思います。別に、ピッチ全体を頭に浮かべて「自分は今どこのレーンに立っているのか」などと考える必要はありません。相手を見ることができるポジショニングを取り続けることで結果的に5レーンになるのですから。

5レーンのハーフスペースにも言及したいと思います。

このレーンが最も簡単に「相手を見て判断することができる」レーンだと言えます。

例えば、ビルドアップの局面、ハーフウェーライン付近でボールを持つ時。最も相手を困らせることができるのはセンターサークル付近の中央レーンです。そこでフリーになれれば、裏にも両サイドにも足元にもどこにだってパスが出せる。相手はどこにも的を絞ることができず、対応は後手になります。

ただ、問題は現代のサッカーではこのエリアではそうそう自由を与えてくれないことです。そして、対応が後手になることがわかっているので、相手があまり動かない現象が起きてしまいます。つまり、食いつくのは危険だから、と中盤の選手は中を閉め、ディフェンスラインは裏をケアする。そうして待ち構えながら、遅れて加勢してくるフォワードの選手にプレスバックさせることが多くなってしまうのです。

対して、ハーフスペースでは相手も食いついてボールを奪いにくることが多くなります。例えば、フォワードのプレスをかいくぐって前を向くことができたら、だいたいそこにはボランチの選手が飛び込んできます。飛び込んでくればスペースが空きます。それもより高い位置のハーフスペースが空きます（図18）。

そこを消そうとすれば横の選手は中を閉めるしかありません。そうなれば、先ほどと同じ、相手を外した選手がサイドでフリーでボールを持つことができます。つまり、全て相手を見て判断していけば、解決策を次々に見つけていけるフェーズに持っていけるのです。

前方のハーフスペースについては、また触れたいと思います。

とにかく、小難しい戦術用語は確かにサッカーをわかりやすく見させてくれますが、サッカーにおいて大事なことは何一つ変わっていません。

近くの選手は斜めにポジションを取ること。それをグループで連動すれば「トライアングル」や「ダイヤモンド」が出来上がります。

そうすれば、相手を見て判断することができます。つまり、相手に的を絞らせないで攻めることができます。

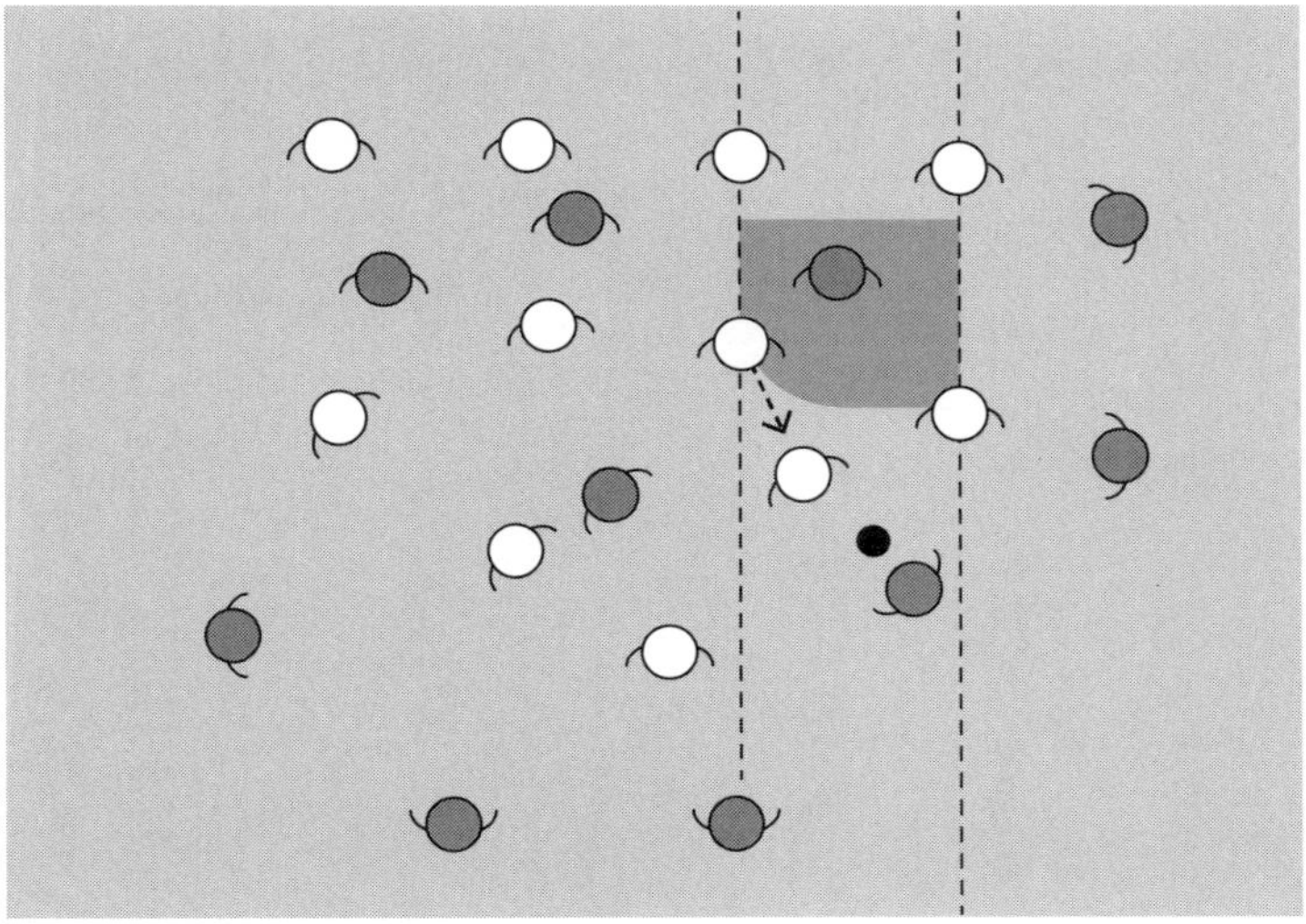

図18　相手が飛び込んできた背後にはスペースができる

そこから、相手を見て細かく優位なポジションを探しながらプレーするのが「ポジショナルプレー」に繋がるものだと私は解釈しています。

ボールを持つ選手に寄ることがサポートになるときもあれば、あえて離れることがプレスの足を止めることもあります。それぞれの選手がそれぞれに「良いポジション」を理解し、各エリアでそれぞれの相手の優位に立つことができれば、その全体を見たときに、「ポジショナルプレー」に基づいていると言えるのだと思います。

4

サイドアタッカーにおける良いポジショニング

求められるのは、自分で打開するか、相手サイドバックの背後を取るか

サイドハーフ、ウイングの選手をここに「サイドアタッカー」としてまとめて分類します。

このポジションの役割はチームによって異なります。攻撃の幅をこのポジションの選手に取らせるのか、サイドバックに取らせるのかでも大きく変わりますし、選手がドリブルに特徴があるのか、パスに特徴があるのかによってもまた大きく違うでしょう。

そこで、ここではタッチライン際で勝負する場合の話にとどめ、中に入り込んで、シャドーのようなポジションを取った時の話は次に回します。よって、次の

項も併せて読んでいただきたいと思います。

まず、目線ですが、前線の選手は後ろ向きに自分のゴール側を向いてプレーすることも多くなります。前線の選手の中では比較的視野を確保しやすいサイドの選手においてもそれは言えます。

自分の相手を見るためには、やはり極力後ろ向きでボールを受けることは避けたいところです。さらに、前線の選手は相手選手との距離も近くなるので、前を向く意識とともに、ボールを受けたときに前を向きやすい立ち位置を、味方との関係や相手との関係において緻密に考えておく必要があります。

タッチライン際でボールを受けるのはカウンターのリスクこそそれほど高くありませんが、相手のプレスとタッチラインとで挟まれてしまうため、ボールを失うリスクは高くなってしまいます。特に気をつけなくてはならないのが、サイドバックから縦パスを受ける際です。

ここまで一貫して言及してきましたが、ボールを受けるときに縦方向からアプ

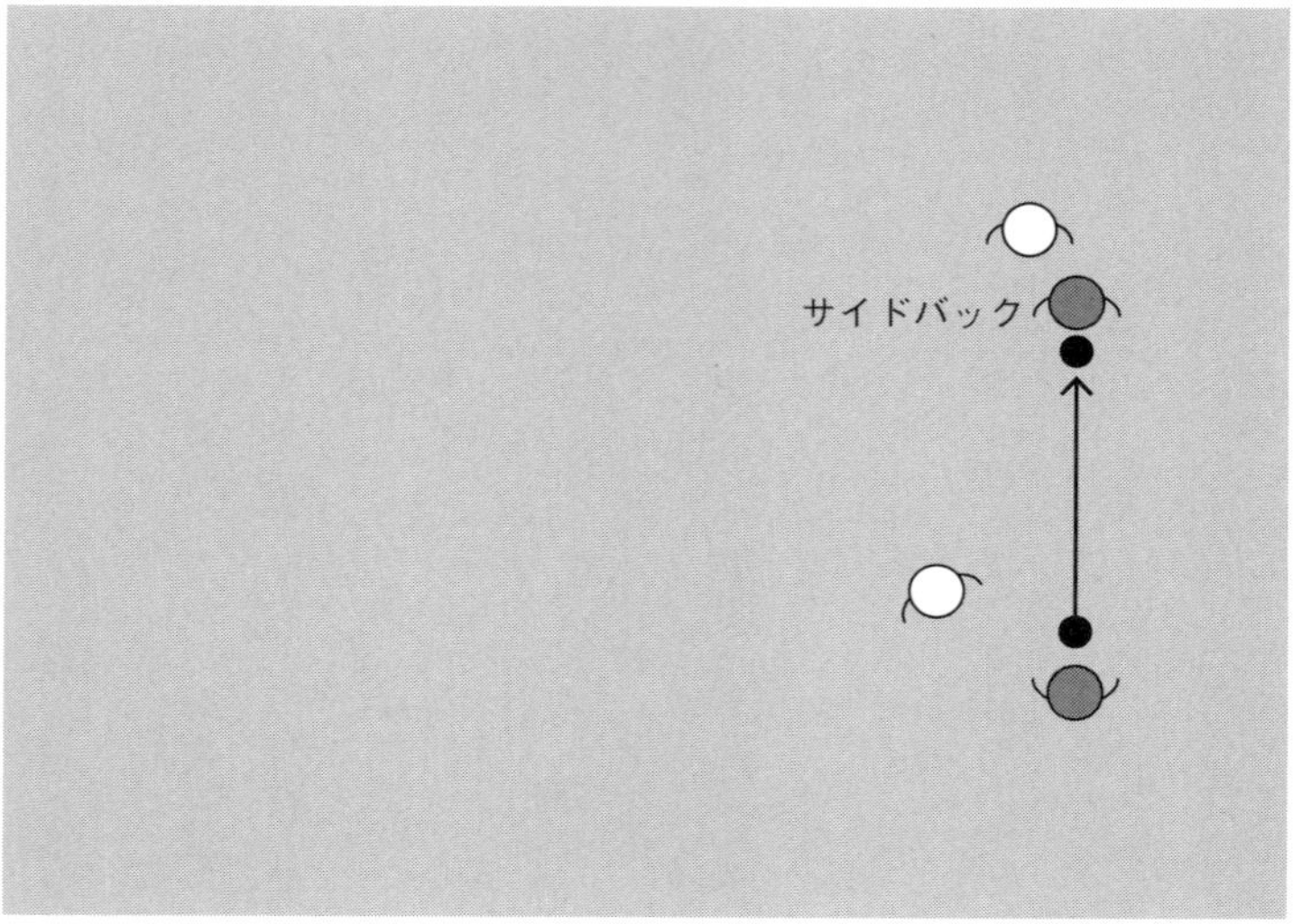

図19　サイドバックが縦パスをもらうときの典型例

ローチをかけられる場合は守備側が有利になりますが、サイドバックから縦パスをもらう場合、ほとんどがそのような受け方になってしまいます（図19）。

そのための偽サイドバック、サイドバックが内側でビルドアップに参加することの重要性を先に述べましたが、チームによっては、サイドバックが外に張り出してボールを受けることが多いチームもあるでしょう。そのときには必ず相手のプレスを回避する解決策を明確に持っておかなくてはなりません。

一つは、自分で打開する技術を持つことでしょう。いつもいつもチームが解決策を用意しなくても自分で打開する能力があれば、それで問題は発生しません。

次に、できるだけトライアングルができるようにボランチの選手を呼んでおくことです。サイドの二人だけの関係なら〝線〟になってしまいますが、間に他の選手が入りこんでくればトライアングルができます。そのためにも、ボランチの選手はサイドバックがボールを持っている時点で斜めにポジションを取っておくことが重要です（図20）。

またもう一つが、立ち位置の重要な考え方で、ボールを持っている味方サイドバックに時間があるなら、自分をマークする相手サイドバックの背中側に立つことです（図21）。つまり、サイドバックがサイドに張り出すなら逆に自分が少しだけ内側に移動して、斜めの関係を保ちます。

こうすると、味方サイドバックの選手が蹴れる位置にボールを置いたとき、自分はボールと相手を同じ視野に収めることができます。逆に、相手はそれができません。その時点で、こちらが「相手を見てサッカーをする」局面の出来上がり

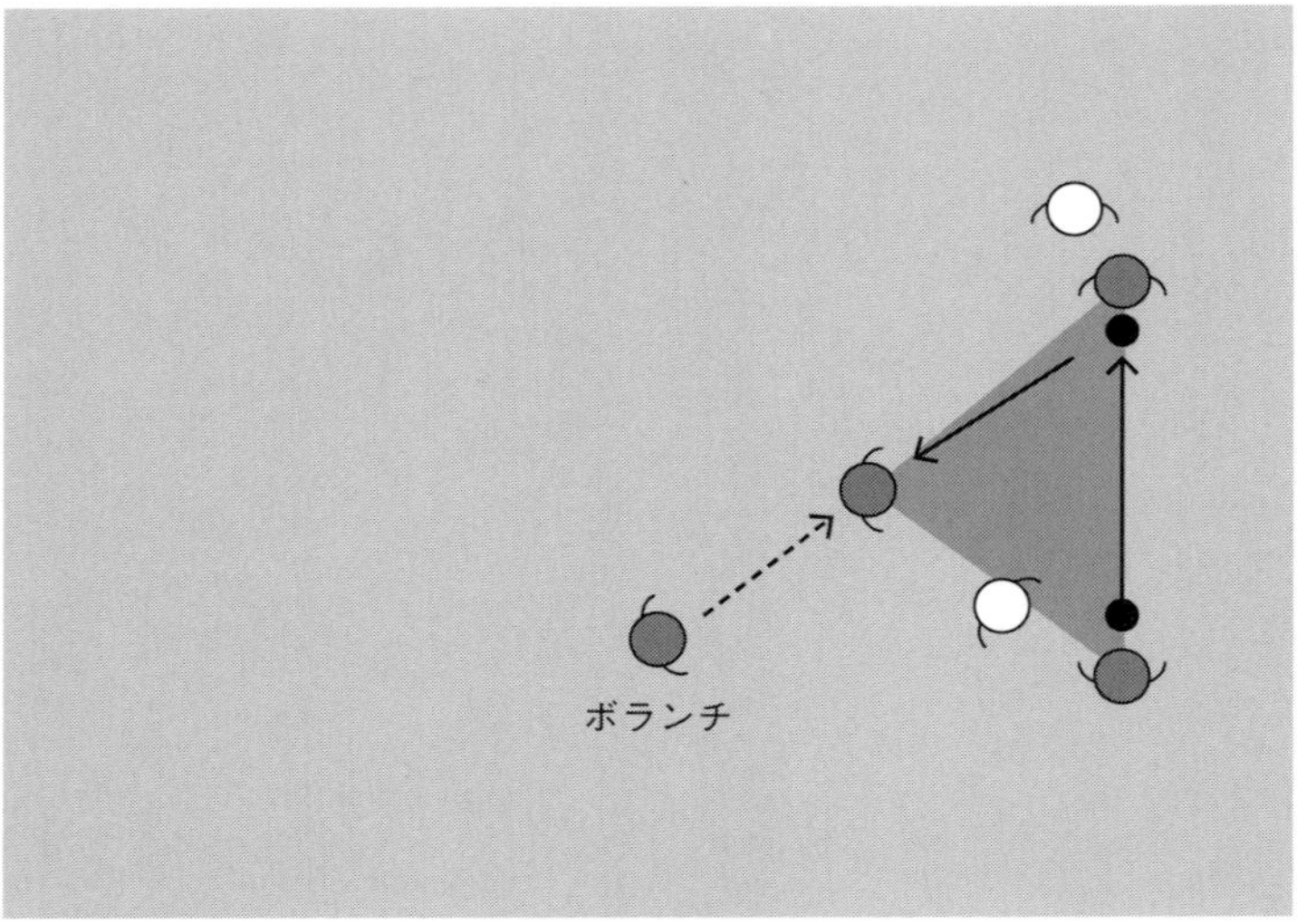

図20　ボランチが斜めにポジションをとっておく

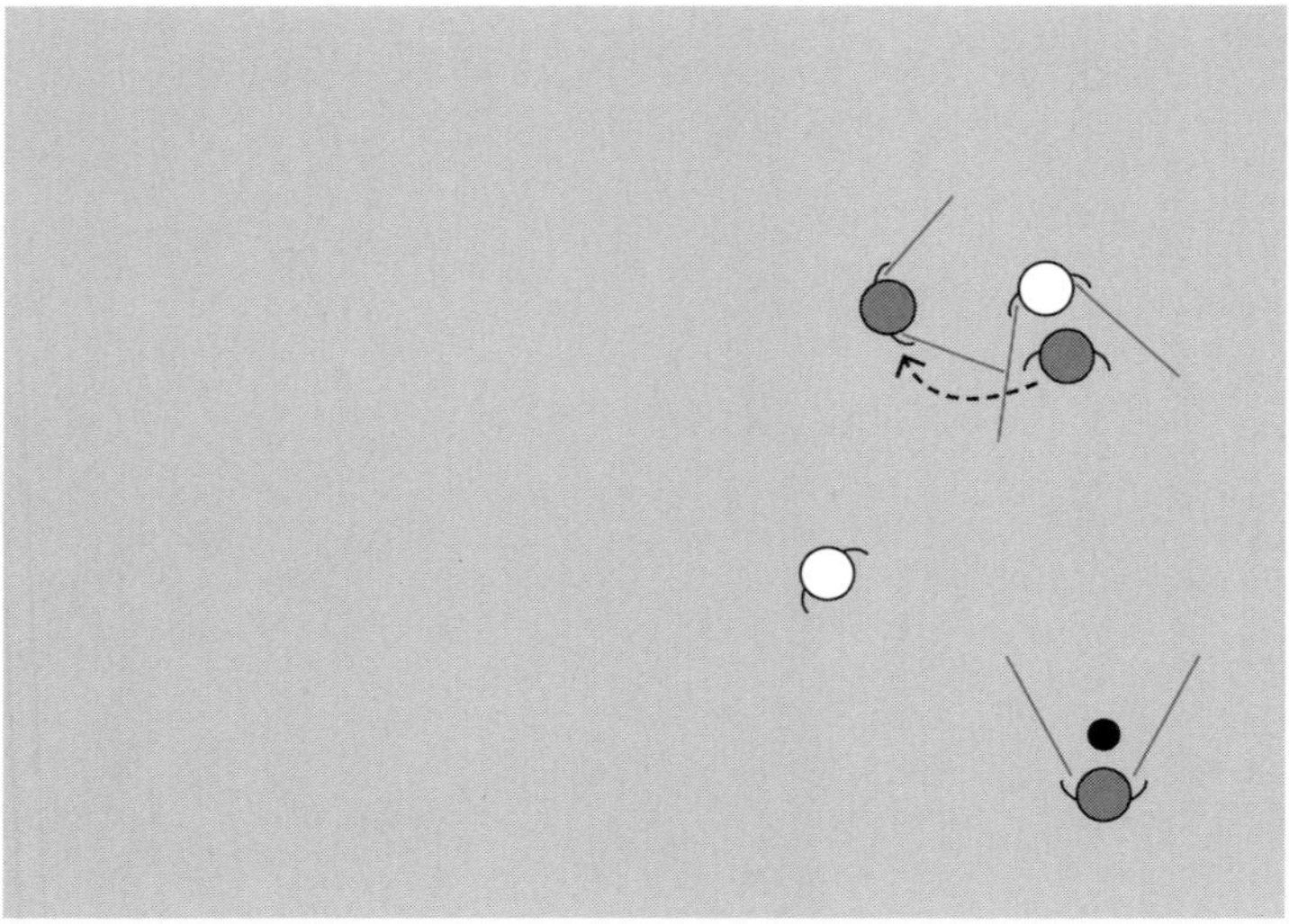

図21　相手のサイドバックの背中に立つ

となります。

大事なことは、できれば相手と並ぶ位置まで入り込むこと。そこに立てれば、味方サイドバックが蹴れる位置にボールを置いたタイミングで、相手のベクトルを見て受ける位置を見つけられます。

例えば、背中に入り込んだために、自分のことを見えなくなった相手が裏のスペースを怖がって後ろにベクトルを向けたらスッとその逆を取って足元に受けに行き（図22）、相手がそのまま前に意識のベクトルを向けているようなら背後を取ればいい（図23）。背中側に走ってくるようなら、そのベクトルを逆手にとってサイドのスペースに流し込んでもらってもいいですし、答えはいつも相手の逆を取ることになります。

つまり、この立ち位置を取れれば、全て答えは「相手が決めてくれる」のです。

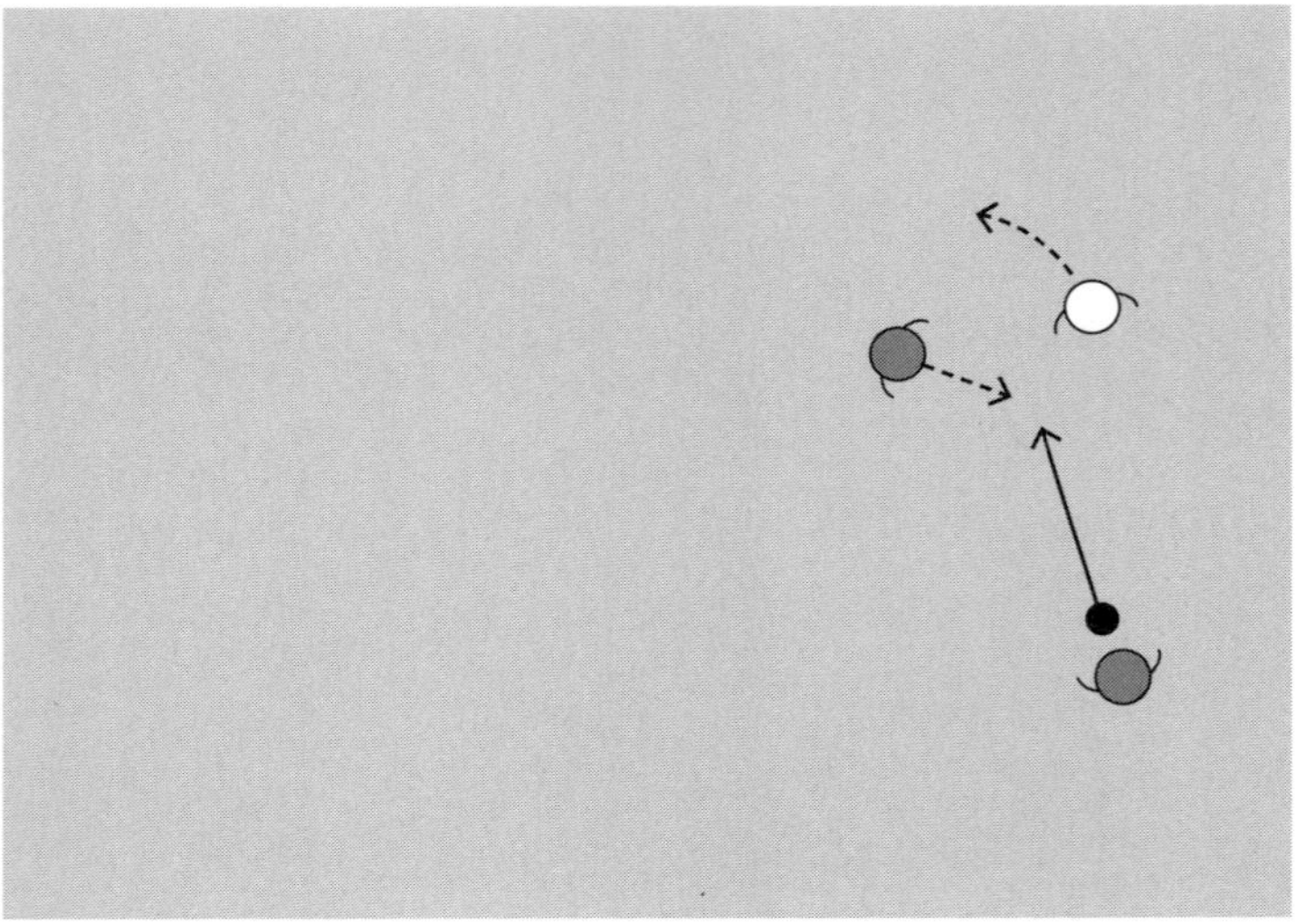

図22　相手のベクトルの逆をとって足元で受ける

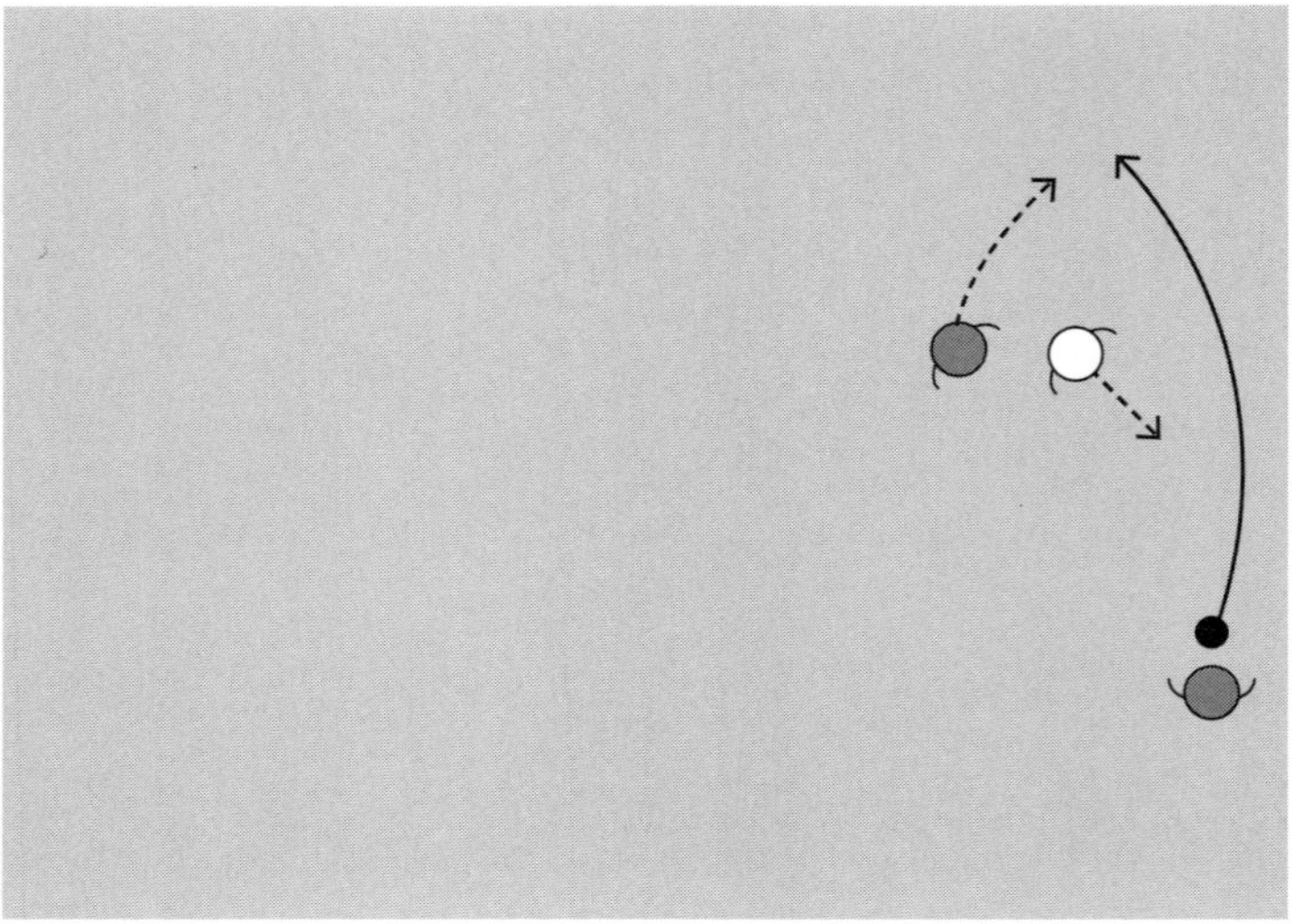

図23　相手のベクトルが前ならば逆に背後をとる

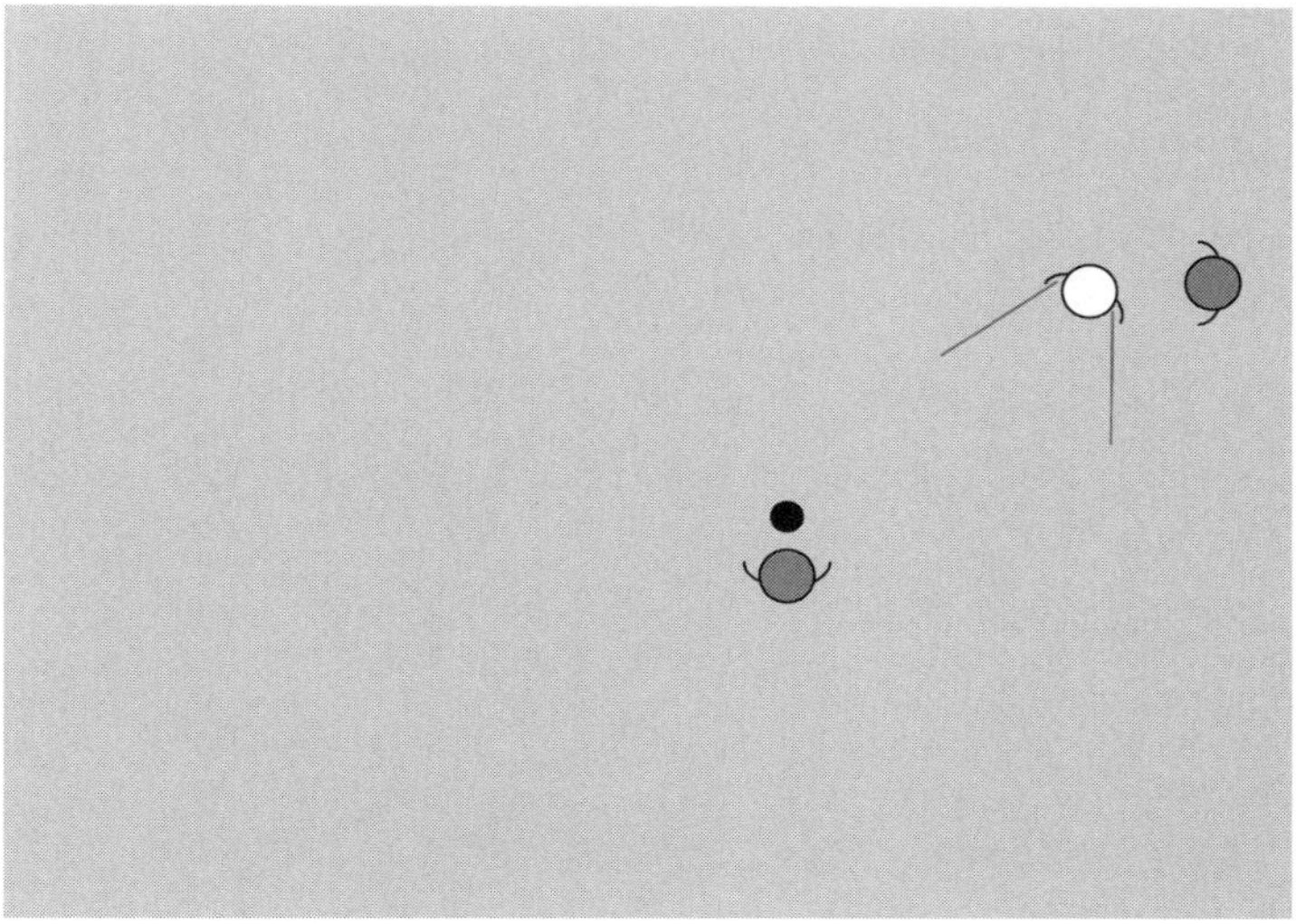

図24　相手を見てプレーするには相手の背中をとること

グアルディオラ時代のバルサのウイングのポジショニングの秀逸さ

ボランチやセンターバックたちを中心に、味方が中央でボールを動かしている時も同様です。チームによって異なるタスクを与えられるかもしれませんが、基本的に、相手を見てプレーするなら、相手の背中にポジションを取ることです（図24）。個人的には動き回る必要はないと思いますが、動き回っていたとしても大事なことは同じです。

味方がどこにでも蹴れるところにボー

ルを置いたときに、この立ち位置にいればいいのです。そこから動き出せば、相手に自分の動きは見えません。逆に、相手が見える自分は、相手のベクトルの向きを感じながら、その逆をとるのです。

これができれば、どんな相手でも裏をとることが可能です。答えは相手が示してくれるわけですから、それを的確に読み取れる眼と反応を磨きさえすれば、いつでも誰でも相手を出し抜けます。

グアルディオラが率いていた時代のバルセロナのウイングは、この動きが実に秀逸でした。ビジャにしろ、ペドロにしろ、アンリにしろ皆、何度もこのポジションに立とうと動き直しを繰り返していました。そして、中央でメッシやシャビ、イニエスタらがボールを素早く展開しているときに、自分のマーカーが目を中央に固定させたら最後。その一瞬を見逃さず、相手の背後を取っていました（図25）。

相手からすれば、自分の前に敵を置きたいのですが、それをするためにはひたすらラインを下げていくしかありません。なぜなら、ビジャやペドロたちが見て

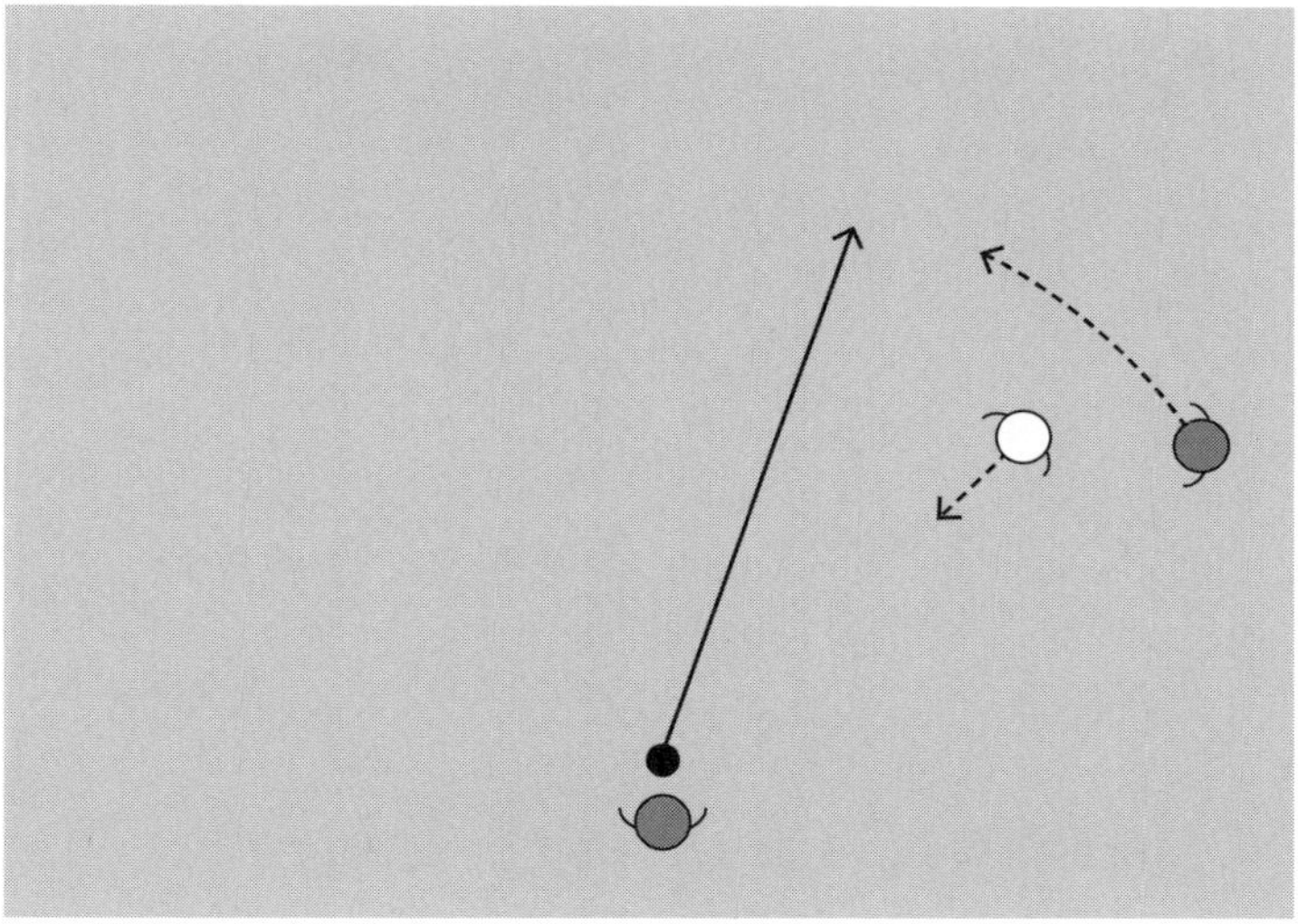

図25　相手が中央に視線を固定した瞬間に背後をとる

いるのは相手で、相手と並ぶようにしていたからです。

この動きができれば、スピードが絶対条件にはなりません。あるに越したことはありませんが、スピードがない選手であっても立ち位置とタイミングさえつかめば、相手を引き離すことができます。

現に、鹿島アントラーズの遠藤康選手は私の後輩ですが、最近のプレーを見ていると、この動きを習得したことで毎試合のように相手の背後をつくことができています。とても足が遅い選手なのですが（笑）。

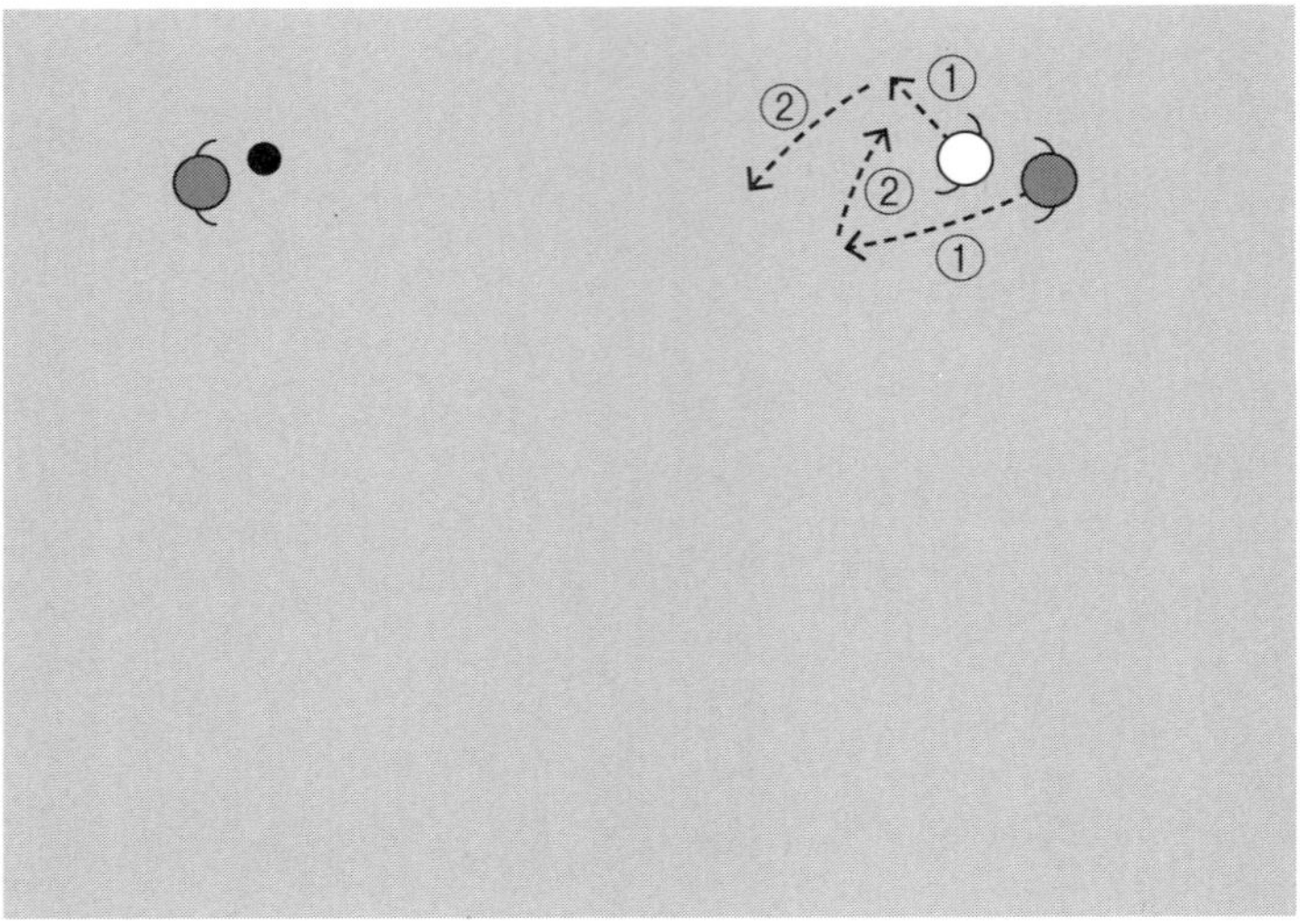

図26　相手の動きを見ながら逆をとればいい

このポジションに立つことは、逆サイドで味方が崩したときも同様に有効です。ボールを見た相手は自分を捕まえることができません。相手が下がれば違うベクトルで走ればいいし、それに対応してきたら、またその逆を取ればいいのですから（図26）。

サイドに位置取りをする選手で、得点が多い選手はこの立ち位置を知っている選手ばかりです。ボールを持って相手をかわすことも大事ですが、ボールが来る前に相手を一人剥がすことができれば、よりゴールに近づけることは明白です。

ちなみに、スローインを受けるときも原理は同じです。相手の背中にまずポジションを取るべきです。サイドアタッカーだとスローインを受けることも多いですが、いつも相手の前から動き出そうとする選手がいます。スローインは手で投げることができ、タイミングも計れるわけですから、必ず背後から動き出すべきです。

5

トップ下やシャドーにおける良いポジショニング

まず把握すべきは

「アプローチをかけようとしているのは誰なのか？」

トップ下やシャドーが主にプレーするバイタルエリアとも言われるエリアでの目線と立ち位置について考えてみます。

相手の中盤とディフェンスラインの間に立ち位置をとると、３６０度誰かしらに睨まれた状態になります。相手がマンマークできていれば、自分のマークもはっきりしますが、多くはボールが入った瞬間に前後からパッキングされる状況になります。

そのため、どうしても〝どこからもプレッシャーを受けている〟感覚になりますが、ディフェンス側の役割から考えれば、アプローチをかけるのは実は一人ないし二人しかいません。ボールを持ち過ぎれば別ですが、「囲い込む」というのはシンプルにプレーする相手にはできません。特にディフェンスラインではバランスを保つことが求められるので、実はバイタルエリアであっても把握しなければいけない相手はそれほど多くないのです。

見なくてはならないのは「自分にアプローチをかけようとしているのは誰なのか」ということです。それはほとんどの場合一人で、可能性は３通りか４通りしかありません。

一つはプレスバックです。主に相手のボランチの選手が下がりながら対応してきます。

この場合に有効になるのがハーフスペースを活用することです。これはボランチのところでも言及しましたが、センターのレーンよりもハーフスペースの方がプレスバックを受けづらくなります。特に、チームとして相手のボランチを前に食いつかせることができたときには、そこから一つ前の位置で、トップ下の選手がプレスバックは受けずにボールを受けることができます（図27）。

プレスバックを受けなければ、残るのは2通りです。自分の右背後の相手が来るか（図28①）、左背後から相手が来るか（図28②）、を把握することです。

もし誰もこない場合ならターンして前を向くことが最善ですが、多くは一人ディフェンスラインから相手がプレッシャーをかけにくるでしょう。その場合に、相手のどの選手がポジションを空けてアプローチに来たのかを把握します。

ハーフスペースなら、それはセンターバックが出てきたか、サイドバックが出てきたか、になります。ディフェンスラインから二人が同時に出てくることは基本的にはあり得ないので、ボールが来たときにどちらの選手がアプローチに来たのかだけ把握していればいいのです。

それが把握できていれば、ディフェンスラインにできた穴を頭に浮かべます。相手選手はきっと他の選手でそのスペースを埋めようとカバーに入るので、そこ

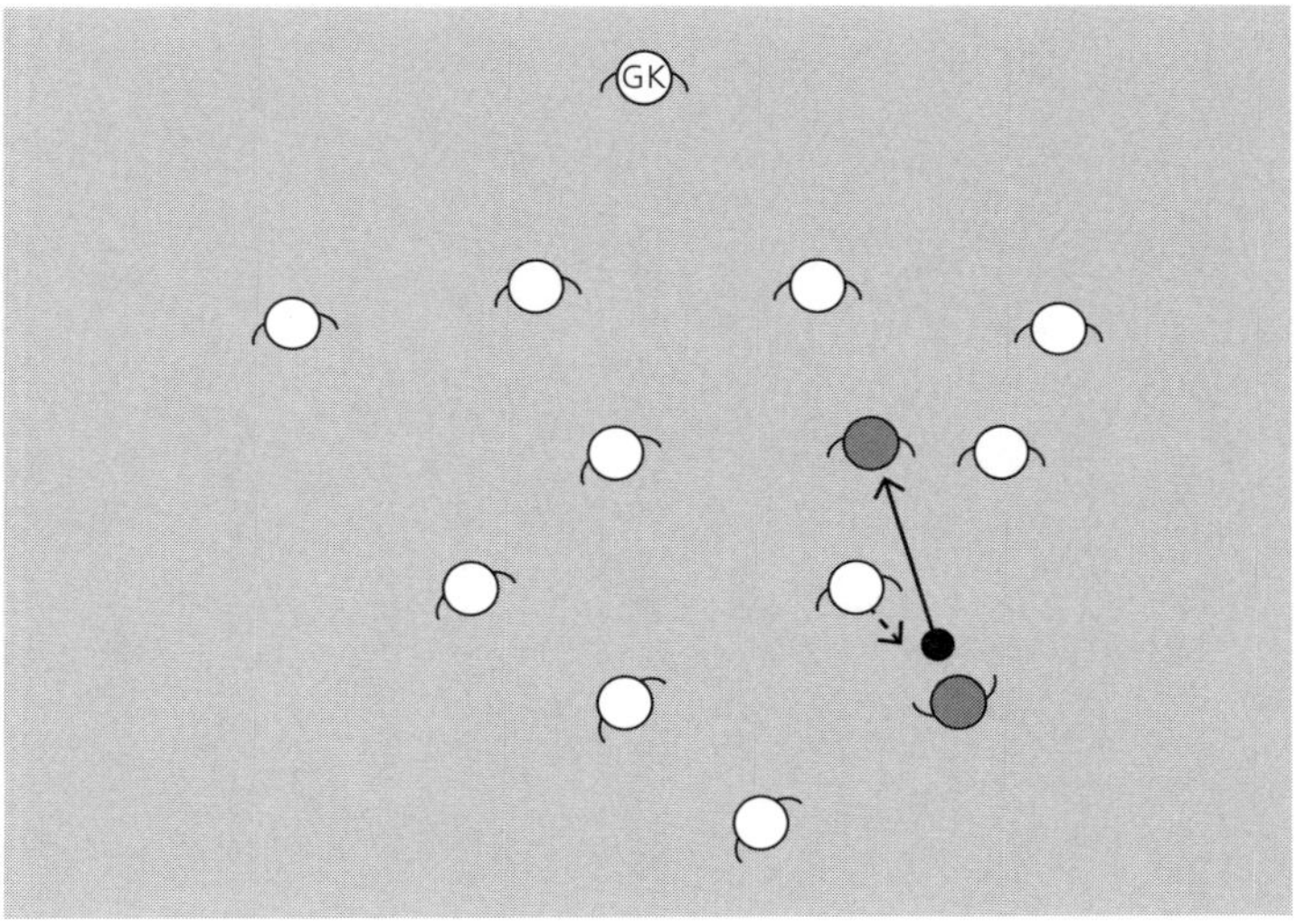

図27　トップ下がプレスバックされずに受けられる

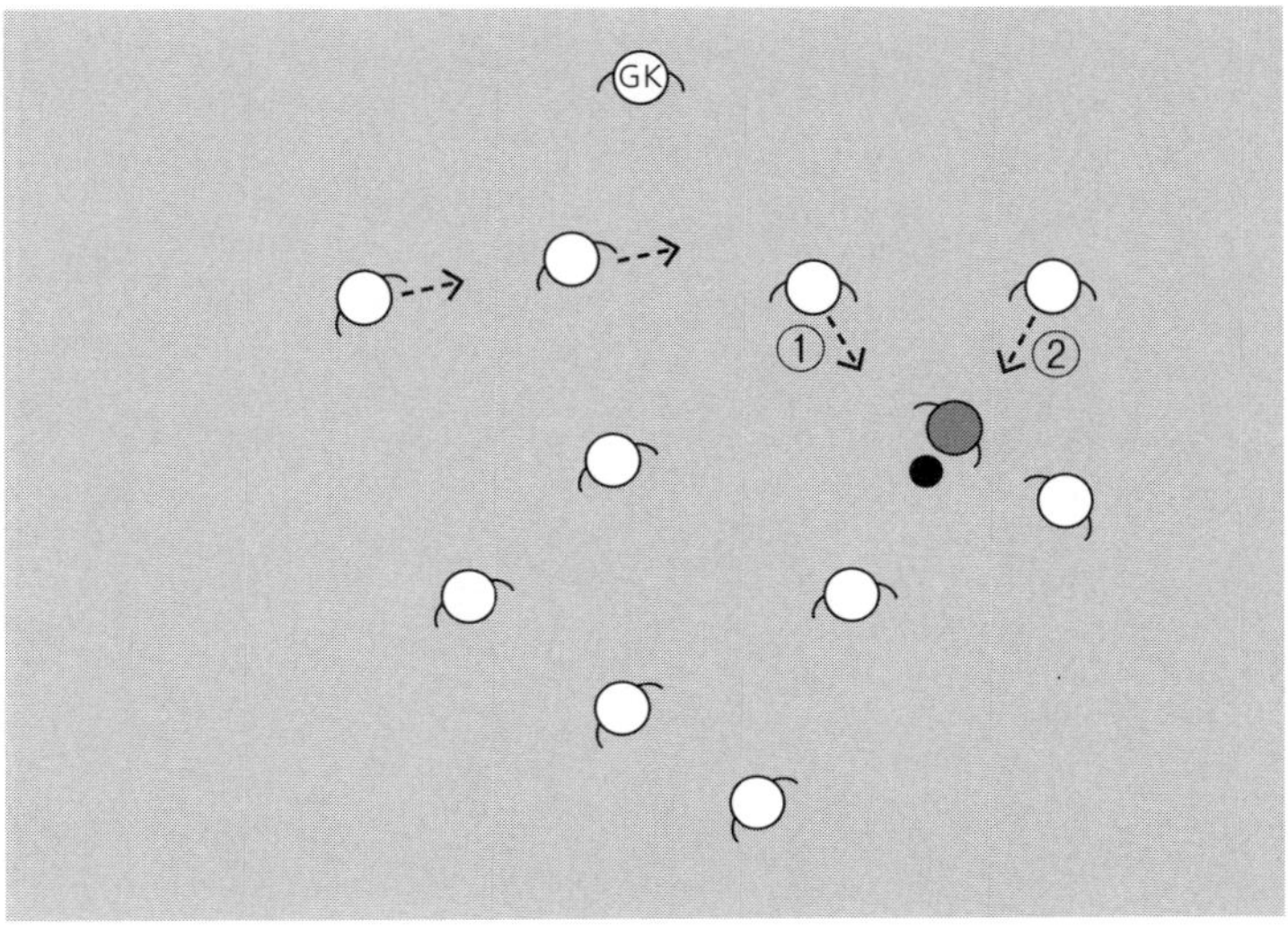

図28　どの方向から相手が来るか把握する

からできる新たなスペースも狙い所になります。つまり、ポジションを空けて飛び出してきた選手を把握することから、ドミノ式に開いていく相手の穴を突いていくのです。

よくパスがうまい選手のことを「俯瞰してサッカーをしているようだ」と言われることがありますが、そうした選手はいつも「こうなったらここが空く」という方程式みたいなものを持っているだけに見えます。ドミノ式に浮かんでくる穴の見方がどんどん早くなるとそれが「ほぼ同時」となり、「俯瞰しているよう」になる。

私はトップ下などやったことはもちろんありませんが、それが「俯瞰してサッカーをしている」と言われる、例えば、遠藤保仁選手や中村憲剛選手たちと対戦する中で感じた彼らの感覚です。彼らは皆、瞬時に全体を把握しますが、その始まりはいつも誰かを食いつかせることのように見えます。

ライン間にポジションを取り、相手からずれることで生まれる優位性

立ち位置については、私が強調したい考え方はボランチのところなどで言及したことと同じです。

マンマーク気味で来られたときには少しでも相手と横にずれること。マンマークで来られたら逆に見なければいけない相手は一人になるので、その相手とのポジションを考えていればいいでしょう。

現代サッカーで多くなっている、ブロックを作る守備組織を組む相手でも実は同様です。前述したように、現代サッカーではボールが入る前にディフェンスラインの選手がポジションを崩して出てくることはあまり多くありません。そうなれば、基本的に相手のシステムのライン間に立っておくことは可能でしょう。バイタルエリアのスペースはどんどん狭くなってきていますが、それでも相手は自分の位置よりボールの位置でポジションを決めているはずなので、ボールが入る

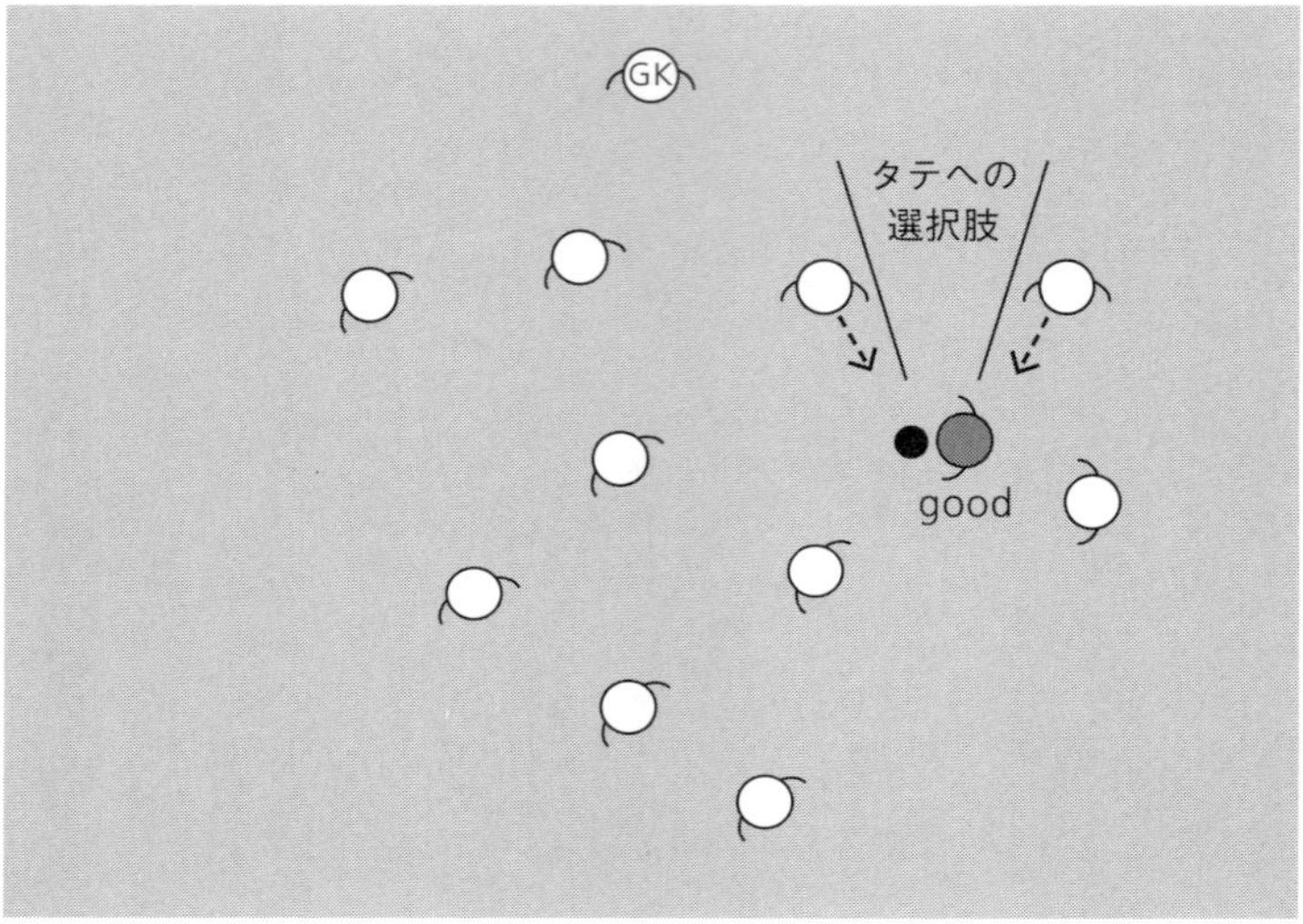

図29　ライン間にポジションをとって相手とずれておく

前にぴったりマークについてくるチームは多くないはずです。

ライン間にポジションを取ったら、ここからの考え方は一緒です。「相手からずれておくこと」です。つまり、ここでも基準は「相手」になります（図29）。

この場合の「相手からずれる」とは図のように、相手ディフェンスラインの選手とずれて、その間に立つことです。相手の立ち位置を見て、自分たちの攻めるゴール方向に相手がいないところに立つことが重要です。理由は同じで、ボールを受けたときに、アプローチしてきた相手選手に正面からではなく、斜め横からアプローチさせることがその後の選択肢のために重要だからです。

例えば、ハーフスペースでボールを受けた場合に、相手センターバックがアプローチに来たとします。この時に正面に入られていると、ドリブルにしろパスにしろ、縦への選択肢がありません。そうなると、そこから右か左かの選択をすることになるので相手の対応と呼吸が合ってしまいます。

しかし、斜め内側からだとどうでしょうか。ボールを受けた時に前方が空いていれば、まず縦に突破あるいはスルーパスという選択肢が見えます。すると、相手はそれが一番怖いことなので縦を消しにいきます。そうすれば縦方向に強くベクトルを向けた相手の逆は突きやすくなります。もしくは、開けたスペースを味方に使わせることもできます。つまり、常に先手を取って攻めることができるのです。

このように、常に「良いポジション」を「相手」から決めておくことはとても重要です。ハーフスペースに立つことが大事なわけではありません。相手に対して有利な立ち位置に立っておくことが大事なのです。説明してきたように、それがハーフスペースではそうなりやすいだけであって、ハーフスペースに立ったからもれなく相手に対して有利になるわけではありません。

ハーフスペースに立つことは、相手のプレスバックを受けづらく、かつディフェンスラインの相手とずれたポジションに立つことが目的であり、それを知らずにハーフスペースに立っていると、相手が対応してきて、その優位性を生かせないシチュエーションになったときに行き詰まってしまうのです。

例えば、「相手」から立ち位置を決めていない選手はよくこのようになります。4－4－2の相手に対して、チームが3－4－3を採用したとします。そして3－4－3の2シャドーの一角を担っているある選手を、仮にAとします（図30）。この場合、システム上の噛み合わせから、Aは、相手の4バックに対し、自然にずれたポジションに立つことができています。基本的にAはいわゆるハーフスペースに立ち、相手のセンターバックとサイドバックの間から攻撃をスタートできるので、何も考えなくても、前方向のスペースを手始めに、相手を出し抜く方法が見え、アイデアがどんどん出てきていました。

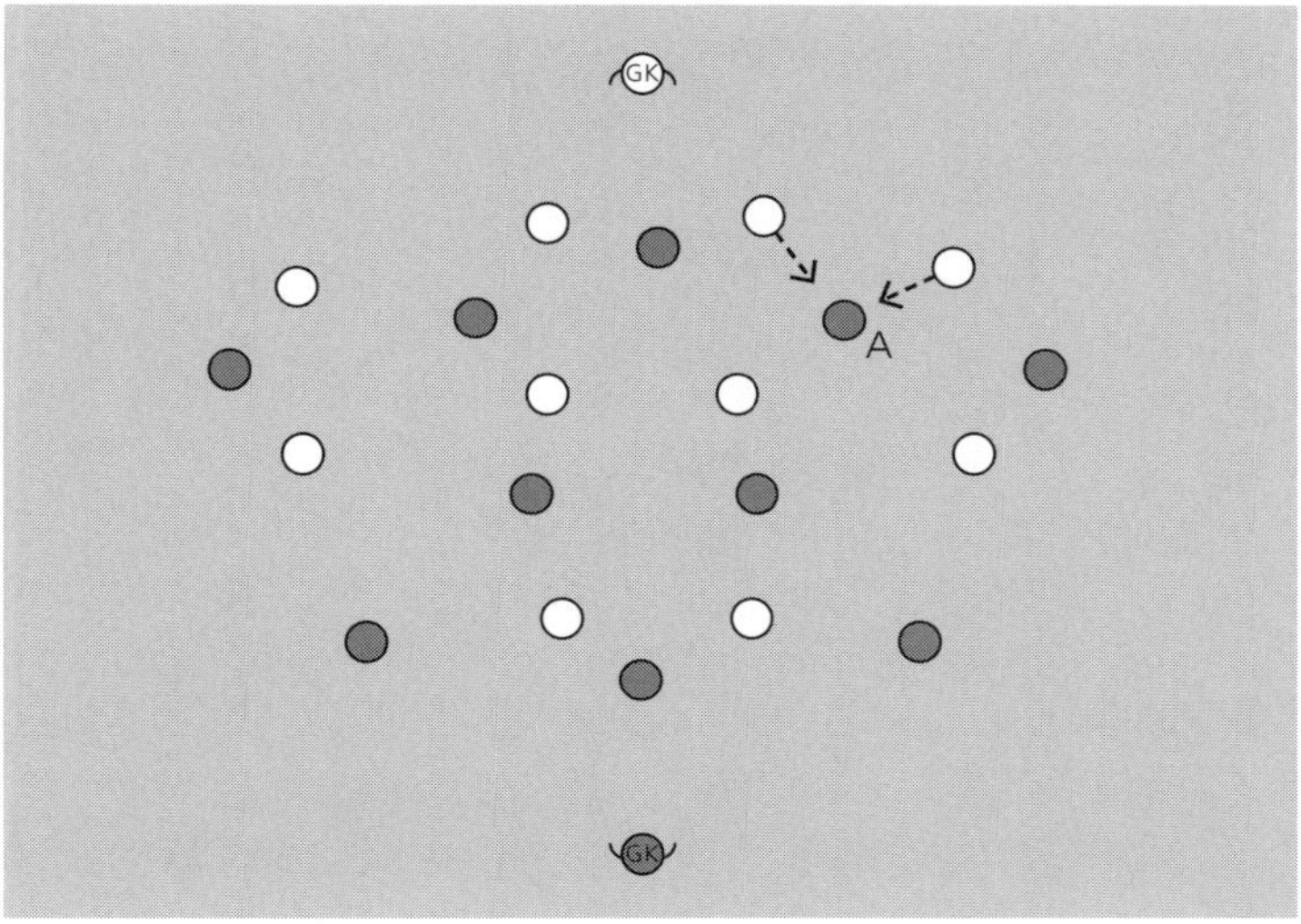

図30　Aは相手とずれたポジションを取れている

しかし、それに対して、困った相手がシステムを合わせて3－4－3のミラーゲームに変えてきたらどうなるでしょうか。「相手」に対してポジションを決めていなかったAは戸惑います。ボールを受けても正面から強く相手にアプローチされるので、ピッチ上の同じ位置（ハーフスペース）に立っているのに、突然、それまでの活発な動きが止まって、結局ボールを全く受けられなくなります（図31）。

これは、相手とずれて立つことの重要性から立ち位置を考えていないからです。

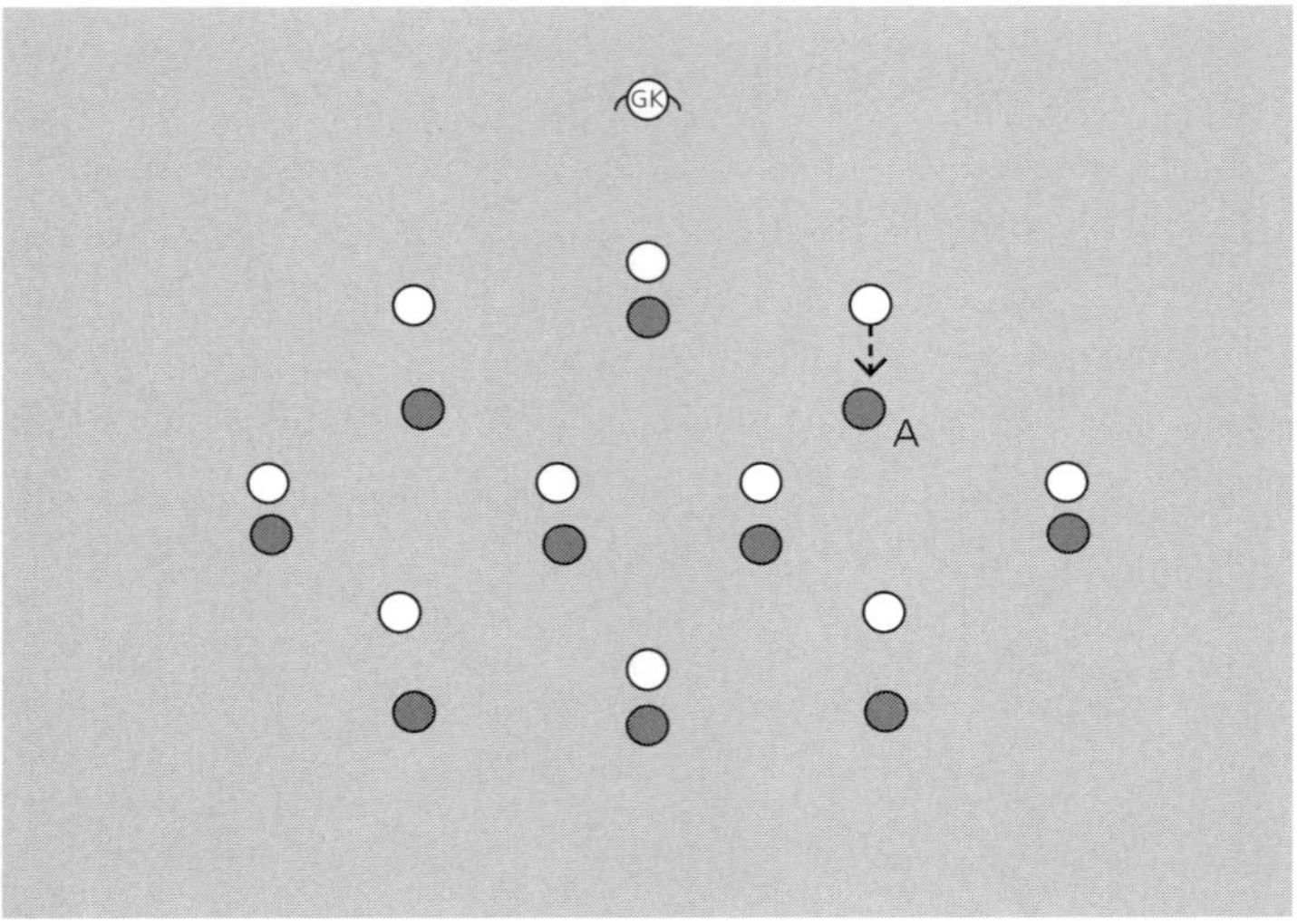

図31　相手の位置を意識していないと苦しくなる

　このような場合も、「相手からずれて立っていること」という原則をもって相手から立ち位置を考えることができていれば、確かに相手ディフェンスラインが5枚になったことでスペースこそ狭くなりますが、やることは変わらず、見るべきところも変わらない意識でできるはずです（図32）。

　ピッチに線を引いて「自分がどこのエリアにいるのか」「どこのレーンにいるのか」などと考える必要はありません。相手の中盤とディフェンスラインのライン間に潜り込み、ボールを受けるときにはできるだけ相手ディフェンスラインの選手に縦方向からアプローチされないよ

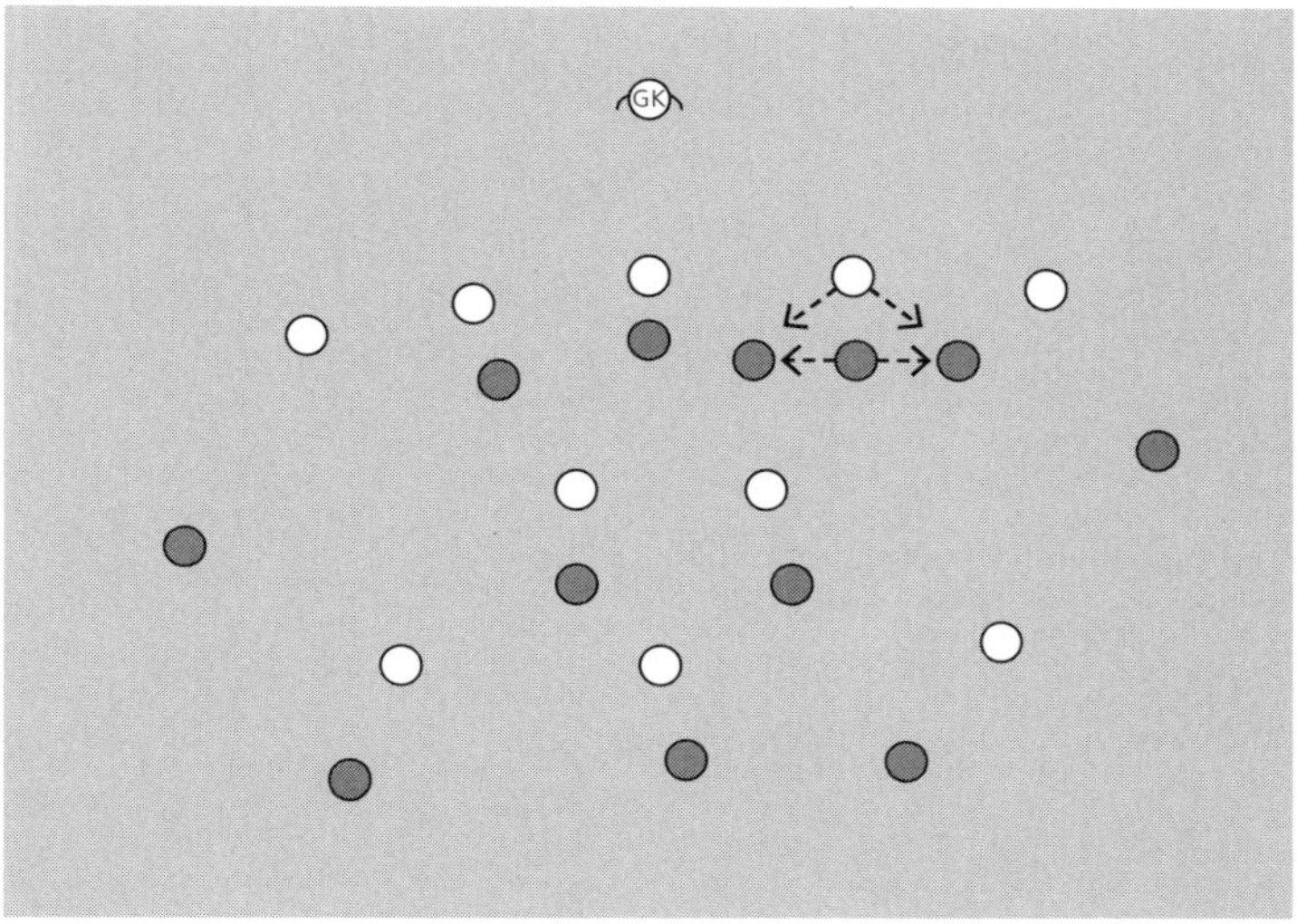

図32　常に相手からずれたポジションを取る意識を

うに意識する。それを繰り返していれば重要なことはほぼ押さえられているはずです。

ピッチを頭に描いてサッカーを考えて、そこに相手が存在しなくなってはいけません。ポジショニングとは全て、相手に対して優位に立つものとして考えなくてはならないと思います。

一流選手が実践する、相手が自分を見失うタイミングの見つけ方

ここまでは味方がビルドアップしている時の立ち位置の考え方でしたが、その延長に、サイドを攻略できた時の、中に

入っていくポイントもあります。

トップ下の選手、シャドーの選手はゴール数も求められるポジションです。このポジションの選手であれば、プロに入るまではドリブルで相手を何人もかわしてゴールすることもできたでしょうが、レベルが上がれば次第にそれは容易ではなくなります。

そうなると、得点を取るためには、サイドを味方が崩した時に、ゴール前でフリーになってシュートを打つことができるかが分かれ目となります。プロに入っても、このポジションで得点を多く取るような選手はみんな、そのためのタイミングをよく知っています。

ビルドアップ時の立ち位置は前述した通り。相手とずれておくことです。

そして、うまく味方がサイドを崩した時に必ず起きることがあります。自分が対峙するポジション、主に相手ボランチの選手が斜め後ろを向かざるを得ないことです（図33）。

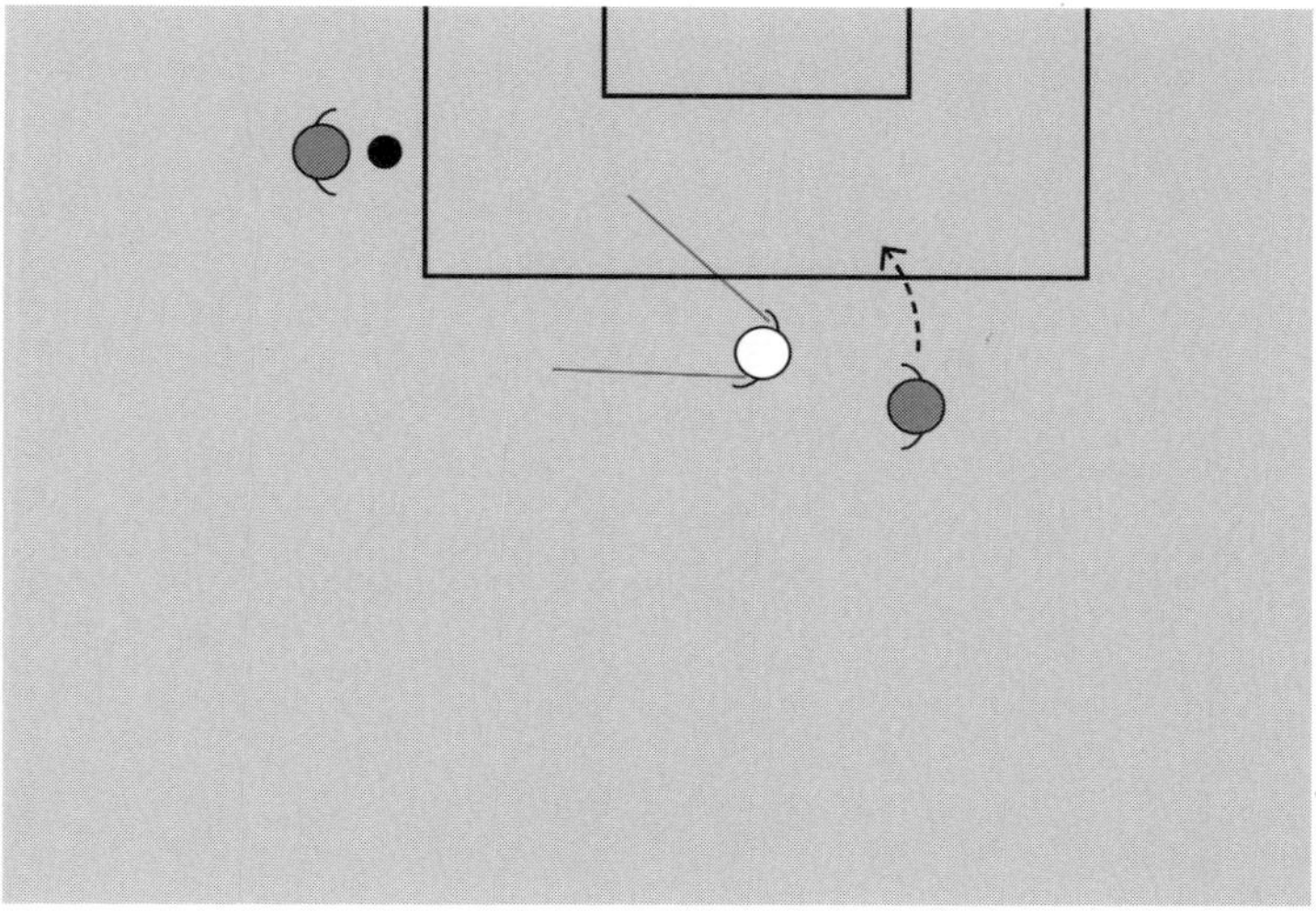

図33　サイドを崩したときに相手ボランチは斜め後ろを向かざるを得ない

「得点を取るためのタイミング」とはこの瞬間です。ボールを見て斜め後ろを見た相手選手は自分を同一視野に入れられません。ずれたポジションから、その一瞬のタイミングを見逃さずに走りこめばフリーでシュートに持ち込めます。

試合においては相手も失点はしたくないわけで、毎回この形でシュートに持ち込めるわけではは当然ありませんが、人がプレーする限り、視野というのは決まっていて、背後が見える人はいません。それを利用して、相手が自分をどうしても見失ってしまうタイミングを知り、その一瞬を逃さず走り込むことができれば、どんな相手に対してもコンスタントに得点を重ねられると思います。

私は得点をコンスタントに重ねる選手を見るのが好きで、その法則を見つけようとよく観察するのですが、トップ下や上がり目のボランチでコンスタントに得点を重ねられる選手はみんなこのタイミングを知ってます。少し前にはなりますが、ジェラードやランパードはその代表格でした。

彼らはシュート力がすごいので、いつもそのキックにばかり注目がいっていましたが、私はキックだけで毎年のように20点近く取れるわけがないと思っていました。そこで、よく見ていると、彼らが走り込むタイミングこそが肝なのだと気づいたのです。

彼らはいつも、自分のマーカーがボールを見て、自分から目を離した瞬間に走り出していたのです。

よくサッカーでは「隙が勝負を分けた」などと「隙」という言葉が使われます。そのため、それは相手が与えてくれるものだと思われがちですが、実はちょっと違います。特に、そうそう隙を見せないトップレベルの戦いでは、相手に隙が生まれるというより、タイミングや立ち位置でエアポケットとなるような隙を自分たちで作り出しているのです。

選手は高い集中のもと、人生をかけるような気持ちでピッチに立っています。であるならば「隙」という言葉を「隙」で片付けていてはいけないのだと思います。私は「隙」という曖昧なものではなく、コンスタントな結果には必ず再現性の高い明確な狙いが潜んでいると思っています。

6
ストライカーにおける良いポジショニング

優秀なストライカーは身体を常にゴールへ向けている

最後にストライカーです。ストライカーの役割は明確。「得点を取ること」です。チームによっては最前線の選手に求められるタスクが違ったりするかもしれませんが、ここでは「得点を取ること」に集中する選手について書いていきます。

私は、たくさんのストライカーと対峙してきた経験から、「得点を取ること」に集中し、そこから全てを逆算する選手と、そうではなく、起点になったり、相手をかわしたりすることも考える選手とでは、同じフォワードでも違う〝生き物〟であると感じてきました。

よって、後者はシャドーのところと合わせながら見ていただくとして、ここでは前者を「ストライカー」と呼び、ストライカーたちの目線と立ち位置について考察します。

ストライカーの選手たちの役割は明確なので、目線と立ち位置も明確。「得点を取るための目線と立ち位置」です。

だから、ストライカーたちがやっていることは「いつも同じこと」の繰り返しです。ただ、それが相手の嫌がることから作られているから、常に再現性を伴ってコンスタントな得点につながっています。

目線はできるだけゴールを向くことです。最前線に位置しているのでゴールを背にしてプレーしてしまいがちですが、コンスタントにゴールを重ねられるストライカーたちはゴールに向くことの重要性をよく知っているので、体の向きを変えて、極力ゴールに向き直るようにしています。

彼らはチームがビルドアップをしている時も、できるだけ角度を作り、体の向きをゴール側に向けます。私はいつもその対峙するそのストライカーを監視していたわけですが、良いストライカーはみんな私の方を向こうとしてくるのです。

つまり、彼らの「へそ」が常に私の方に向いてきます。

対する私はボールを常に見なければいけないので、ボールが出てくるまでは半身で対応するしかありません。へそを前に向けている相手（ストライカー）と横にしか向けない私（ディフェンダー）。一瞬でも油断すれば、背後をやられてしまいます。

前田遼一選手、佐藤寿人選手、豊田陽平選手、最近では小林悠選手や川又堅碁選手もそうです。みんなプロに入った頃はへそを自陣側に向けていることも多かったのですが、ストライカーとして成熟していく過程で、みんながもれなくゴールにへそを向ける意識を持つようになりました（図34）。

相手の逆を取ることを根気強く、再現性の高いプレーがその先にある

立ち位置もストライカーたちが意識していることはいつも同じです。ゴールが取れるポイントを知っているので、そこばかりを目指してプレーしているように感じます。

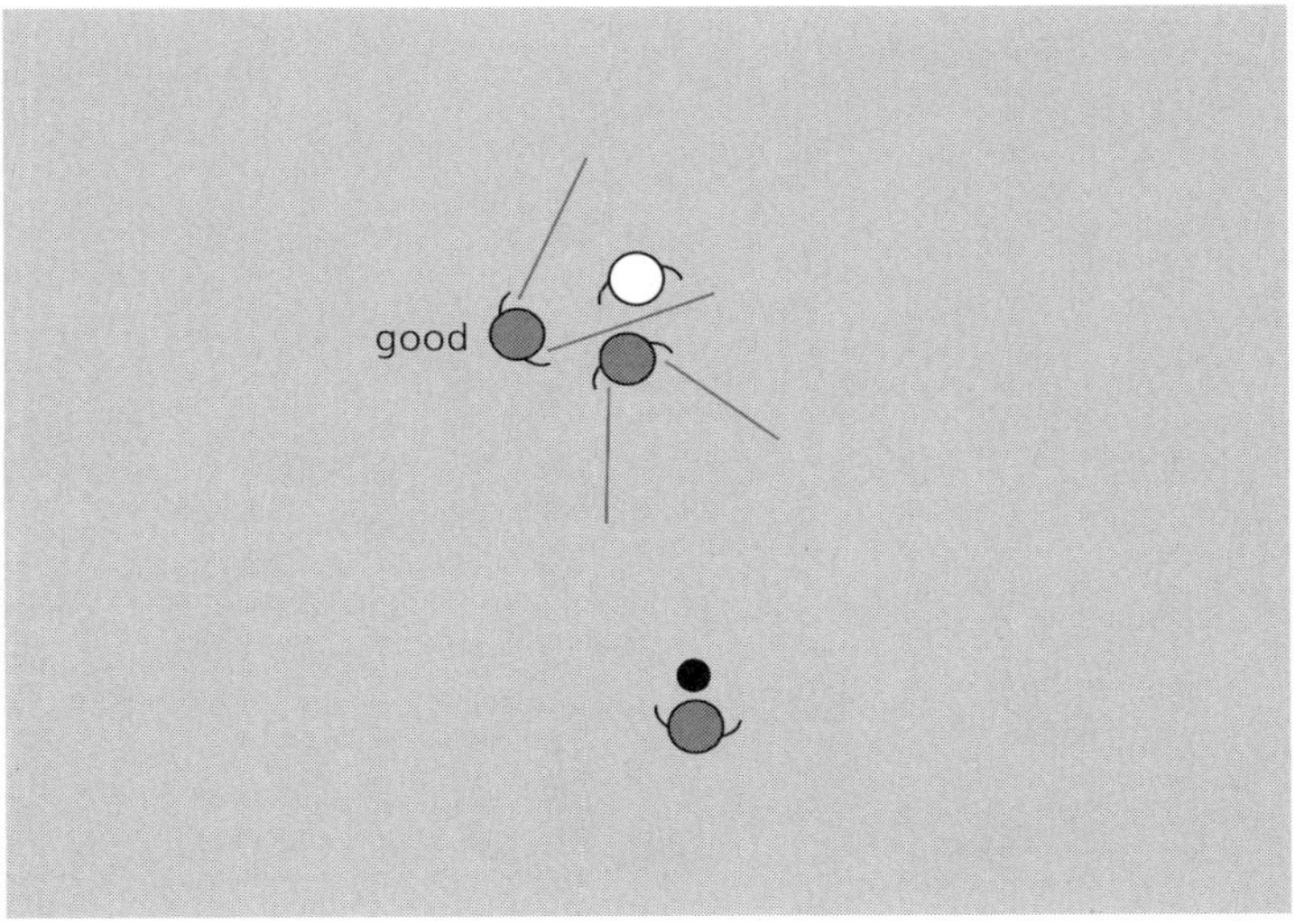

図34　ストライカーたちが持つゴールにへそを向ける意識

ポジションこそ違えど、立ち位置の原理は、実はここまでの話と同じです。「相手の背中に立つ」、「相手がボールに目線をやった瞬間が動き出しのタイミング」、そして「相手のベクトルの逆を取る」です。全て「相手」からゴールが取れるポイントを割り出していきます。ストライカーは役割が明確だから、それらをいつも同じように繰り返しています。

例えば、味方の中盤の選手が前を向いてボールを持ったとします。その選手がどこにでも出せるところにボールがあるなら、へそを相手ゴールに向けて、相手の背中に入ります。そして、パスを出す瞬間に相手はボールを見るしかないので、そのタイミングで相手のベクトルを見てその逆を取ります（図35）。

例えば、サイドで味方がボールを持ったとします。クロスを上げられる体勢になったら、相手の背中に入ります。クロスを上げる瞬間に相手はボールを見るので、自分を視野に収められません。その瞬間に、背後に回った自分の方に向かってくれれば前を取り、前に意識のベクトルを向けたままならそのまま背後を取ります。もし、動き出しが早すぎて相手がそれに対応してきたら、そのベクトルを利用してまた動き直しをすればいい（図36）。

このように、行っていることは単調でいつも同じですが、最後のところでは「相手」によって判断を変えるので、コンスタントに相手のマークを外した状態ができます。マークを外して待っていれば、あとはボールが来るのを信じるのみ。来なくても、マークを外すことさえやめなければ何度かに一度はボールが来ます。そのうち何度かが枠に飛びます。そしてそのうちの何度かがキーパーに止められずにゴールになるでしょう。というように、これを何度も繰り返して根気強く行

図35　背中をとって相手の動きを見ながら逆をとる

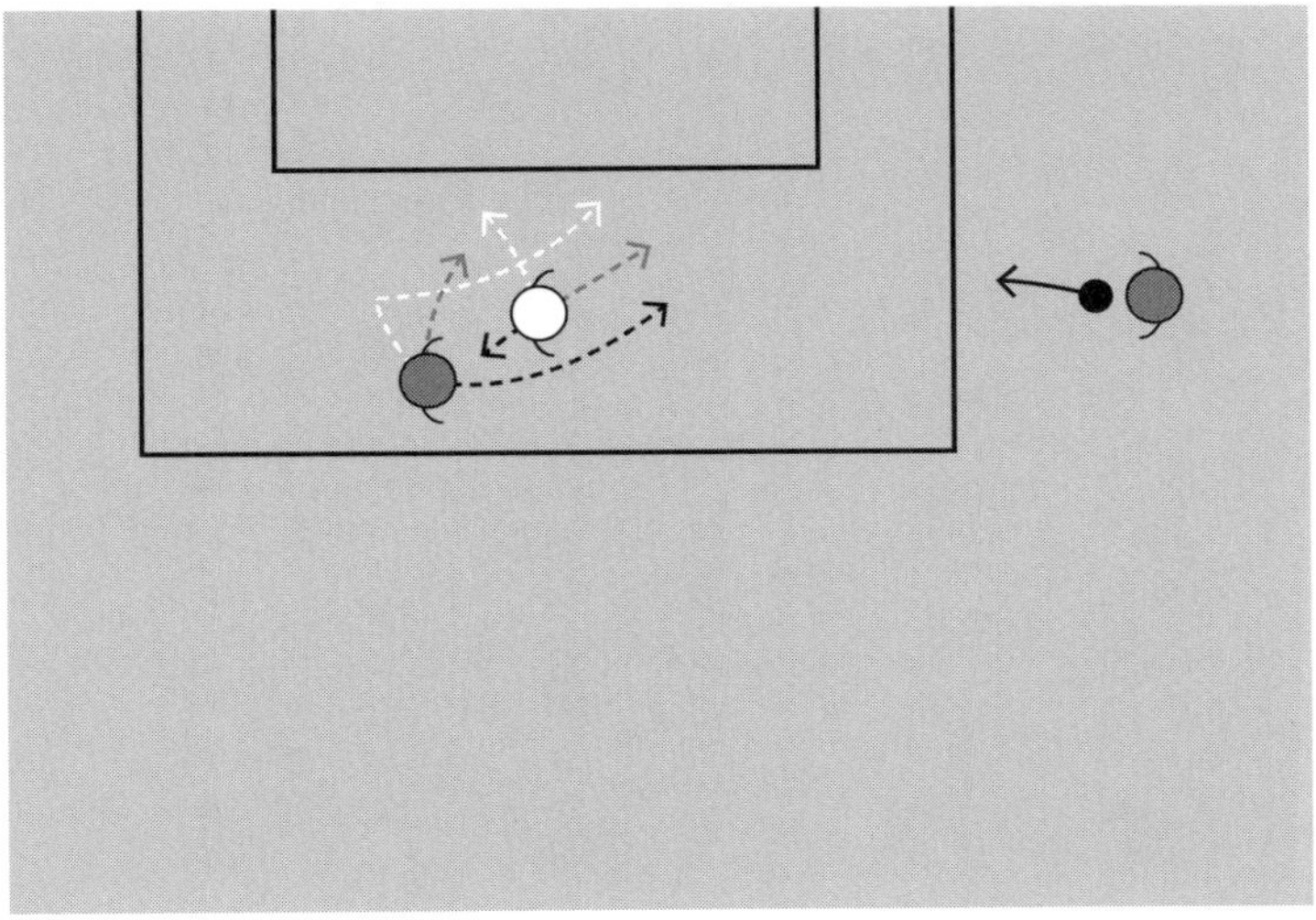

図36　相手のベクトルを利用してまた動き直す

うことで再現性の高いコンスタントな結果を生み出しているのです。
最終的な局面は精度とかタイミングの話にはなるのですが、人間がサッカーをする限り、いつまで経っても相手は背中が見えるようにはならないでしょう。さらに、ボールの行方を追うためには誰かがボールを蹴る瞬間にはボールを見なければいけないことも普遍であることを考えると、時代を越えて、コンスタントな得点の取り方は普遍であるように思います。つまり、ストライカーとしての「得点を取るため」の立ち位置とタイミングを知り、それを極めていけば、相手は分かっていても止められないということです。

それを証明してくれているのは、ここ数年のクリスティアーノ・ロナウドです。以前はドリブラーだった彼が今や、世界最高のストライカーになりました。ロナウドはこの「得点の取り方」に気づき、極めたように見えます。そこからプレースタイルが変わりました。もしかしたら順序は逆で、プレースタイルを変える必要性から「得点の取り方」を見つけていったのかもしれませんが、いずれにしてもロナウドはここに行き着いたと思います。

最近のロナウドを見ていると、まさに、やっていることは「いつも同じ」なのです。味方がボールを持ちビルドアップに入ったら、そこに参加することもありますが、基本的にはいつもファーサイド側に回り、相手の背中を取ります。背中に立ったら、あとは相手を見て動きを変えます。マークをわずかしか外せなくても、彼には強さも高さも速さもシュートのうまさもあるのですから、もはやその存在は反則級。まさに誰もが「分かっていても止められない」状態です。

彼の前ではディフェンダーは無力になってしまいます。ただ、それは超人的なスピードを駆使していた以前とは違い、相手が見える立ち位置を取り、そこから相手を見て動きを変えることを会得したことで実現したもの。日本人でも、圧倒的なドリブラーだった以前の彼の姿よりは近づくことが可能になった気がするのは私だけでしょうか。

7

守備者の良いポジショニングと立ち位置

鹿島の天才たちに対して「読み」で動いて逆を取られたときの衝撃

守備はどうでしょうか。

守備において「相手を見る」というのはいささか当たり前すぎます。立ち位置の原則もずっと書いてきているように「ボールを持った相手と自分のゴールを結んだ線上に立つこと」といたってシンプル。常に〝良い対応のためには良いポジションから〟が基本で、「良いポジションから」とは基本的に「ゴールを背にして正面から」となります。

状況に合わせた細かい点については、できるだけ原則的な話に抑えておくために本書では取り上げません。ただ、加えて、私がプロに入って考え方を改めた「読み」の部分について言及しておきたいと思います。

私はプロに入るまで、「センターバックは読みが大事」と思っていました。テレビの解説で「いい読みでしたね」と言われているのを聞いて育ちましたし、実際自分もスピードがない分、読みを頼りにプロまで駆け上がったつもりでいました。

しかし、鹿島アントラーズに入団して練習に参加すると驚きました。まったく読めなかったのです。と言うより、読みで動くと、それを察知した選手たちが最後に足首の角度を変えたりして判断を変えてきていたのです。

「これでは読めるはずがない」

カルチャーショックと言える衝撃でした。小笠原満男、本山雅志、野沢拓也。天才的な彼らのプレーに魅せられながら、いかにすれば彼らを抑えられるのか日々悩みに悩みました。

アマチュアの世界では体験したことがない感覚だったので最初は答えが出ませんでした。しかし次第に、「読みに頼ることがよくないのではないか」と考えるようになりました。

つまり、「読み」とは相手が何をするかを予測して先に動くことですが、先に動いたら瞬時に彼らは判断を変えて、その逆を取ってしまいます。であるならば、先に動くことがまずいのだと思ったのです。

そこで私は、相手の目線に立って、相手の判断のセオリーみたいなものを探してみようと考えました。相手がボールを持った時に、一番目に頭に浮かぶ選択肢を見つけ、事前にその一番目の選択肢を立ち位置で消してしまう。そうすれば、相手は二番目の選択肢を選びます。〝選ばせた〟二番目の選択肢には周りの選手も使いながら対応策を用意しました。

こうすれば、読む必要などありません。相手に自分の狙い通りのプレーを選ばせることで自分の能力のなさを補っていったのです。

少し小難しいので一つの場面を挙げて説明します。

私は右のセンターバック。自分の前には相手のフォワードの選手がいて、相手の中盤の選手が中盤でボールを持って前を向いた時のシチュエーションです（図37）。

「読み」で対抗しようとする場合はまずフォワードの背後に立ち、そこから相手の動きと出し手の目線や姿勢を見て判断します。そして一瞬で相手と〝ヨーイ、ドン〟と勝負をします。

しかし、前述したように、私の場合、このやり方ではトップレベルの選手たちには簡単に裏を突かれてしまいます。

そこで、私は、ほんの数メートル程のものですが、相手の立ち位置よりもボールサイド側に立つようにして、縦へのスルーパスをケアする立ち位置を取ります（図38①）。

ボールを持った相手はフリーで前を向けると、ほぼ間違いなく縦へのスルーパ

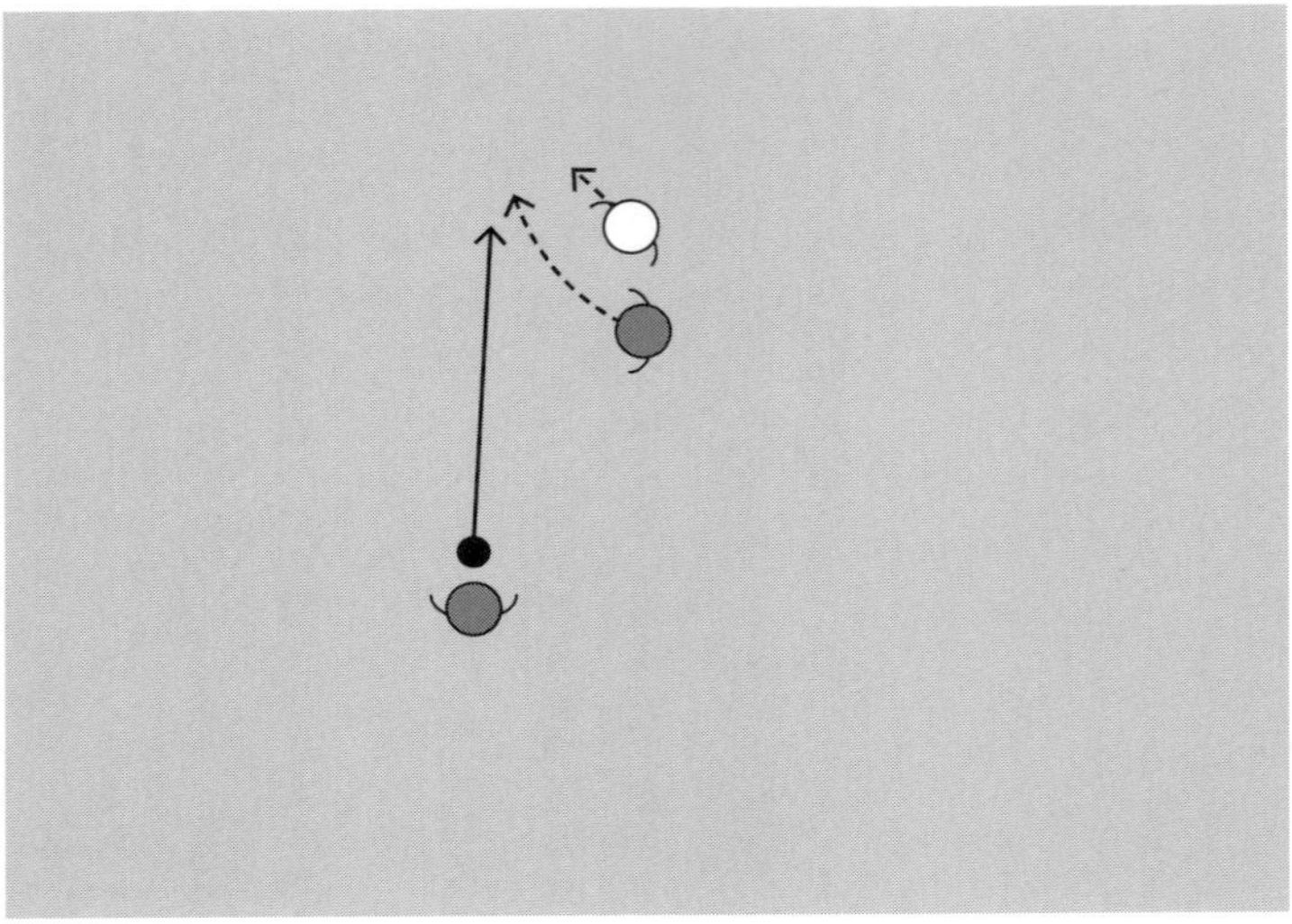

図37　相手の中盤が前を向いてボールを持っている

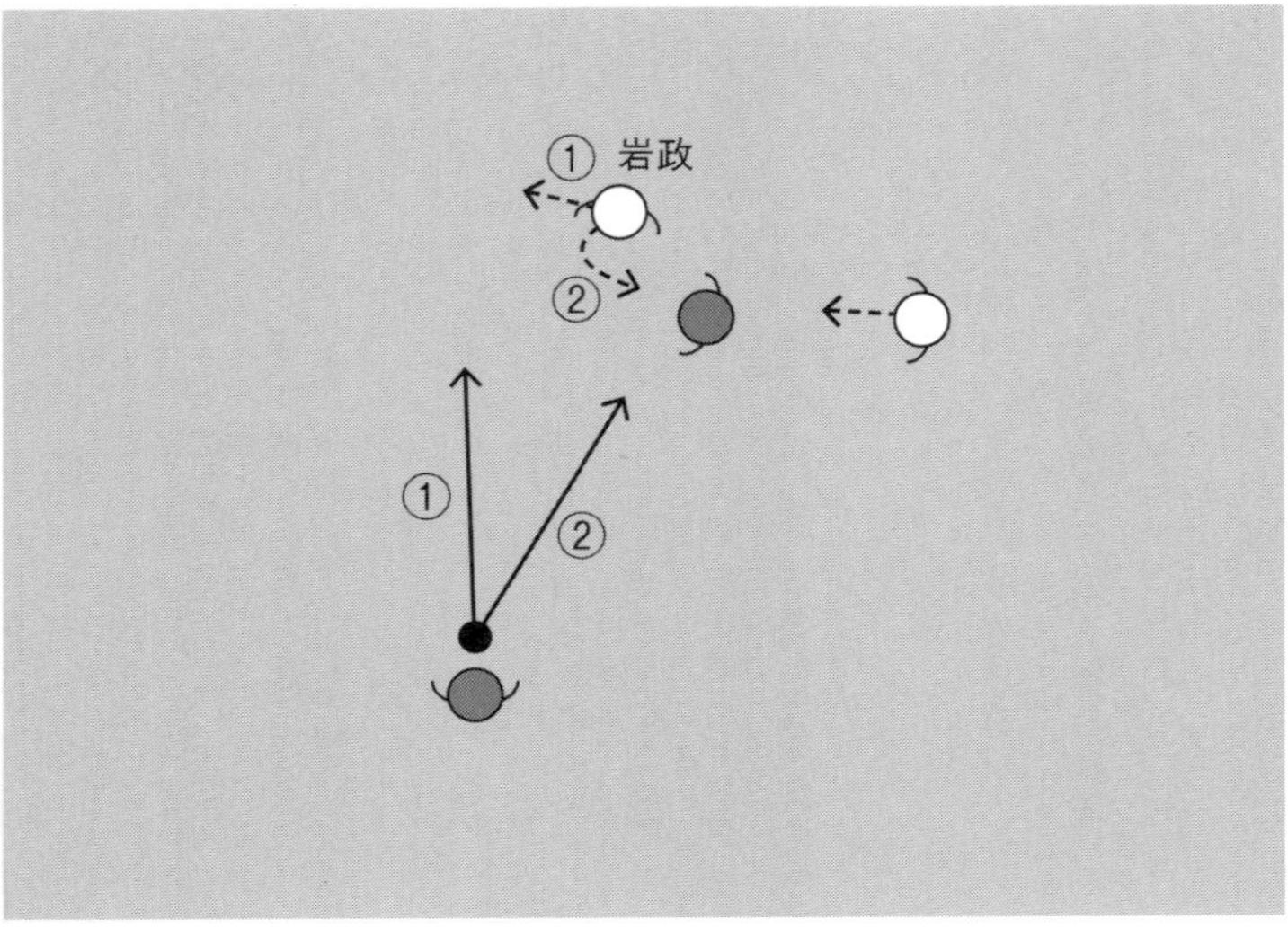

図38　立ち位置によって相手のパスを誘導する

スを第一選択肢とするからです。

その立ち位置を事前に取ると、相手は一つ目の選択肢をやめざるを得ず、次の選択肢として足元へのパスを選びます。フォワードも、走りたかったスペースに私が立っているので動きを止めてボールをもらおうとします。その時が私のチャンス。足元に〝入れさせた〟私はここぞとばかりにボールを奪いに行くのです（図38②）。

そして、このケースに対しては左のボランチの選手に説明をしておき、内側から挟みに来てくれるように伝えておきます。私は少し縦側からアプローチすることになるので内側へのコントロールを許してしまう局面もありますが、それも罠で、内側から挟みに来てくれたボランチとパッキングするようにボールを奪い取ります。

このようにして、「読み」ではなく、「セオリー」に則ってプレーするように守備の仕方を変えていきました。

攻撃側に自分の背後を取られてしまうときの対処法

ただ、この対応の仕方だと一つ問題があります。ここまで攻撃の選手の立ち位置について一貫して言及してきた「相手の背後に立つ」ことを許してしまうのです。

だから、私はコンビを組むセンターバックとサイドバックには、一つだけ要望を出していました。それは「自分の頭越しのボールを背後に通された場合は必ずカバーに来てほしい」ということでした。私がボールサイド側に立つと基本的にグラウンダーのスルーパスはカットできます。しかし、浮き球は対応が難しく、さらに私はスピードがないので一発で失点を食らってしまう危険性が高くなります（図39）。

そのため、浮き球のボールへの対応を要望していたのですが、カバーというのはグラウンダーのスルーパスでなければ比較的間に合うものです。僕は、浮き球

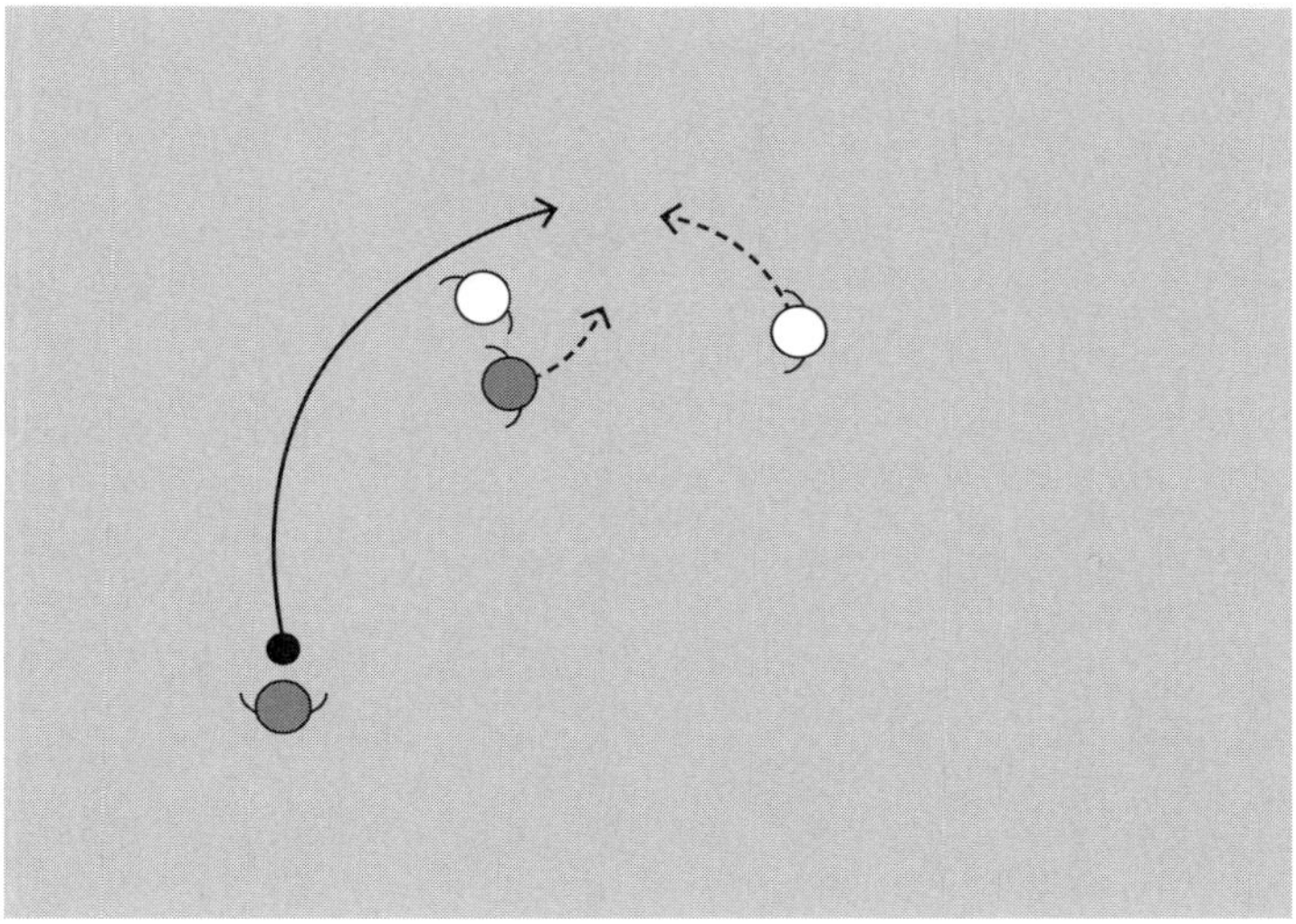

図39　浮き球に対してあらかじめカバーを求めておく

とグラウンダーとで要求を変えることで実はカバーが楽になるはずだと考えたのです。

ただ、この対応の仕方もゴール前では行わず、中盤までのゾーンに限りました。やはり、ゴール前では原則に基づいて「ボールを持った相手と自分のゴールを結んだ線上に立つこと」を意識しておかないと、最後の局面で対応を間違えてしまうからです。

結局、最終的には「相手にやられるか、やられないか」の勝負。ゴールが近くなればなるほどそれは色濃くなります。その時にはできるだけ相手を正面に置いていなければ、失点は免れないでしょう。守備の目的は、中盤では「ボールを奪うこと」ですが、ゴール前では「ゴールを守ること」になりますから、ゴール前で相手に対して正しいポジションを取れていなければ、一瞬を競うゴール前では守りきれません。

このように、中盤のゾーンとゴール前のゾーンでは別の原則を用意しているチームも珍しくありません。それによって攻める側も相手の攻略法が多少変わります。

そういう意味で、ここに書いてきた攻守の原則も、試合の中では、相手を見て、アレンジをして試合をしていかなくてはなりません。これも全て答えは相手が示してくれるもの。常に相手の頭の中をのぞいてサッカーをしなければいけません。

ただ、その場合にこそ、原則的なことを知っていることが大切です。

攻撃側は「ボールを受けたときに、自分と相手ゴールを結んだ線上に相手を立たせない」ように、守備側は「ボールを持った相手と自分のゴールを結んだ線上に立つ」ように。

駆け引きとはこのような原則からスタートされるものです。そして、その先にシステムや個々の駆け引きによる戦いが存在します。

8 ストーミングとポジショナルプレー、そして言語化と分類

言語化だけに躍起になると、
選手たちの頭の中と大きくかけ離れる懸念も

ポジショナルプレーという言葉が聞かれるようになって久しくなりましたが、最近ではそれとまた異なるスタイルとして「ストーミング」という言葉が聞かれるようになってきました。前線からの激しいプレスで相手に襲いかかり、高い位置でのボール奪取を目指す。まさに嵐のように相手チームに襲いかかるスタイルのことです。

私はいつも思うのですが、キャプテン翼をご存知の方なら、松山くんの「ふらののなだれ攻撃」を思い浮かべるといいかもしれません。色々な解釈がある言葉

ではありますが、私は今のところストーミングをなだれ攻撃でイメージしています。

ただ単に「高い位置からプレスをします」というだけでは足りません。「ボールをどこでどのように奪われるか」からスタイルを作り出して、ピッチ内での選手たちが攻撃と守備をつなげて考えられていなければいけません。

そのための判断基準が一つ一つ明確にされてきているのが現代サッカーと言えます。

「ストーミング」と「ポジショナルプレー」。人によっては「相反するもの」と言うかもしれません。また別の人にとっては、「分けられるものではない」となるかもしれません。

結局、ストーミングもポジショナルプレーもあえて言語化して分類し、説明しようとする時に必要となるものに過ぎません。今現在、私はそれを「どちらでもいい」と感じてしまいます。

この二つの言葉が意味するところは、サッカーという再現性がなく混沌として見えるスポーツに、実は突き詰めていけば法則やコツみたいなものが定められるようになってきたということだと思います。

「良いポジション」「良い攻撃」「良い守備」「良い動き」「良い崩し」。それらの原則的なことが言語化されて説明されてきているということです。

ストーミングとポジショナルプレーという言葉は、それらを一つ一つ噛み砕いていった先で、全体を捉えて分類したときに、「そのチームはストーミング」あるいは「そのチームはポジショナルプレー」に基づいている、となるものだと思います。

しかし、ピッチレベルの選手たちには判断基準しか存在しません。例えば、「裏へのボールはマークを外した味方に入れよう」という判断と「裏へのボールは相手の処理しづらいところにボールを流しこもう」という判断とでは、その判断が積み上がっていったときに見えるチームのスタイルは変わります。

もしそこでボールを奪われたとした場合に、「何人が前線に配置されているか」や「即時奪回を狙う選手は誰か」などによって、またチームのスタイルは変わります。

この章で書いてきているような、相手を見て、相手を外して立つことは、考え方としてはポジショナルプレーの概念に近いのでしょうが、そこから前への選択を多くして、そのままプレスを全体でかけていく判断基準を示せば、ストーミングのスタイルにもなっていきます。

何が言いたいかと言いますと、言語化してサッカーを説明していくことは現代サッカーに必要で大切なことですが、それに躍起になって、言葉で何かを分類するとピッチの中の選手たちと離れた解釈を生むこともあるということです。

サッカーをよく知り、その言葉の成り立ちまでをよくわかっている方たちは別です。作られた言葉を必要なタイミングで使っていけるでしょう。

しかし、序章で書いた「自分たちのサッカーの独り歩き」のような現象が日本では起こりやすいのではないかと思うのです。

ストーミングもポジショナルプレーも自分たちのサッカーも、試合に勝つために考えられて作られたものです。そこには初めは明確に〝相手〟が存在していました。

しかし、その言葉が独り歩きを始めると、何かのスタイルが「善」となり、いつからかそのスタイルを追求することがチームの目的と化す場合があります。そのとき、相手が見えているでしょうか。

サッカーは常に勝つのが目的です。勝つのは相手に勝つわけで、決して目的がすり替わってはいけません。

個人的に「どちらでもいい」と書いたのはそのためです。

全体像はストーミングだったり、ポジショナルプレーだったり、自分たちのサッカーだったりするでしょう。しかし、それを体現することが試合の目的ではありません。

大事なことはピッチ上の選手が迷いなく、団結して、躍動すること。そして、相手を見て判断をしていくこと。そのための判断基準が合わさって、結果的にそのチームのスタイルが出来上がります。

サッカーを全体で捉え過ぎて、ピッチレベルの選手一人ひとりの心理や頭の中に入り込んでいかなくなるとサッカーの正解には近づいていけないと思います。選手たちは判断を積み上げて、試合を作るのです。

Column1

なぜ結果論が蔓延るのか？

「ロストフの14秒」に見る、終わりのない議論が繰り返される理由

（初出：フットボール批評23　2019年2月号）

まず「原則」があり、
その次に「判断」と「技術」

私が指導あるいは解説をするとき、もっとも重視するのは「原則」です。あの「ロストフの14秒」も、まず「原則」の有無から論じられるべきだと考えます。これはどういう意味なのか、順を追って説明していきます。

ピッチにおけるサッカー選手のプレーを構成する要素は、３つの種類に分類できると思っています。

プレーを構成する一番深いところにあるのは「原則」です。サッカーは確かに同じ場面は二度とありませんが、実際には「こういう場面には基本的にこうすべき」と定められたいくつかの決まりごとがあります。例えば、攻撃の優先順位であれば、〝まず前〟を目指していくのが「原則」であり、決して横や後ろの選択を先に探してはなりません。

この括りの中には、チームの「約束事」や個人の「セオリー」、あるいは局面における「判断基準」なんかも含まれます。ボールを大事にするスタイルなのかどうか。自分なりに「こうなったらこうなるはず」と考えたもの。迷った時に選択するのはリスクか、リスク回避か。様々な要素が各チーム、あるいは選手には設定されています。

基本的に選手たちはこれらを忠実にこなしていこうと考えているものです。サッカーは11人でやるもの。混沌とした状態で流れていく時間の中で、チームが規律をもってプレーするために最も大切な部分になります。

大元の「原則」や「判断基準」の上には、まず「判断」があります。サッカーの試合は、原則を基にプレーをし続けていれば必ず勝てるわけではありません。原則とは「そうした方が一番成功する確率が高い」と言えるようなものですが、サッカーの場合、そもそも攻撃が成功する確率が低いため、成功する確率が低い選択をした方が勝ってしまうことだって往々にして有るのです。

そこで選手たちにはいつも「判断」が求められます。ここでは「認知」「状況把握」という部分も敢えて「判断」に加えて話をしますが、状況把握をして、できるだけその状況に即した的確な判断を下し、そして瞬時に実行に移していかなくてはならないのがサッカーです。ここはサッカー選手にとって終わりがないもの。取り組み続けて高めていかなければいけない、プレーする上で最も重要な要素と言っていいでしょう。

判断と並んで、もう一つ「技術」という要素があります。

ここには「フィジカル」という要素も含まれます。「原則」を基にプレーをしても、それを可能にする技術やフィジカルがなければ、そのプレーは成立しません。技術を高め、フィジカルを鍛えて、プレーの精度をより高めていくことも当然、サッカーにおける大事な部分です。

原則（約束事、セオリー、判断基準）を基にしてプレーする中で、判断（認知、状況把握）と技術（フィジカル）が選手たちにはいつも試されています。原則は頭にありながらも、それを元にすべきなのか否か。それを実現する状態に自分がいるのか否か。それを瞬間的に考えて選手はプレーをしています。

ちなみに、原則と約束事、判断と認知などを一緒くたに括ることに対してのご批判はごもっともですが、話の構成上、同じ括りに分けられるという判断の下に括らせていただきました。ご理解ください。

山口蛍のプレーで問うべきは「原則」があったか否か

前置きが長くなりましたが、私はこの3つの要素の中で、指導や解説をする場合に最も重視しているのが「原則」の部分です。サッカーの話をする時にまず原則の話からするべきだと思っています。なぜなら、選手たちがプレーするときに真っ先に頭に浮かぶ（無意識も含め）のが「原則」なわけですから、先にその話をもってこないと、ピッチレベルの選手たちと理解し合えないと思うからです。

例をあげましょう。

昨年、最もサッカーファンの記憶に残ったプレーは「ロストフの14秒」でしょう。どのプレーを取り上げても構わないのですが、せっかくなので「ロストフの14秒」における「原則」「判断」「技術」を考えて、選手たちの思考に迫ってみます。

まず切り取りたいのは、デ・ブライネ選手がドリブルでボールを運んできたときの山口蛍選手の対応です。山口選手はデ・ブライネのドリブルに対し「取れる」と思ったと報道されています。結果、ボールを取りに出るのが早すぎた山口選手は何もすることができませんでした。

ただ、私は山口選手の「取れる」という判断を断罪しようとは一切思いません。どんな結果であれ「判断」は選手の持ち物であり、成功も失敗も結果論でしか語れないものだと知っているからです。

問題としたいは、山口選手の頭に「原則」はあったのかということです。

この場面、デ・ブライネ選手が持ち運んだ時点で日本は3対5、数的不利な状況になっていました。数的不利でディフェンダーは3人。この場合、「ペナルティエリアまで5〜10メートルのところまで戻り、そこから3人のうち中央の選手がアタックに出る」が「原則」です。それ以上早く出れば、まさに「ロストフの14秒」のようになり、それ以上下げてしまうとミドルシュートを決められてしまうリスクが高まるからです。

3人のうち中央の山口選手が出るのは原則通りです。しかし、取りに出るタイミングはあまりにも早すぎました。「原則」からすれば、もっと後方まで戻り、背後のスペースを消した上で出ていくのがより良い選択だったと思います。

しかし、前述したように、選手た

ちには「原則」を基に「判断」を下してプレーを選択する権利があります。もし、山口選手が「原則」を基に「取れる」という「判断」の下、出ていったのなら、それは批判こそされるでしょうが、仕方のないことです。次に同じような場面を迎えた時に、それを生かしていけばいいのです。

状況から想像するに、山口選手は数的不利であることを認識していなかったのかもしれません。こぼれ球に位置していた選手たちが抜け出されて、両サイドを走られているのを確認できず、セットプレーが蹴られた時のまま「自分が一人余っている」と勘違いしていたのではないかと思います。であれば、デ・ブライネ選手に自分が出ていっても後ろは2対2。それなら「取れる」という判断で出ていくのもうなずけます。

試合後、この場面の山口選手が出ていくという「判断」に対して様々な意見が見られました。「出ていくべきだった」「ファウルするべきだった」「出ていくべきではなかった」。それは終わりのない議論に見えました。

「もっと良い対応ができていれば」「もっとスピードがあれば」と

「技術」を取り上げる方もいました。それも全て結果論に見えました。

そう、結果論になるのです。「判断」と「技術」を追っていると。

しかし、「原則」は違います。山口選手の頭に「原則」があったのかどうか。そもそも、日本にあの場面においての「原則」があったのかどうか。私は、様々に意見を交わす人たちの中で、まず「原則」から話をする声が少ないように感じたのです。

プレーを見るときはまず「原則」を問うべきです。その上で、「判断」や「技術」の話をしなければ、選手がなぜそのプレーをしたのかは分かりません。

長友佑都は「原則」どおりの「判断」を選択した

同じ場面の長友選手の証言はそれを如実に表していました。

ルカク選手についていた長友選手は迷ったと言います。デ・ブライネ選手がボールを持ち運んだときに斜めに走り出したルカク選手に「ついていくのかどうか」を。どこかでついていくのをやめて、ルカク選手をオフサイドにするという「判断」をすれば「防げたかもしれない」と。

しかし、「それをしたら後悔すると思った」と続けます。このようなケースでは、ついていくのが「原則」です。前を向いていつでもラストパスを出せる選手がボールを持っているなら、ルカク選手を前において見られる長友選手がついていくのが「原則」なのです。

しかし、そこからの「判断」はピッチ上の選手に委ねられています。だから、選手たちはいつも考えるのです。「自分の判断は正しかったのか?」と。

長友選手は「原則」を基に頭を回しながら、しかし賭けに出て〝止まる〟という「判断」をすべきか考えた。しかし、最終的には、ついていくという「原則」通りの「判断」をしたということなのです。

この場面も、もし長友選手が止まって、デ・ブライネ選手がルカク選手にボールを出してしまってオフサイドになったら、それは結果として「スーパープレー」と言われるでしょう。しかし、ギリギリでオフサイドをかいくぐって抜け出されたら「なんでついていかないんだ」と叩かれるでしょう。これも「判断」のところを区切って話すと結果論に終始してしまうのです。

そうではなく、長友選手の頭に「原則」があり、それを基に「判断」をした、というなら、それは「判断力」を上げましょう、という次への話になります。まず「原則」があったのかどうかの大前提の部分を問わなければ問題の本質は掴めないのです。

選手が考えなくなるのは
「判断」を教えてしまうから

サッカーを語るだけでなく、それを未来に繋げなければ意味がありません。どんな結果も、受け入れながら未来がより良くならなければ何も得られていないことと変わらないのです。

大事なことは「原則」と「判断」と「技術」のどこに問題があるのかを見極めることだと思います。

「なぜそこに出したんだ！」と判断を問題にするより前に、選手に与えられている「原則」があったのか。あったとしてもそれが正しかったのかを問わなければいけません。

「なぜ走らない！」の前に、走れなかった理由が「原則」のなかにあったのではないかと考えるべきです。

それを先に語って初めて、「判断」

とか「技術」とかの話ができるのだと思います。

よく、選手に教えるものが多いと選手が考えなくなる、と言います。私はそれに少し違う解釈をしています。選手に「判断」を教えるから選手が考えなくなるのだと思います。

「あそこに出せ」「あそこに動け」。それを選手たちに与えすぎたら、選手たちは確かに考えなくなるでしょう。

しかし、「原則」を与える場合はどうでしょうか。原則も与えすぎる必要はないと思いますが、「原則」を与えられたからといって選手は考えなくはなりません。その上にある「判断」が選手に任されていれば、日々「どうすれば良かったか」と考えるはずです。

まずは、「こういう場面ではこうするべき」と言えるような「原則」となるものを共通で日本サッカー界が持つべきだと思います。「判断」によって変わるものはそれに含まれません。

「判断」の前に選手たちの頭に置かせるべき判断基準、「原則」。それが日本全体に浸透していった時にやっと日本のプレーモデルが確立されていき、「日本人らしいサッカー」

なるものが作り上げられていくのだと思っています。

FOOTBALL INTELLIGENCE

第二章

システム上の急所を知る

システムを通して、相手の狙いや心理を想像せよ

ここまでは個人として「相手を見てサッカーをする」ためのコツやポイントについて考えてきました。ここからは試合の中で「相手を見てサッカーをする」ために必要な「システム」の話をしたいと思います。

システムはサッカーの歴史の中で常に変遷を繰り返しています。「歴史は繰り返す」。それはサッカーにおいても同じで、結局、新しく見える戦術も昔のシステムの書き直しだったりします。

最近では4バックを基本とするチームが根強く残る一方、3バックを採用するチームも増えてきています。それも攻撃から考えた場合の3バックが増えてきているのが一つの潮流だろうと思います。

試合における様々な事象が説明できるようになってきた昨今、事故やミスに頼ることなく試合に勝つ方法をみんなが真剣に考案し始めていると感じます。前章の話もそうですが、その中で立ち位置の話は根幹となるものであり、よって、チーム全体のシステムの話も当然そこには含まれてきます。

サッカーにおいて、システムよりも大事なことはたくさんあります。集中、インテンシティ、パッション、技術、球際、反応、メンタルコントロール、走力、団結……挙げればきりがありません。サッカーはシステムで語れるわけでは決してありません。

ただ一方で、選手はシステムを少なからず意識してポジションを取り、そこからサッカーを始めます。だから、サッカーを考えるときに、システムの話は置いたままにはできません。特に守備時には、選手たちみんなが自分たちのシステムと自分のポジションを守ることが「規律」となるわけなので、つまり〝相手を見る〟上でシステムは一つの指標となりうるものです。

試合が始まり「相手を見てサッカーをしよう」と考える場合に、最も手っ取り早いのが相手のシステムを把握することです。そして、そのシステムの急所となる部分を突きながら試合を始めていきます。特に、相手の情報がそれほどない試合においては、立ち上がりの時間帯にただなんとなく様子をうかがうのではなく、相手のシステムの急所を突きながら相手の様子を探るのです。

もし、その急所で相手をバタつかせられたら理想的。相手がそれを分かっていて、その急所を閉じてきた場合でも問題はありません。その場合はきっと、その急所を閉じるための役割が相手にはあるはずです。すると今度は、それによって空く別の穴があるはずなので、今度はそこを突いていけば良いのです。

大事なことは、システムを通して、相手の狙いや心理を想像することだと思います。システムや相手の配置には明確な監督のメッセージが込められていることが少なくないので、その裏側に相手を攻略するヒントが隠されているのです。

この章では、主なシステムの「システム上の急所」についてご紹介します。システム上であって、このシステムを採用するすべてのチームに当てはまるわけでは当然ながらありません。ただ、システムの噛み合わせとして必ず空くと言っていい急所を知っておくことは非常に重要だと思います。それが手掛かりとなって突破口を見出せる試合は少なくないのです。

1

4－4－2におけるシステム上の急所

4バックに対して有効なサイドバックの背後

ピッチ全体を均等にカバーする、最もバランスのとりやすいシステムです。ただ、均等であるということは、逆に言えば「どこも厚くない」ということ。攻撃側がどこかに人を集めて厚くすると、そこでは瞬間的に数的優位ができます。それを素早いスライドとコンパクトさで隠していこうとするのが4－4－2ですが、それが間に合わない場合は3バックに比べて中央の脆さを露呈してしまうシステムとも言えます。

もっぱらハーフスペースを意図的に使うチームには4－4－2の構造上の問題が出やすくなります。というより、特にハーフスペースの使い方は、4バックのチームに対する有効性から注目されてきているものだと思われます。

2トップの脇、2トップの脇を使われた時のハーフスペース、そしてハーフスペースを使われた時のセンターバックの背後が4－4－2の最初に見るべき急所です（図40）。

ハーフスペースを使われるとどうしても全体を内側に絞らないといけなくなるので、その場合にはサイドにも広いスペースを作り出すことができます（図41）。

注意しなければいけないのは、4－4－2のチームに対しては、必ず先にセンターやハーフスペースを使おうとする意思を見せることです。どのエリアも4枚で横幅をカバーしているため、外には使いやすいスペースがあるように見えますが、4－4－2はスライドには強いので、ブロックの外でボールを回しているだけだと、逆に均等な配置から一気のプレスを受けてしまう恐れがあります。

最終的には〝外、外〟の選択肢が多くなるときでも、常に相手に中を意識させ、外へのパスの瞬間に、プレスのスタートを切らせないようなボールの持ち方をす

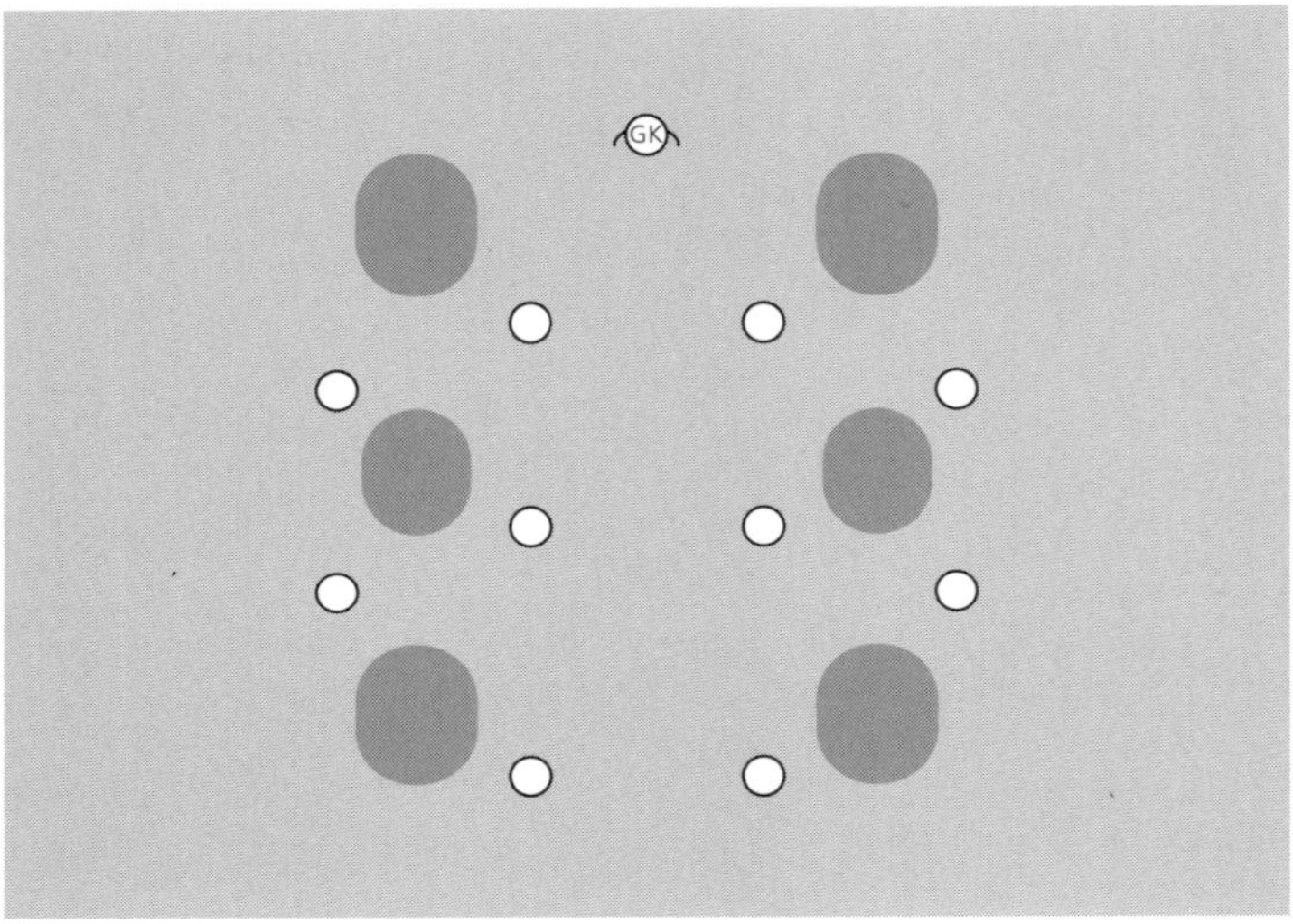

図40　4−4−2の最初に見るべき急所

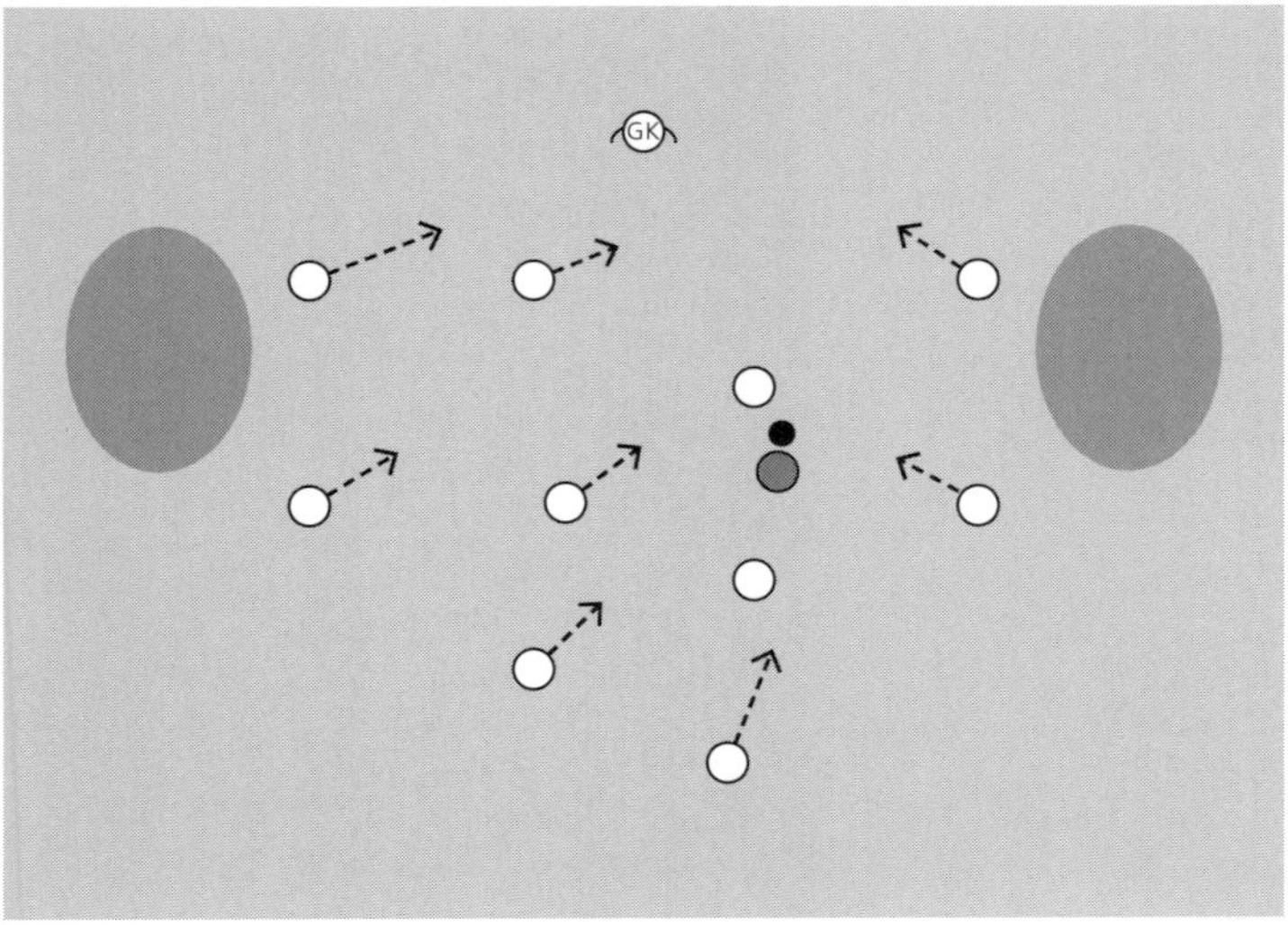

図41　相手を内側に絞らせたときのサイドのスペース

ることが大切です。

相手がプレスにくるタイミングをヨーイドンでさせないこと。そのためには「相手が中を切るなら外、外なら中」と、相手を見た判断が必要だということです。

また、サイドバックの背後も4バックのチームに対しては、もれなく急所となりうるスペースです（図42）。ただ、サイドバックの背後にボールを送り込むだけで一気にゴールに結びつけられることはあまりありません。むしろそれを繰り返していると単調になることも多いので、何のためのサイドバックの裏かを理解しておくことが大切です。

サイドバックの裏には、そこにボールを送り込みながら見ておくべき大事なポイントがあります。見ておくべきは、ここでも「相手」。その「相手」とは、サイドバックの裏にボールを送り込まれたときの相手の守備のメカニズムです。

それはだいたい高い位置と低い位置で分けられます。

高い位置では、どのチームもサイドバックの裏のスペースカバーに入るのはセ

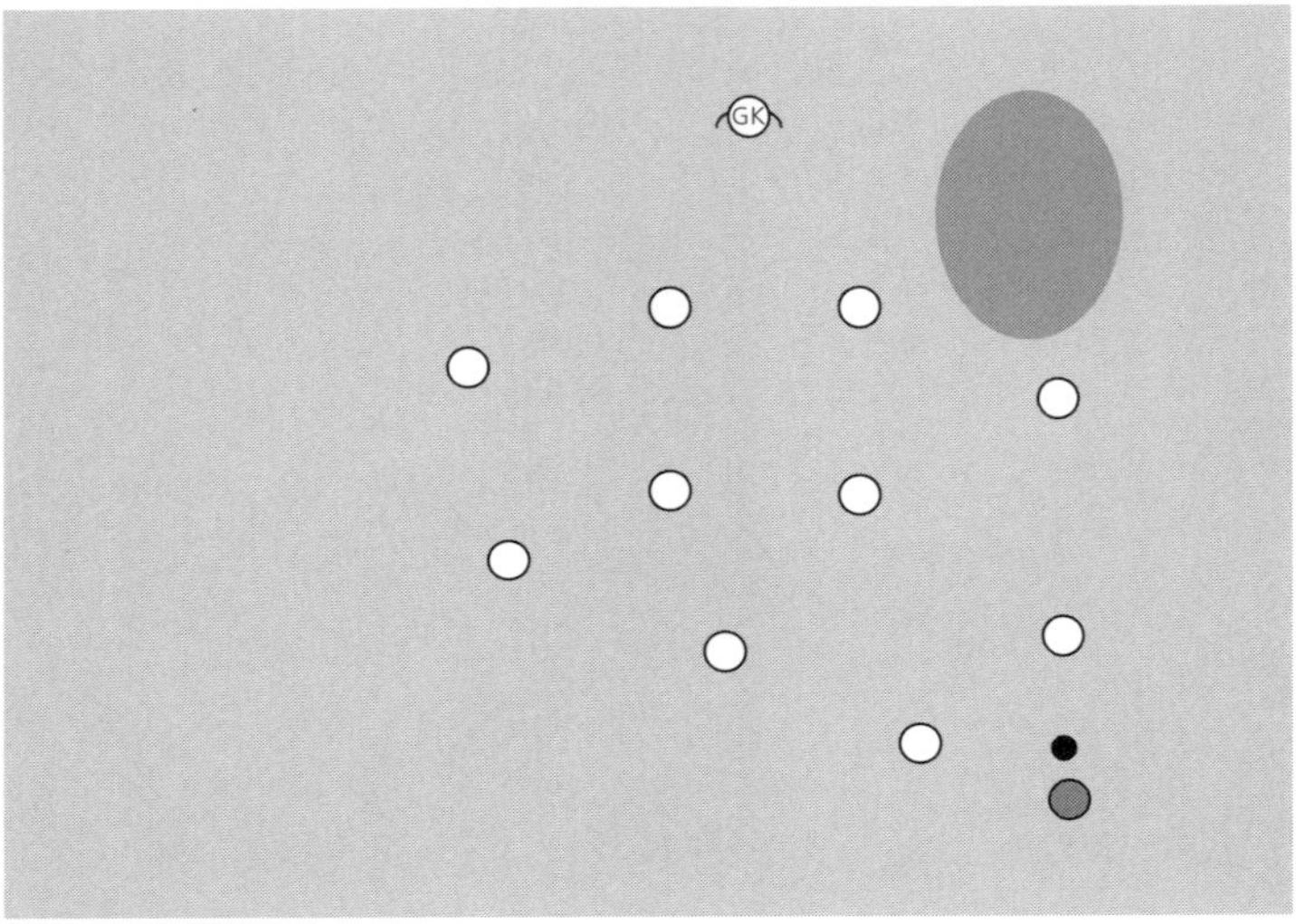

図42　4バックの急所となるサイドバックの背後

ンターバックと決まっています。分けられるのはセンターバックのカバーの仕方で、スペースに流れるフォワードに対し、先回りをするか後追いをするか、になります。

先回りをする相手にはその背後が狙いやすくなり（図43）、後追いをする相手にはサイドで起点を作りやすくなります（図44）。

ボールサイドのセンターバックのポジショニングを把握したら、それに伴う他の選手の動きも確認します。例えば、先回りするセンターバックの背後のカバーはどうか。起点を作られたときのゴール前のスペースにはボランチを戻そうとし

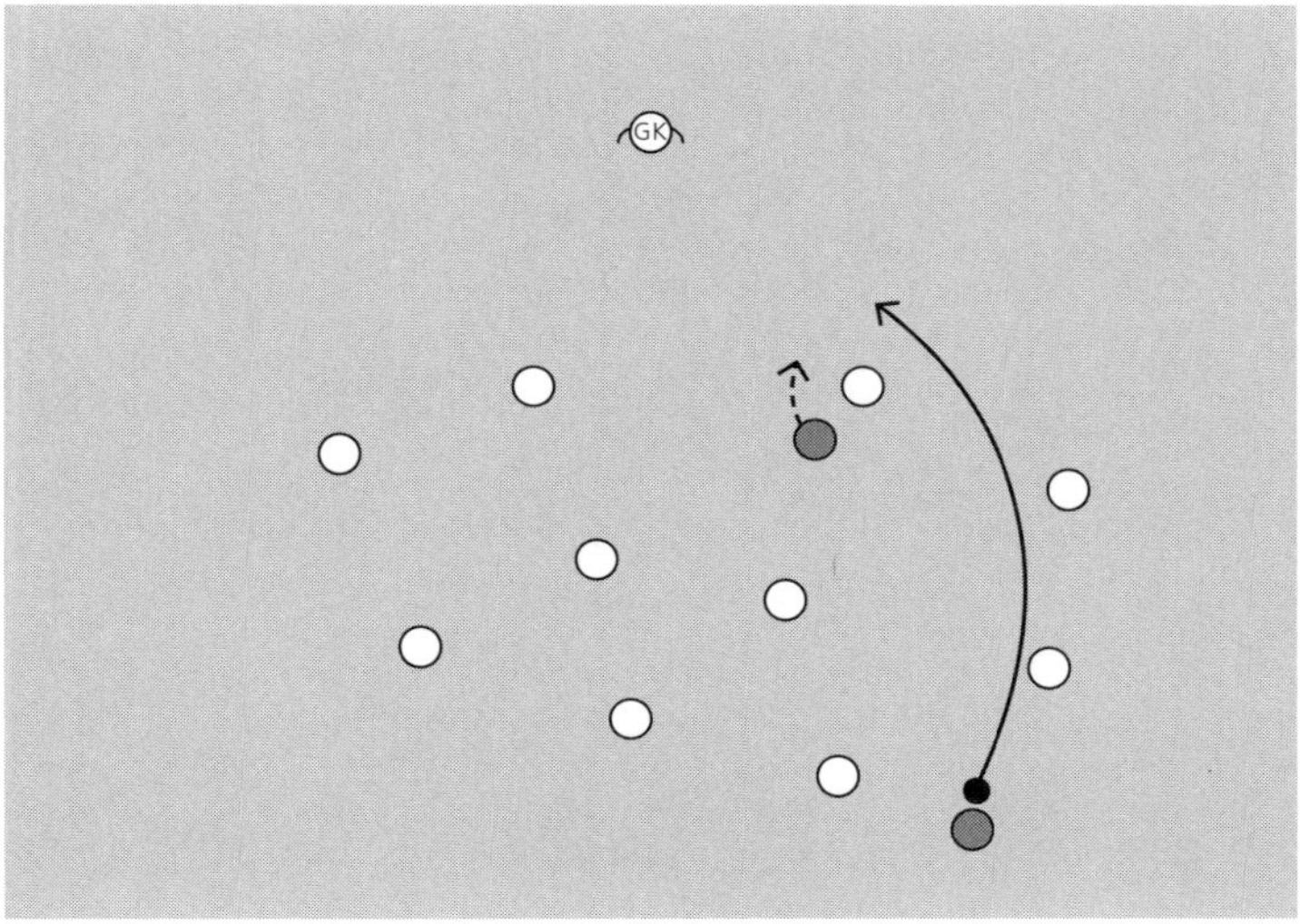

図43　相手が先回りするなら背後が狙いやすい

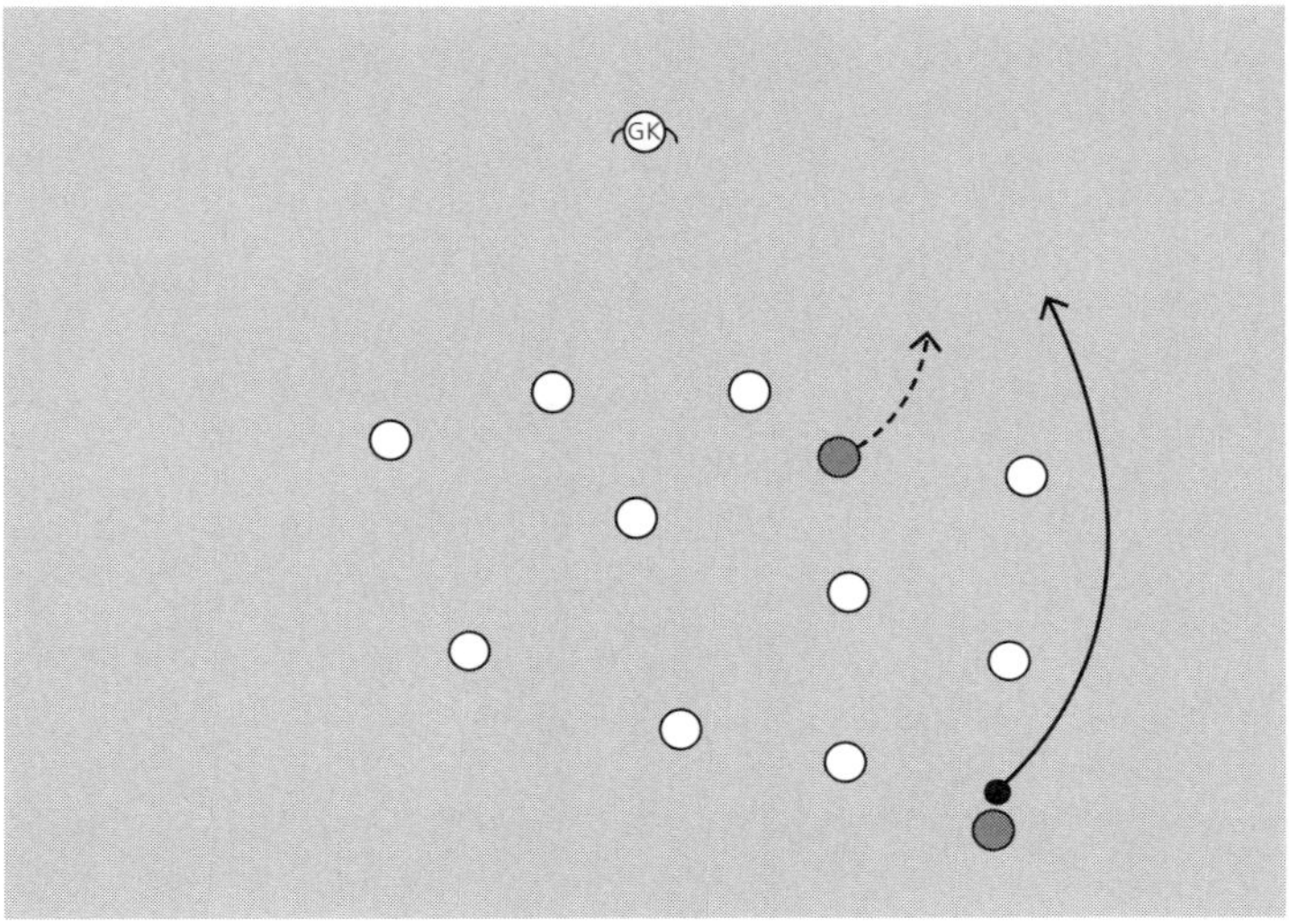

図44　相手が後追いするならサイドで起点を作りやすい

図45　低い位置でのカバーはCBかボランチか

ているか。サイドバックはどこに帰ろうとしているか。それらを見て、攻撃の糸口を見つけていきます。

低い位置では、スペースカバーに入るのがセンターバックか（図45①）、ボランチか（図45②）に分けられます。細かく言えばケースによるのですが、だいたい、基本形はチームによって決められています。ヨーロッパのチームではセンターバックが出てくるように設計しているチームは少ないですが、日本や南米などは比較的センターバックが出てきやすい傾向があります。この辺りはクロスの精度や選手の特徴によって変わってきているのでしょう。

相手の選手に与えられているタスクを確認したら、それによって起こる相手の急所を見つけます。センターバックが出てくるならゴール前、ボランチが出てくるならペナルティエリアの隅。どのチームも、それに対するカバーのメカニズムも作られてはいますが、それでも構造上空いてしまうスペースなので、カバーが間に合わない状況で突くことができれば、崩しの決定打になります。

中央への長めのボールは非常に効果的

それともう一つ、4－4－2で守備をするチームに対して急所となるのが2トップとダブルボランチの4人の四角形の中です（図46）。

2トップで守備をしてくるチームは4－4－2以外のシステムでも同様ですが、2トップを採用すると、前線に2枚配していることから、その背中にボールを送り込んで前を向ければ、残りは8人＋ゴールキーパーとなります。それを防ぐために2トップが中を締めて間を通させないようにしてきますが、逆に言えば、

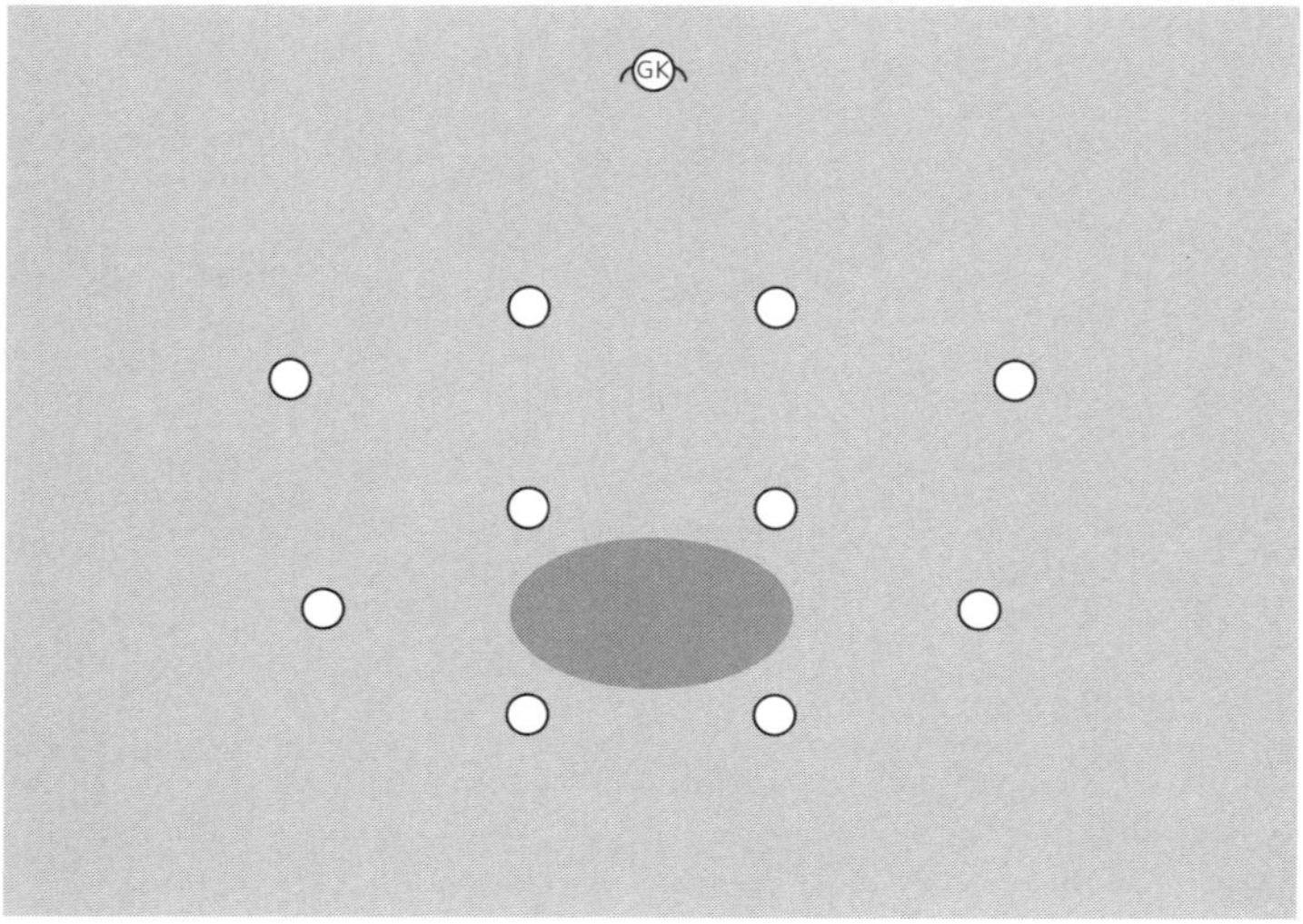

図46　2トップとダブルボランチの四角形の中が急所に

そこにボールを送り込むことができれば、相手にとっては困る急所となるのです。

うまくビルドアップしてそこにボールを置ければ理想ですが、そこにうまくボールを運べない時にも方法はあります。有効なのが中央への長めのボールです。特に、相手がプレスに来たときに長めのボールを中央に入れていけば、こちらがセカンドボールを拾いやすいのです。

というのも、4-4-2とは綺麗に3列に並ぶシステムになります。冒頭で述べたように、素早いスライドとコンパクトさが生命線のシステムですが、プレスに来たときにそれを利用して相手の陣形を縦に間延びさせられれば、3列になるシステムの構造上、そのライン間でスペースを作り出すことができます。細かくパスをつないでいるときには綺麗に並んだ3列が、基本的に同じベクトルを向けて守備をしてきます。この状態では、空いたとしても、それほど大きなスペースと時間は与えてもらえないでしょう。

しかし、プレスに来たときに、そのプレスと逆行するような長めのボールを入れたらどうでしょう。プレスに来た2トップはまだベクトルを後ろに返すことはできません。しかし、ボールに反応しなければならないセンターバックは必死に自陣側にベクトルを向けて走るでしょう。こぼれ球を、決して自分たちとセンターバックとの間で拾わせてはいけないボランチも同様で、必死に自陣側にベクトルを向けて役割をこなそうとするはずです。

そのときに、細かくつないでいるときには起こらない大きなベクトルのズレが生まれます（図47）。それによって生じるスペースで、味方のボランチの選手が前向きにこぼれ球を回収しやすくなります。そして、そこで何度かこぼれ球を拾うことができれば、相手は次第に2トップによるプレスをやめて、セカンドボー

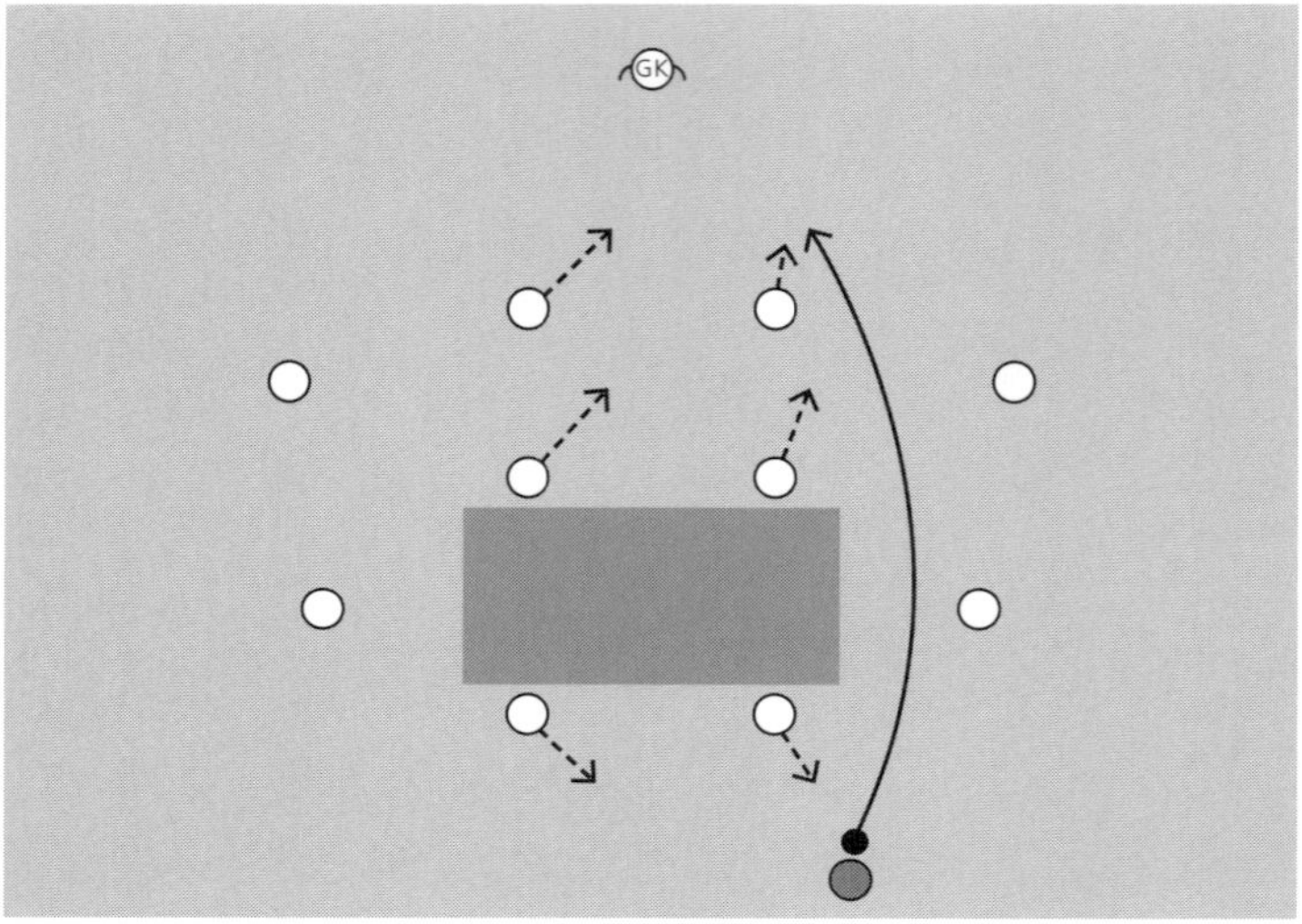

図47　長いボールを交えたときのベクトルのずれ

ルを回収するためのポジションを取り始めるでしょう。そうすれば、今度はハイプレスは弱まり、先に述べたハーフスペースやサイドバックの背後を使いやすくなります。

相手のプレスが強烈で、うまく細かいパスで崩せない感触を持ったら、3列になる相手の構造を利用して、まずはプレスの足を止めてしまう。それに成功したら、相手を誘い込んでハーフスペースやサイドバックの背後を使って崩していく。こうして試合を進めていくことができれば、ゲームコントロールはより簡単になるでしょう。

4－4－2の構造上問題となる急所について話をしてきましたが、4－4－2を採用しているチームは、そもそもこうした構造の問題を差し引いても4－4－2のメリットで対抗できると考えて、弱みより強みで勝負してくるチームが多いです。

強みとは、バランスの良さとプレスの連続性です。「一人がプレスに出て、それ以外が絞る」。それを息を合わせて繰り返せばいいという戦術の明快さで、勢いを持ってプレスを続けてきます。プレスの速さで相手が判断する時間を奪い、弱さを隠してしまうことを考えているので、プレスの速さを上回る判断スピードが求められます。

つまり、ここに書いてきたような急所の把握はただのスタート地点。その上で、相手を見て瞬時に判断を変えていくプレースピードが求められ、そこからが選手の本当の勝負になるのです。

2

4－2－3－1におけるシステム上の急所

一つの急所は縦関係の2トップの両サイド

配置上4－4－2と異なるのは2トップの関係だけです。縦か、横か。両者のメリット、デメリットから、敵陣では4－4－2、自陣に入ったら4－2－3－1とするチームが多いのは周知の事実でしょう。実際、ロシアW杯での西野ジャパンも、ここまでの森保ジャパンもこのやり方を採用しています。よって、4－2－3－1の急所は、4－4－2のそれが前提になります。

そもそも4バックというのは変わりません。自陣に入ったとき、ゴール前のエリアは4人では横幅を守りきれないため、サイドバックの裏かゴール前をボランチの選手が埋めに入ることで対応します。そうなると、相手のボランチに対するケアまではさすがにできなくなるので、それを助けるために2トップを縦関係にして4－2－3－1とする。非常に分かりやすくオーソドックスな対応です。

自陣ではよりハーフスペースを空けたくないので、ボランチに対してボランチが出ていくことを避けるためにも自陣では2トップを縦にして、危険なスペースが空かないための役割に変えています。

つまり、簡単に言うと、4－4－2はボールを奪いにいく時に、4－2－3－1はゴールを守る時に有効なシステムと言えるでしょう。

ここでは4－2－3－1で守備のスタートを切るチームの急所を見ていきましょう。

まず、2トップが縦関係となったことでセンターバックに縦方向からプレッシャーをかけられないことが問題点として挙げられます。第一章で書いてきたように、縦方向を抑えられなければプレスは基本的にかかりません。このことにより、センターバックがボールを運んだり、ボランチの選手が横で顔を出したりすれば前方への選択肢を持ってビルドアップすることができます。よって、当然ながら、縦関係の2トップの両サイドは一つの急所と言えるでしょう（図48）。

ただ、その分、4ー4ー2の急所として挙げたプレス時の長めのボールに対するこぼれ球の問題は解決されるので、1トップの選手がタイミングよくセンターバックにプレッシャーをかけられればセカンドボールも拾いやすい状況の中、相手を追い込むことが可能です。

よって、高い位置から何度もプレスをかけられるわけではないものの、それを気にしなければ、ハーフスペースや縦方向の長いボールにも比較的安定感のある対応ができます。その中でいくつかタイミングを見て行ける時だけプレスに行こうというのが4ー2ー3ー1の基本的な考え方でしょう。

これに対するビルドアップの考え方は、基本的には4ー4ー2が相手の時と大きくは変わりません。4バックであることは変わりないので、ハーフスペースを空けるために速いパス回しで揺さぶって、相手ボランチを前に食いつかせたい。

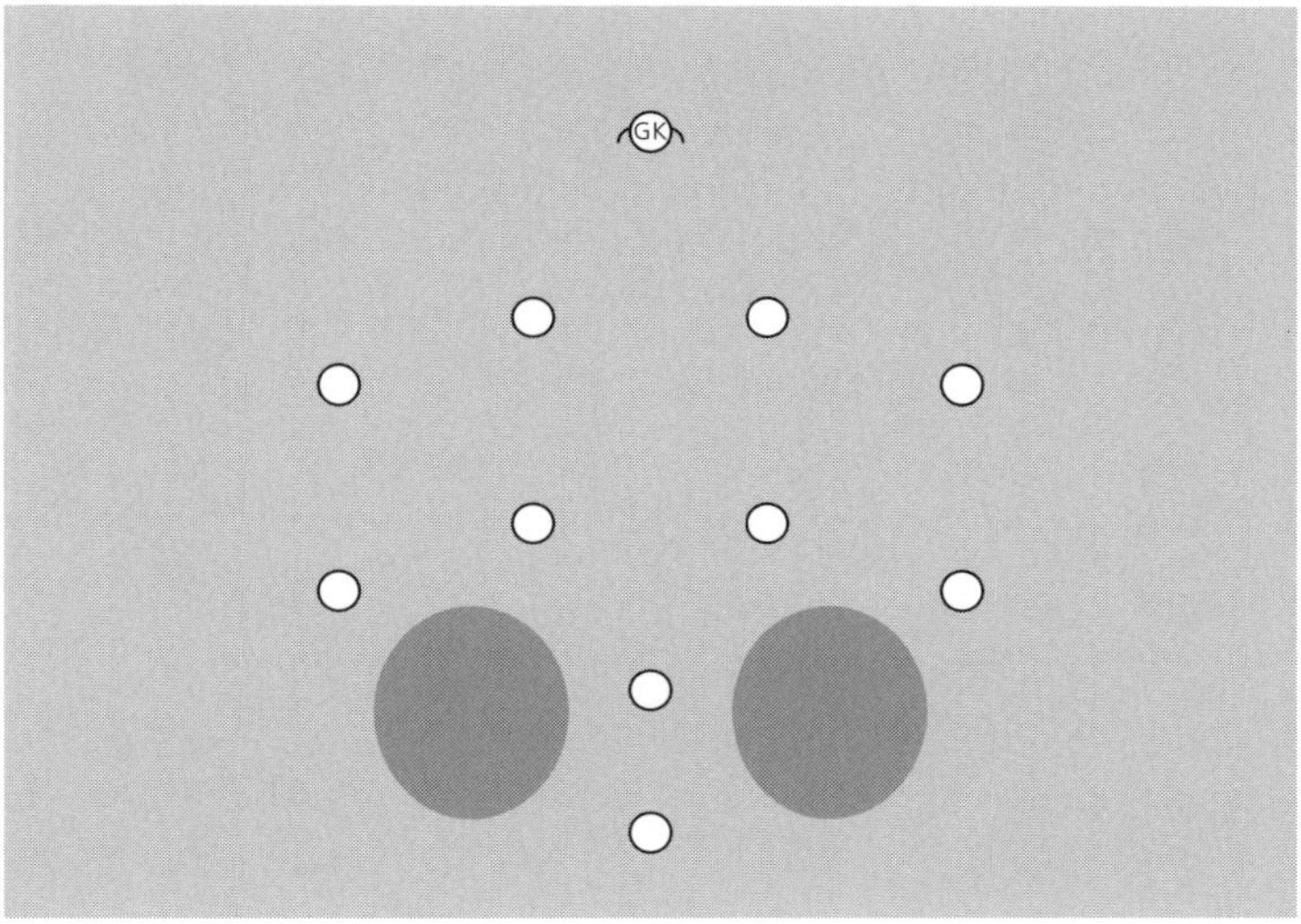

図48　縦関係の2トップの両サイドが一つの急所に

また、サイドバックの裏にボールを流し込んで相手の守備のメカニズムを把握することも、センターバックやボランチにボールを運ぶスペースが縦方向にあることでしやすくなるので、同様に狙うべきでしょう。

有効なのは逆サイドのサイドバックへの斜めのヘディングボール

加えて、相手を困らせるのに有効なのが、逆サイドのサイドバックへの斜めのヘディングボールです。

前述したように、センターバックやボランチが前を向いてボールを運ぶ状況は作りやすい。しかし、運んだところから縦にボールを入れてもバランスが崩れにくいのが4－2－3－1の特徴です。そのときに、あえてフォワードの選手に逆サイドにいるサイドバックのところに位置してもらい、空中戦をせざるを得ないようなボールを入れます（図49）。

するど、競り合うときにはそのサイドバックの背後に大きなスペースができ、さらに相手はカバーに入る選手がいません。逆に、こちらはサイドハーフやサイドバックの選手が走りこめますし、何より競り合うフォワードの選手は競り勝つ必要がなく、相手のサイドバックと潰れるようにしてクリアさえさせなければいいのです。流れたボールを拾うことができれば、一気に空いたディフェンスラインの背後に急所を作り出すことができます。

これを繰り返すと、相手は嫌がって少しプレッシャーをかけてくるはずです。それはだいたい、トップ下の選手かボランチの選手になります。そうなると考え方は4－4－2を相手するときと同じ。ハーフスペースにスペースができやすくなるので、そこを狙いながらサイドや背後を攻略していきます。

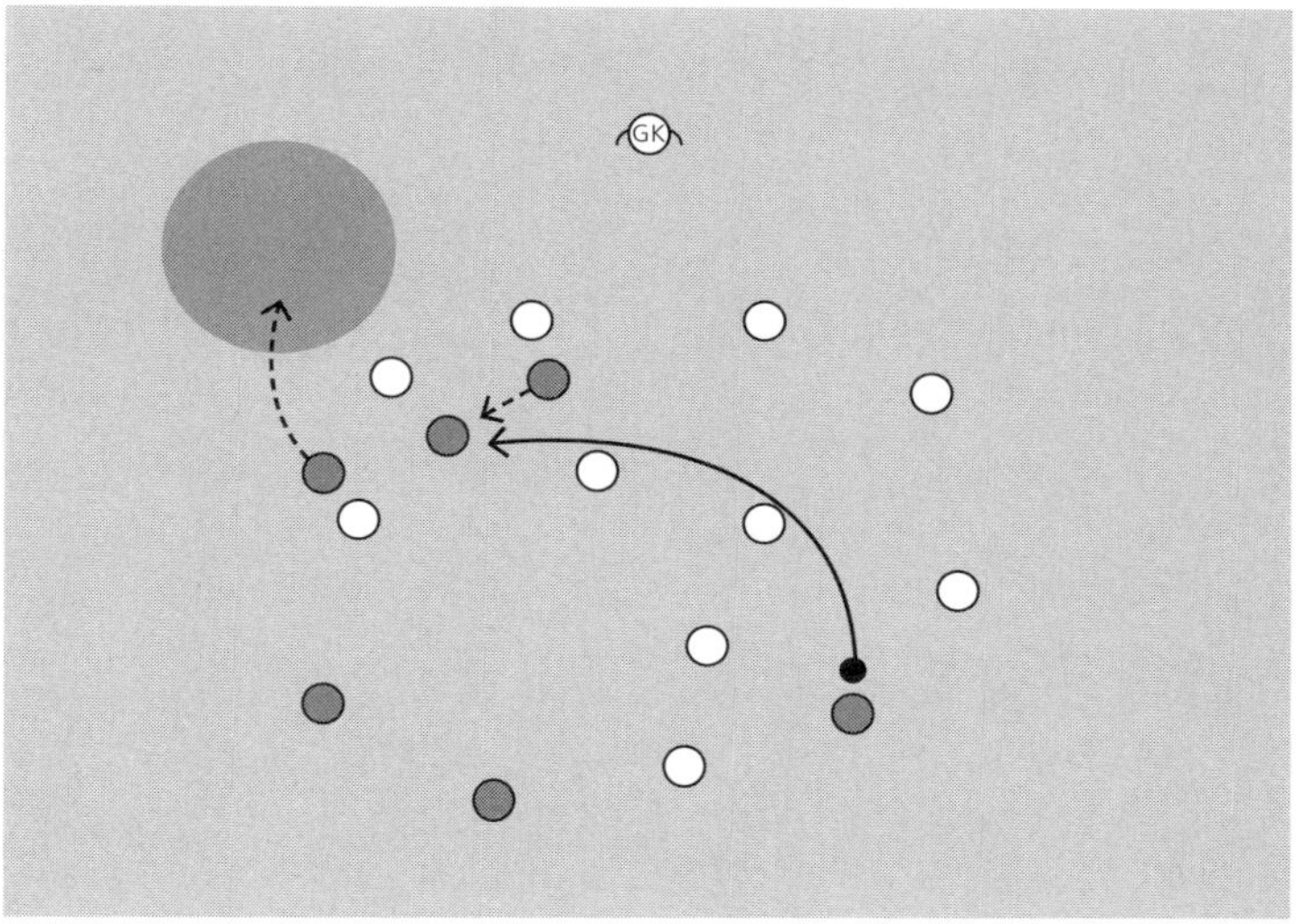

図49　FWに逆サイドの相手サイドバックと競らせる

私はこの作戦を鹿島アントラーズ時代には田代有三選手と、岡山時代には赤嶺真吾選手と、よく示し合わせてやっていました。精度が高ければ、これに対抗してくる有効な手はありませんでした。

こうした作戦を一つでも持っておくと、流れが悪い時などに非常に助かります。「流れの悪さ」とは得てして簡単に引き戻せたりするもので、一度相手陣地深くまで入り込むことで断ち切れたりします。その一回で得点に繋がる必要はありません。ひとまず相手ディフェンスラインの背後まで侵入できたことが大切で、そのための明確な策をいくつか持っておくことは試合に勝つ確率を高めるにはとても大切だと思います。

4－2－3－1と4－4－2は、今の日本代表のように敵陣と自陣という使い分けをするチームもあれば、試合の流れによって時間帯で変えて併用してくるチームもあります。ここでは一部をシステムで分けて紹介しましたが、重なる部分も多く、例えば、先ほどの逆サイドのサイドバックへのボールは、相手が4－4－2でも相手が4バックなら有効です。ただ、2トップで追ってきた場合はセンターバックやボランチが持ち出せるエリアが少し外になるために、それを狙える場面が少なくなります。

結局、その試合での最終的な正解は相手が決めてくれます。相手を見なくてはなりません。相手が有効な対策を打ってきたなら、それに付随して空く次の急所が必ずあるはずで、それを見つけながら戦うのがサッカーです。4－4－2、4－2－3－1という枠組みの中で相手の嫌がることで試合に入りながら、その中で相手を見て次の手を考える。その繰り返しで90分を自分たちで〝デザインしていく〟ような思考が大切だと思います。

3

4－1－4－1におけるシステム上の急所

ビルドアップを始めたときに見るべきは1ボランチの脇

4バックでもう一つ代表的な守備システムが4－1－4－1です。4－4－2、4－2－3－1と違い、ボランチが1枚しかいないことが特徴です。

ボランチに1枚しか割いていないため、その前方に5人配置することができます。このことで4－2－3－1の時に構造的な問題としてあった、センターバックに対して縦方向のプレスがかけづらいことを解消できます。2列目の4人のいずれかが、相手ディフェンスラインに縦方向からプレスに行きやすいシステムです（図50）。そのことにより、4－4－2、4－2－3－1共にあった、フォワードの脇の急所がほとんどなくなります。

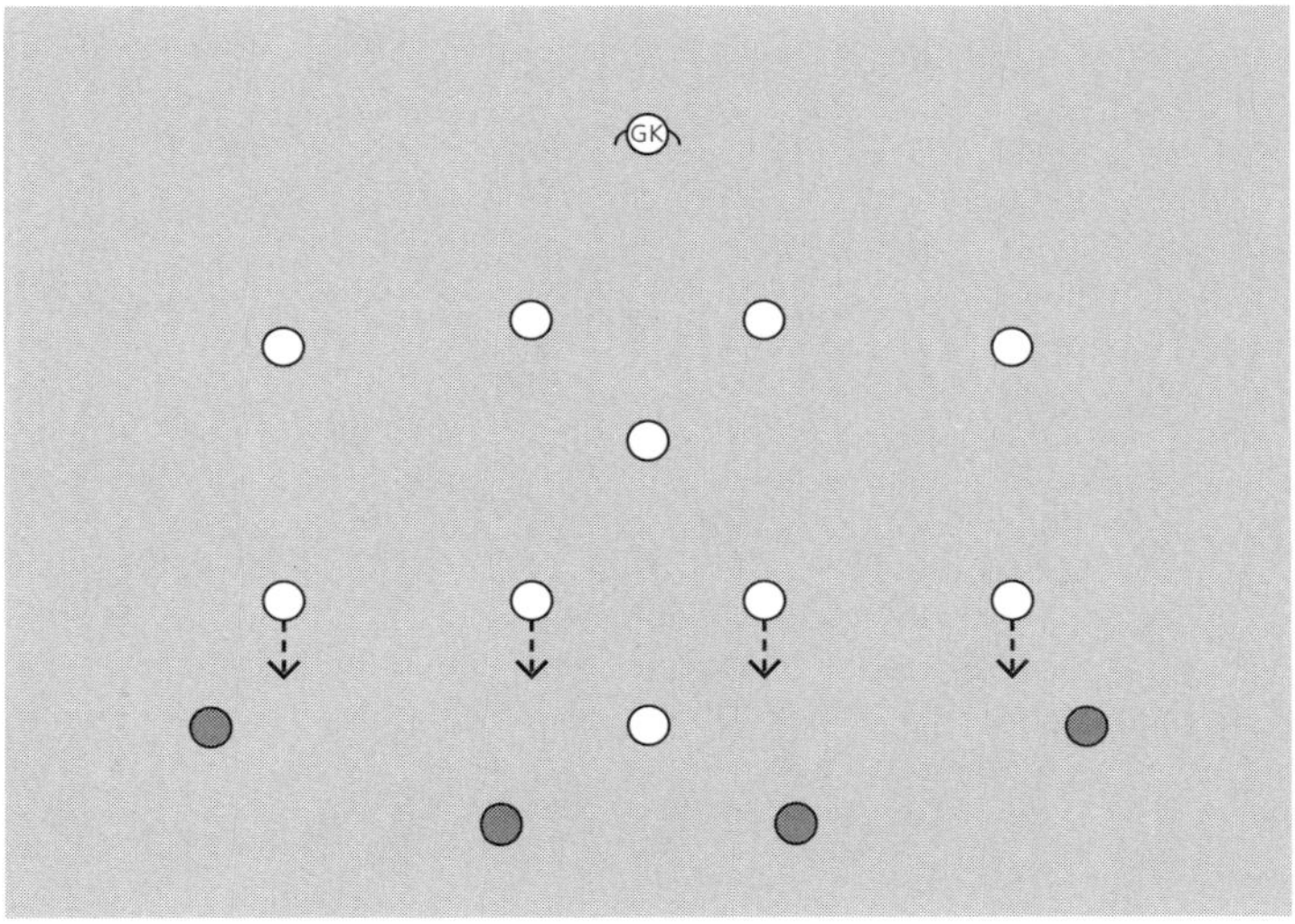

図50　相手DFラインに縦方向からプレスに行きやすい

だから、4－1－4－1のチームに対する時は、ビルドアップのスタートでいつも以上に注意が必要で、一時的にセンターバックがフリーとなるのですが、安易な横パスを繰り返すと2列目の選手から縦方向にプレスをかけられ、それを合図に一気に追いつめられてしまいます。

イニエスタ選手もよくやりますが、2列目に並ぶ4人のうち一人が1列前に出てプレスに出てくると背中で自分がマークしていた選手を隠すことができ、それ以外の近くの選手はマークについた状態なので、思考停止の状態でボールを回しているとハイプレスの餌食となってしまいます（図51）。

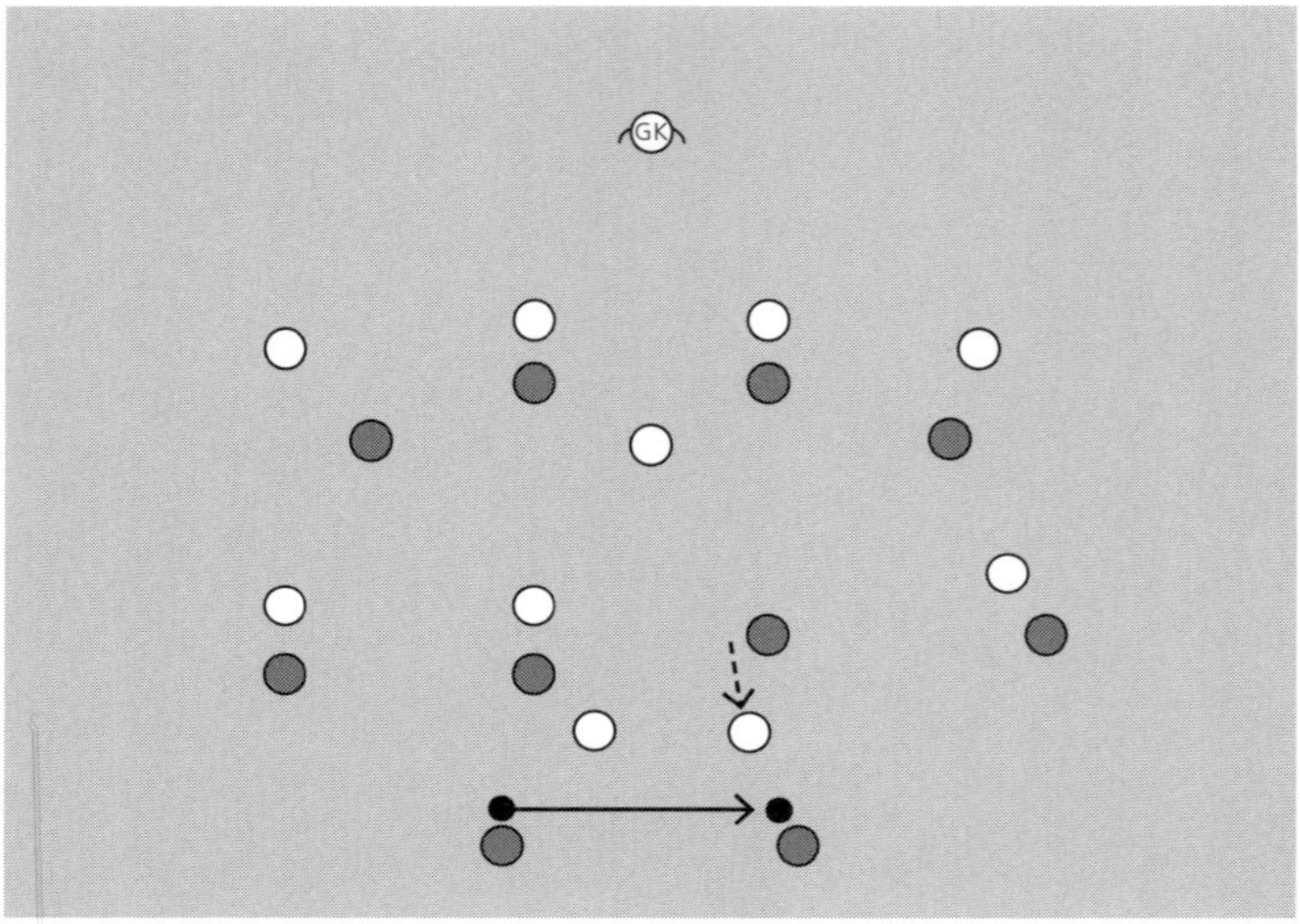

図51　思考停止でいるとハイプレスの餌食になる

ビルドアップを始めたときに見るべき相手の急所はやはり1ボランチの脇となります。ここに何本も綺麗なパスが通れば、4－1－4－1の長所よりも短所を出させている状態と言えるでしょう。ただ、4－1－4－1を採用する相手はそれを当然分かっていますから、その急所に出させないように守備をしてきます。ハーフスペースを埋めるのではなく、ハーフスペースへの入り口を塞いでいる状態です。

それをかわして急所を突いていくためには、ポジション別のところでお話しした〝相手とずれたポジション〟でボールを受けることが大切です。つまり、急所である1ボランチの脇にボールを入れるための立ち位置を取らなくてはなりません。

具体的には2列目の4人の選手の間にポジションを取り、そこで前を向くことで1ボランチ脇へのパスコースを切られない立ち位置をとります。例えば、センターバックの場合は相手インサイドハーフよりも外へ、ボランチの選手は相手インサイドハーフの内側もしくは外側です(図52)。そのためにも常にセンターバックとボランチは斜めの関係で立つことが大切です。

つまり、1ボランチ脇とともに（図53）の3ヶ所も4－1－4－1の急所と言えると思います。

外起点からサイドバック裏を何度も突くことで相手を迷わせる

また、4－1－4－1の場合もサイドバックの背後を有効的に突いていくことは鉄則です。ただ、有効的な突き方がダブルボランチを相手にする時とは少し変わります。

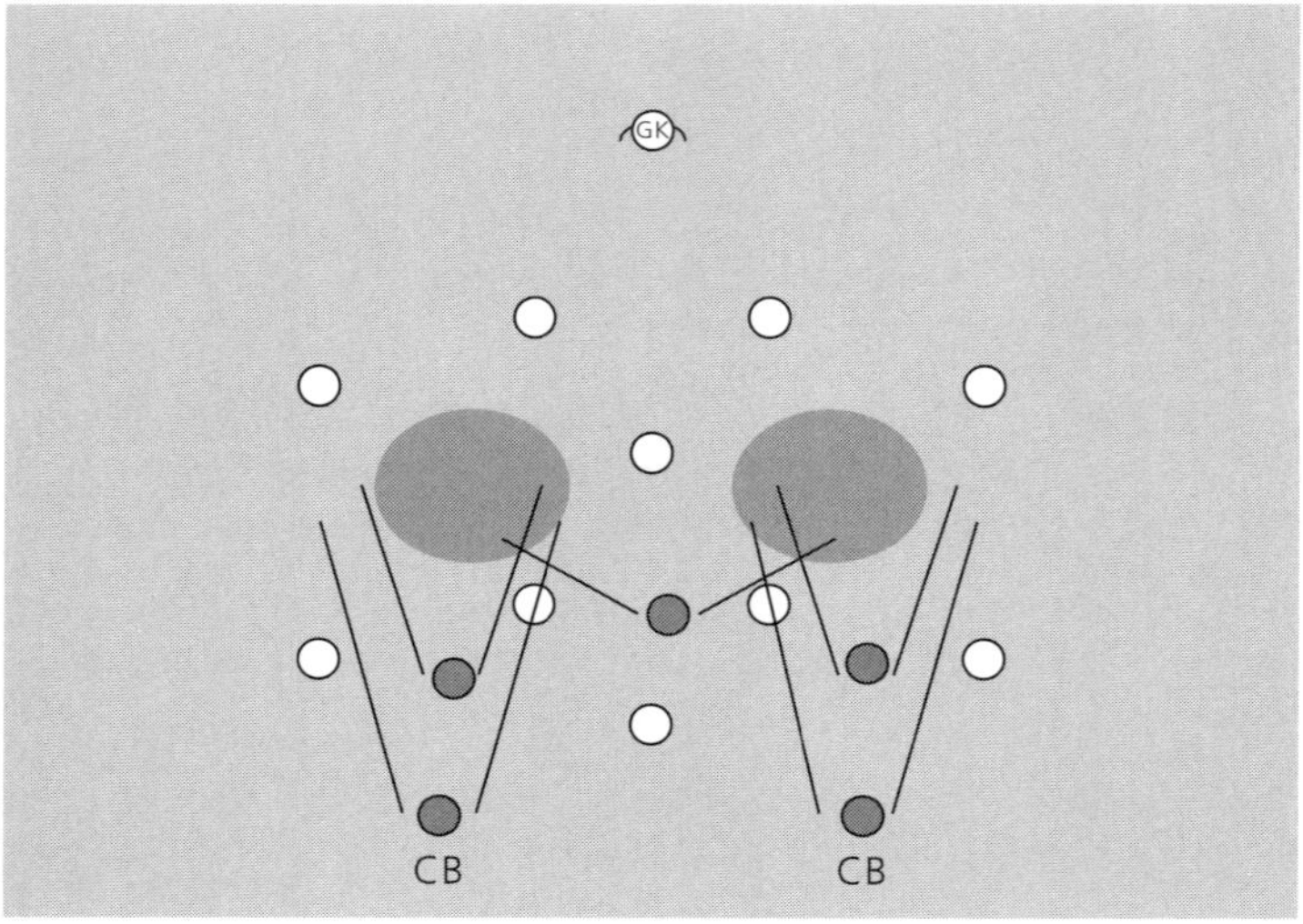

図52　2列目の4人の選手の間にポジションをとる

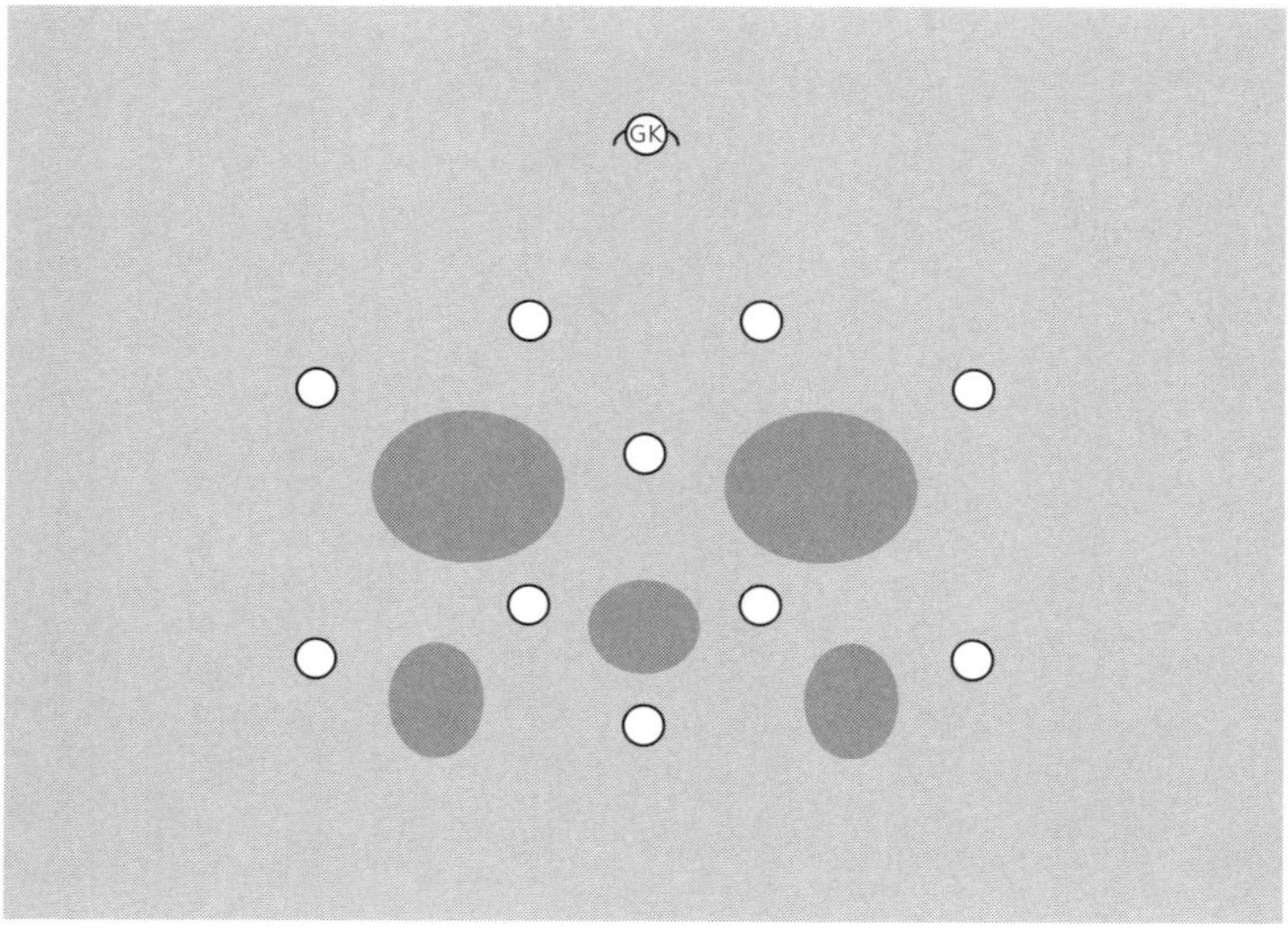

図53　4ー1ー4ー1の急所と言えるスペース

相手がダブルボランチのときは、特に立ち上がりは、多少アバウトなボールでもサイドバックの裏にボールを流し込むことで相手の守備組織の守り方を把握することができるので有効だとしましたが、4－1－4－1の相手には少し事情が異なります。このような長めのラフなボールへの対応は4－1－4－1ではより明確になっていて、ボールサイドのセンターバックがサイドに出て対応し、空いた中央へは1ボランチの選手が下りる。さらにインサイドハーフの二人が空いたマイナスのところに戻る、というやり方で、分かりやすく安定した組織が維持できてしまうのです（図54）。

逆に、4－1－4－1のチームが守備対応に迷うサイドバック裏のケースがあります。それは自陣で守備をしている時に、外起点からサイドバックの裏に流されるケースです。

自陣に入ると相手は「ボールを奪う」よりも「ゴールを守る」意識が強くなります。そのことにより、センターバックが安易に外に出てこれなくなります。出てくるのは、ボランチの選手が中央に戻ってきてくれるという確信ができてから

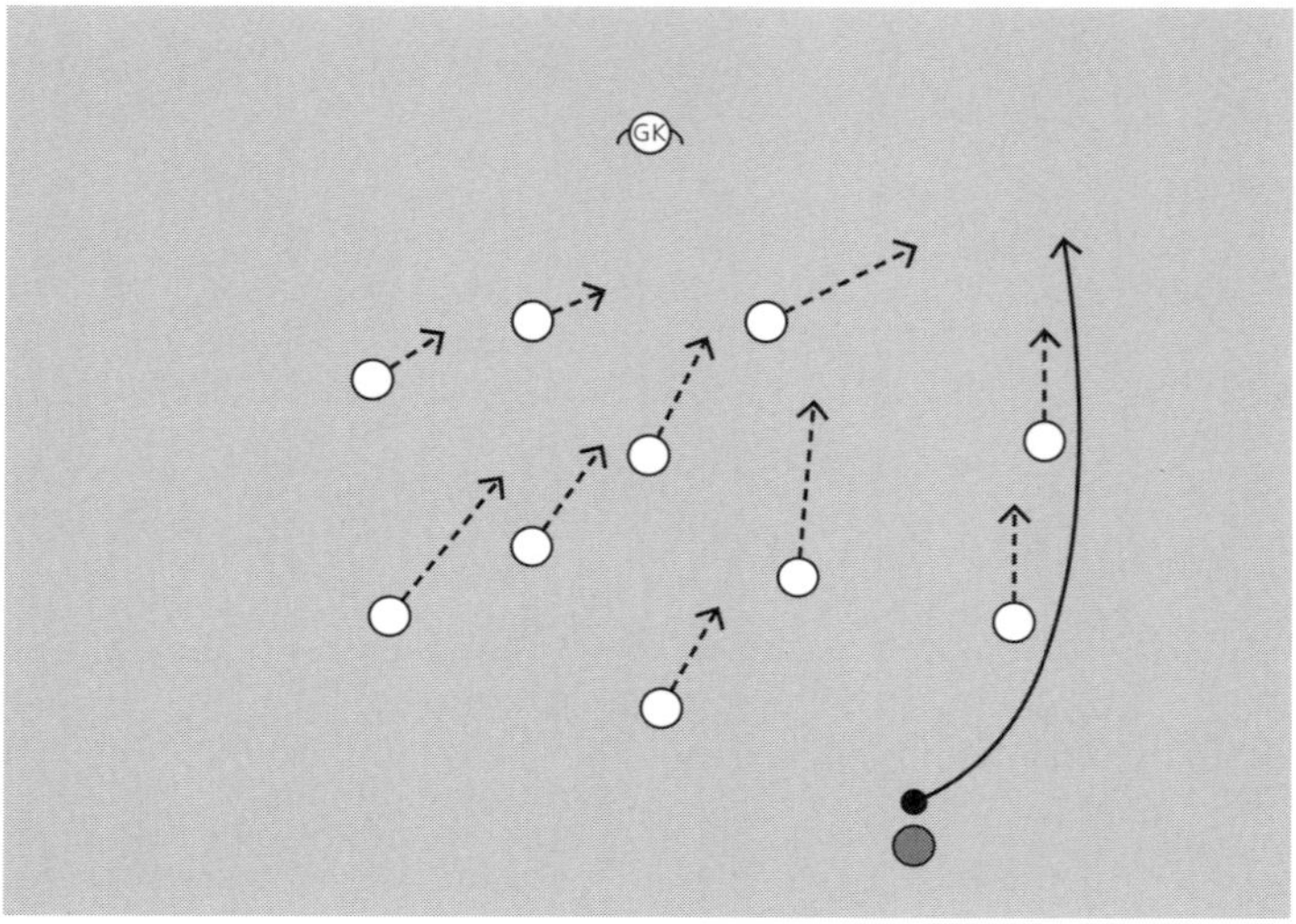

図54　4ー1ー4ー1は長めのラフなボールには強い

になるので、一つ確認作業が必要になります。

ダブルボランチのチームは、こういう場合、ボランチが遅れながら対応することができますが、1ボランチではそうもいきません。1ボランチが出ていくには遠く、インサイドハーフの選手もカバーに入る角度が後ろ方向になってしまいます（図55）。

そうすると中盤の選手では間に合わないケースが多くなってしまうので、相手が対応に迷うシーンが多くなるはずです。その中でセンターバックの選手は、ボランチやインサイドハーフの選手を確認しながらベストな選択をしなければいけな

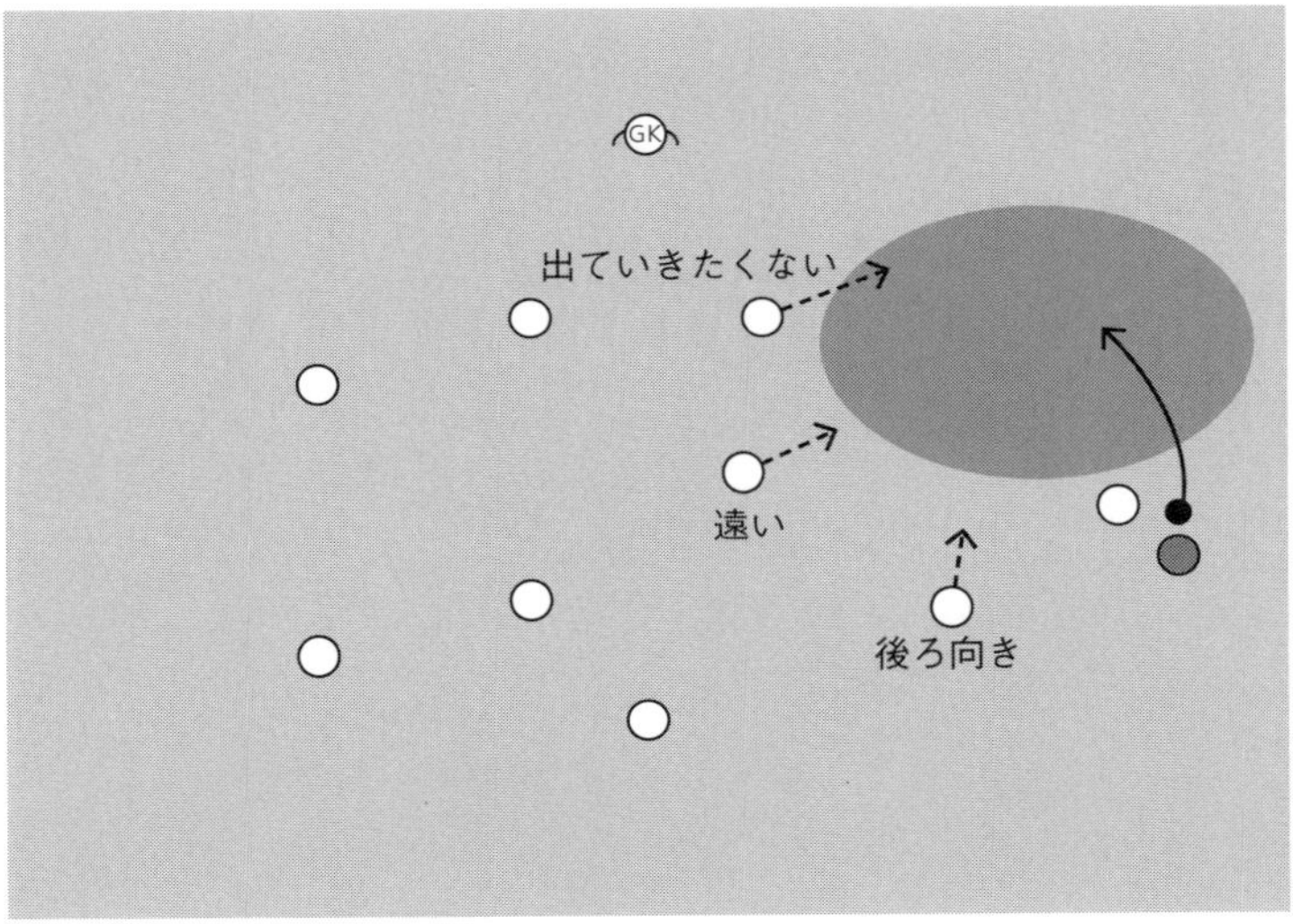

図55　外起点からサイドバックの裏へ流すケース

いので、「外起点からサイドバック裏」を何度も何度も突かれたら判断を間違えることも出てくるでしょう。その意味で、これもやはり急所と言えるでしょう。

また、これをやられると、4－1－4－1の選手たちはインサイドハーフの選手のポジションを少し下げて、サイドバック裏のケアに回す手を考えるのが一般的です。しかし、そうなるとこちらのボランチにはプレッシャーを掛けられず、どっちをとっても相手を困らせられるジレンマの中に誘い込むことができます。そういうケースを意図的に作り出せば、それこそが「相手を見てサッカーをする」ことにつながります。そういう意味でも、4－1－4－1の相手に外起点からのサイドバック裏で相手の様子を見ることは、有効な試合の入り方になるのです。

個人的には、ハリルホジッチジャパンの4－1－4－1は、このサイドバックの裏のスペースカバーに問題を抱えていると思って見ていました。自陣で、外に起点を作られ、サイドバックが対応しなければいけなくなったときの、その背後での役割の整理が不十分に見えたのです。

ハリルホジッチ監督はデュエルへの強い意識を植え付け、最終的には相手に合わせて配置を選ぶことでプランを完成させようとしていたのだと思いますが、選手たちからすれば、かなりポジションを動かされた形から状況を把握する必要があったので、3人の選手との絡みで判断を決めなければいけない外起点からのサイドバック裏では、臨機応変な対応は難しかったと想像します。

4－1－4－1の相手に対する場合、ビルドアップ時は1ボランチ脇。相手陣内に入り込めたら外に起点を作ってサイドバックの裏、という明確な急所を突いていくことが第一です。

その上で、相手も当然、その急所を隠すメカニズムを用意しているはずなので、それを把握しながら、そのまま急所を突くことで押し切るのか、次の策を考えていくのかをはかっていきます。ただ、4－1－4－1の場合は急所が明確なので、まずはポジション別で指摘したような個の立ち位置を微調整していくことで急所をとことん突いていくことが有効だと思います。

4

4－3－3におけるシステム上の急所

横幅をうまく使いながら
ハーフスペースへのパスルートを確保する

最近では、攻撃時に4－3－3で組織していたチームが、守備時にも4－1－4－1とならず、そのまま4－3－3で立ち位置を構えるチームも出てきました。これは、4－1－4－1の構造的問題を解決しようとする考えから生まれたのだと思います。

代表的なのはリバプールや今シーズンのユベントスですが、1ボランチというよりも3人の中盤の選手が横並びになり、中央の選手も積極的に前にプレスに出てきます。そしてウイングの選手は1列前で3トップを形成するように立ち、外に張りすぎないで少し内側を抑えます。4－1－4－1と似ている配置ですが、与えられているタスクはだいぶ異なります。このことにより、先ほどの2ヶ所の急所を埋め、ハーフスペースにボールを入れられないように設計されています（図56）。

もしウイングの選手がサイドバックに対応してサイドに引っ張られても、中央の選手に前に出るタスクを与えていることで、インサイドハーフの選手は数メートルだけ外にポジションを取れます。そうすることで、ハーフスペースへのパスコースを切る立ち位置を維持できるようにしているのです（図57）。

ただ、どんなシステムにもメリットがあればデメリットがあります。

4－3－3の守備組織では、前線と中盤のラインは3人ずつしか配されていないため、4－3－3に対する時は、横幅をうまく使いながら、〝中、外と速くパスを回す〟ことができれば、かなり相手を振り回すことができます。考え方としてハーフスペースを埋めるより、ハーフスペースにパスを出すルートを消そう

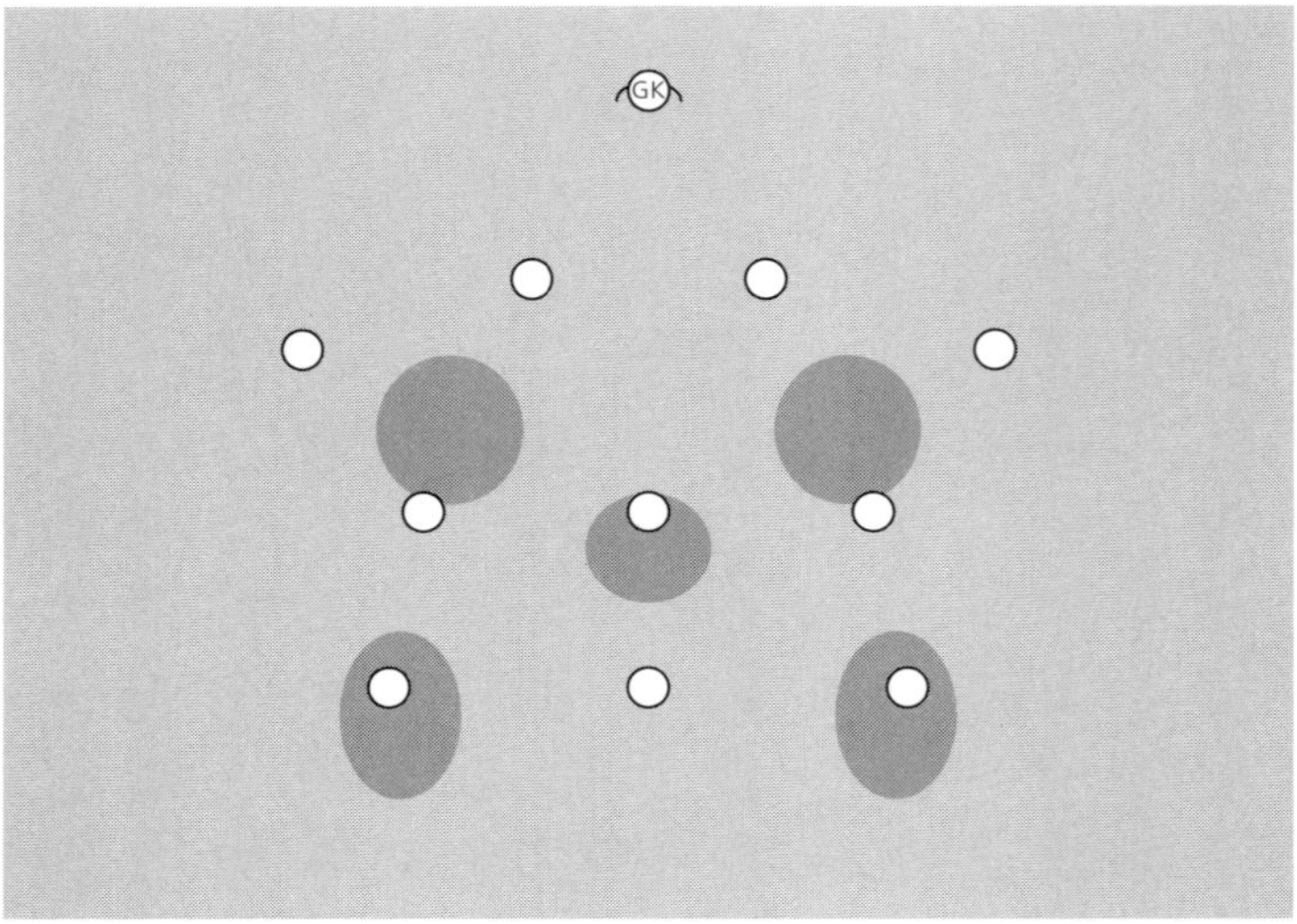

図56　ハーフスペースにボールを入れられない設計

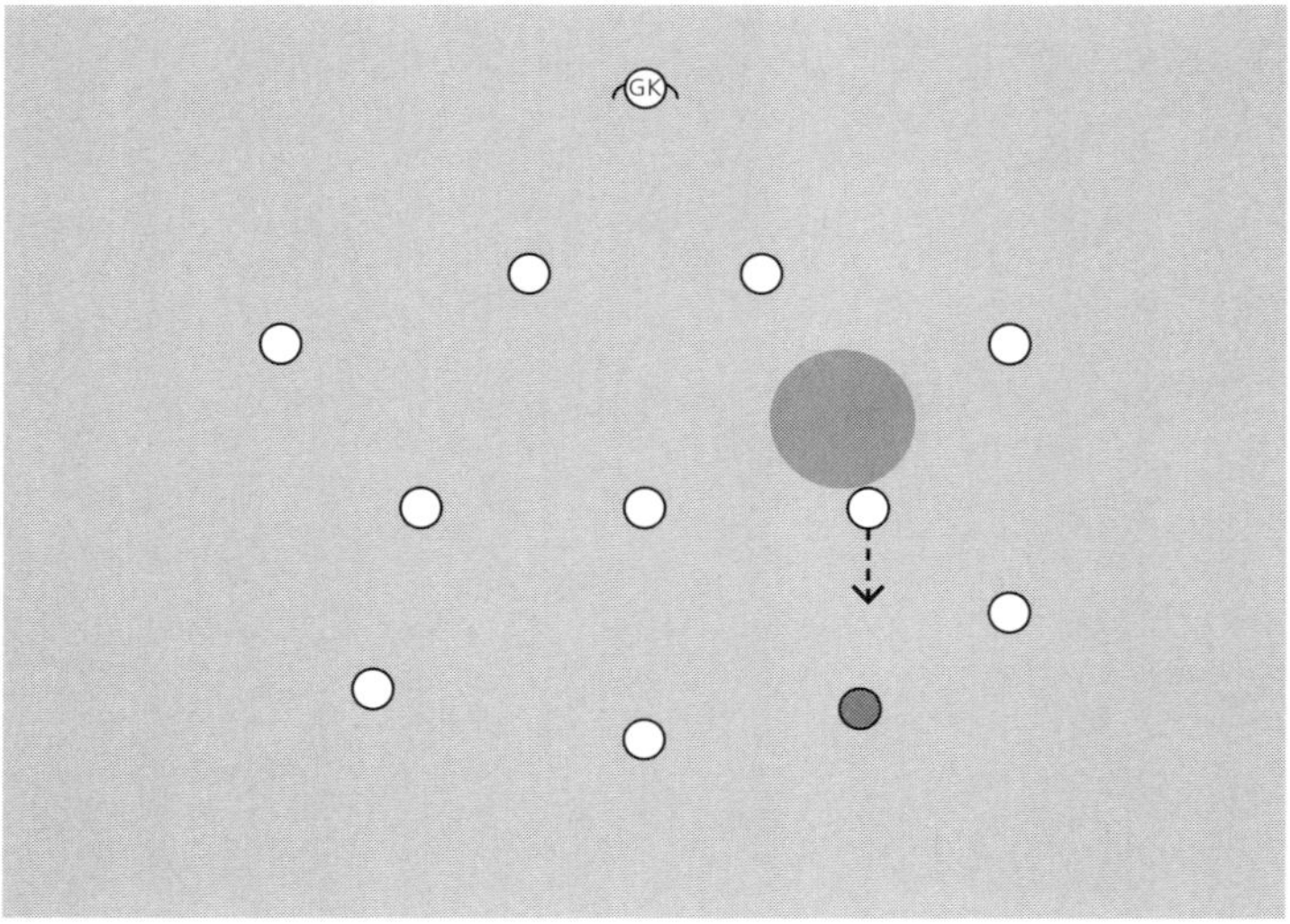

図57　ハーフスペースへのパスコースを遮断できる

としてきていますが、横幅68メートルを3人で埋めて縦パスのコースを切ることはかなり困難なので、ビルドアップで剥がしてハーフスペースへのパスルートを作り出すことができれば、それで相手のやり方を無効化することができます。特に3人の中盤の選手には、かなりの運動量が求められ、このやり方を成立させる絶対条件とも言えるので、逆のチームから捉えれば、やはり幅をうまく使って外、中と攻めていくことが鉄則となるでしょう。

よって、急所としてはやはり中盤の3人の外側のサイドの位置。あとは横に3列に並ぶライン間は急所になります（図58）。

ただ、ここでも相手は4－3－3の守備組織を組む時点でその急所は分かっています。簡単にサイドに流し込むだけではスライドして3方向から閉じ込められ（図59）、ライン間に安易に入れ込むと激しいアタックでボールを刈り取りに来るでしょう。

そこで大事なことは、「外」と「ライン間」の〝使いたい方の逆〟を匂わせてから使っていくことです。つまり、「外」を使いたいなら「ライン間」を匂わせ、「ラ

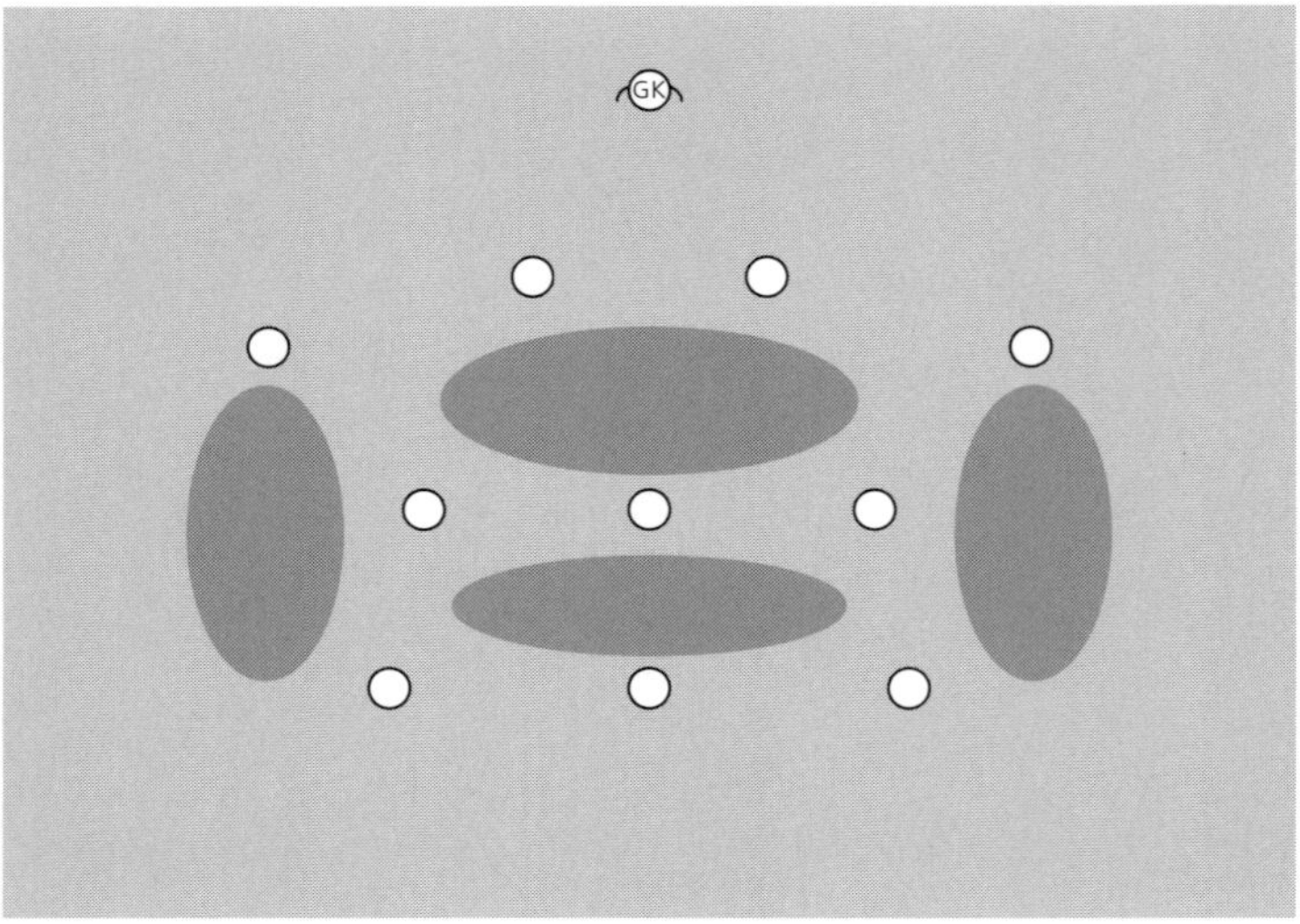

図58　中盤の3人の外側とライン間が急所となる

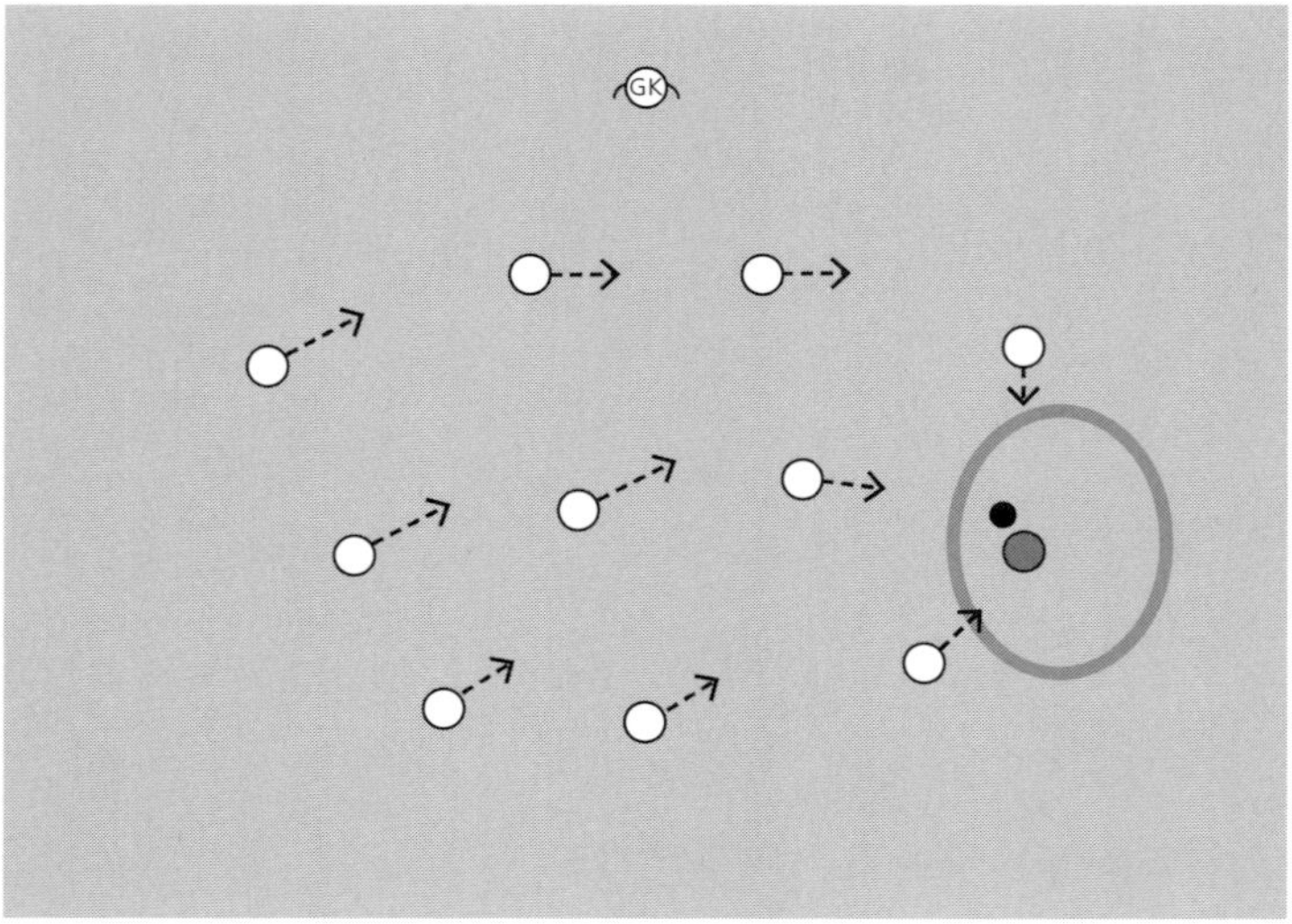

図59　安易にサイドを使うだけではプレスの餌食に

イン間」を使いたいなら「外」を匂わせてから使わなくてはなりません。そうして初めてそこが相手の急所になるのです。

プレスを無効化すべく
サイドバック裏へのボールを多用することも有効

4－3－3を採用したチームは「ライン間」と「外」という一見急所に見えるところを「罠」としているはずです。中、外と速くパスを回すことをさせないためのトレーニングも重ねているでしょう。ここから先は「逆を匂わせて急所を突く」自分たちと、それをさせまいとプレスをかける相手との速さと精度の戦いです。そこに敗れ続けるようなら、急所の突き方はイメージできていても、意味をなさなくなってしまいます。

加えて、4－1－4－1の相手には少し突きづらくなった、サイドバック裏へのラフな長めのボールも相手によっては急所として使えるかもしれません。というのも、1ボランチになることで、こうしたボールに対して、センターバックが出て1ボランチが中央に戻るというシンプルなやり方で対応していた相手のメカニズムが少し間に合わなくなるからです。

4－3－3の守備組織は4－1－4－1の時より、1ボランチの選手が少し高い位置を取ることになります。それにより高い位置からのプレスに備えていますから、逆に長いボールでサイドバック背後にボールを流し込まれたら、戻りが遅くなるのは当然です。

よって、4－3－3という相手に対して、中、外と速くパスを回すことで打開できないようなら、相手のプレスを無効化するためにもサイドバック裏へのボールを多めに使うことも有効になるかもしれません。それを繰り返して、相手の中盤の選手がプレスバックに頭がいって少しポジションを下げるようならこちらのもの。広がったらライン間を使いながらサイド、といった展開がしやすくなるでしょう。

こうして、相手の中盤の高さを自分たちで操りながら試合をしていければ、相手に的を絞らせることなく戦える試合は増えるでしょう。それこそが「相手を見てサッカーをする」ということ。それが勝つ確率を上げていくのです。

5

4－5－1における システム上の急所

相手の「4－5」の前でフリーになる選手が縦への攻撃姿勢を持つこと

4－1－4－1、4－3－3とまた違い、中盤の5人が並ぶように配置された4－5－1のシステムをとるやり方も少なくありません。私も参加させていただいた2010年の南アフリカW杯の時の岡田ジャパンは阿部勇樹をアンカーにした4－1－4－1だと言われていましたが、実際には中盤の5枚が1列に並ぶタスクを与えられていて、言うなれば4－5－1でした。

このシステムは全体でのハイプレスはあまりかけられません。その代わり、1ボランチの脇のスペースも、サイドのスペースも、自陣近くの急所を選手で埋

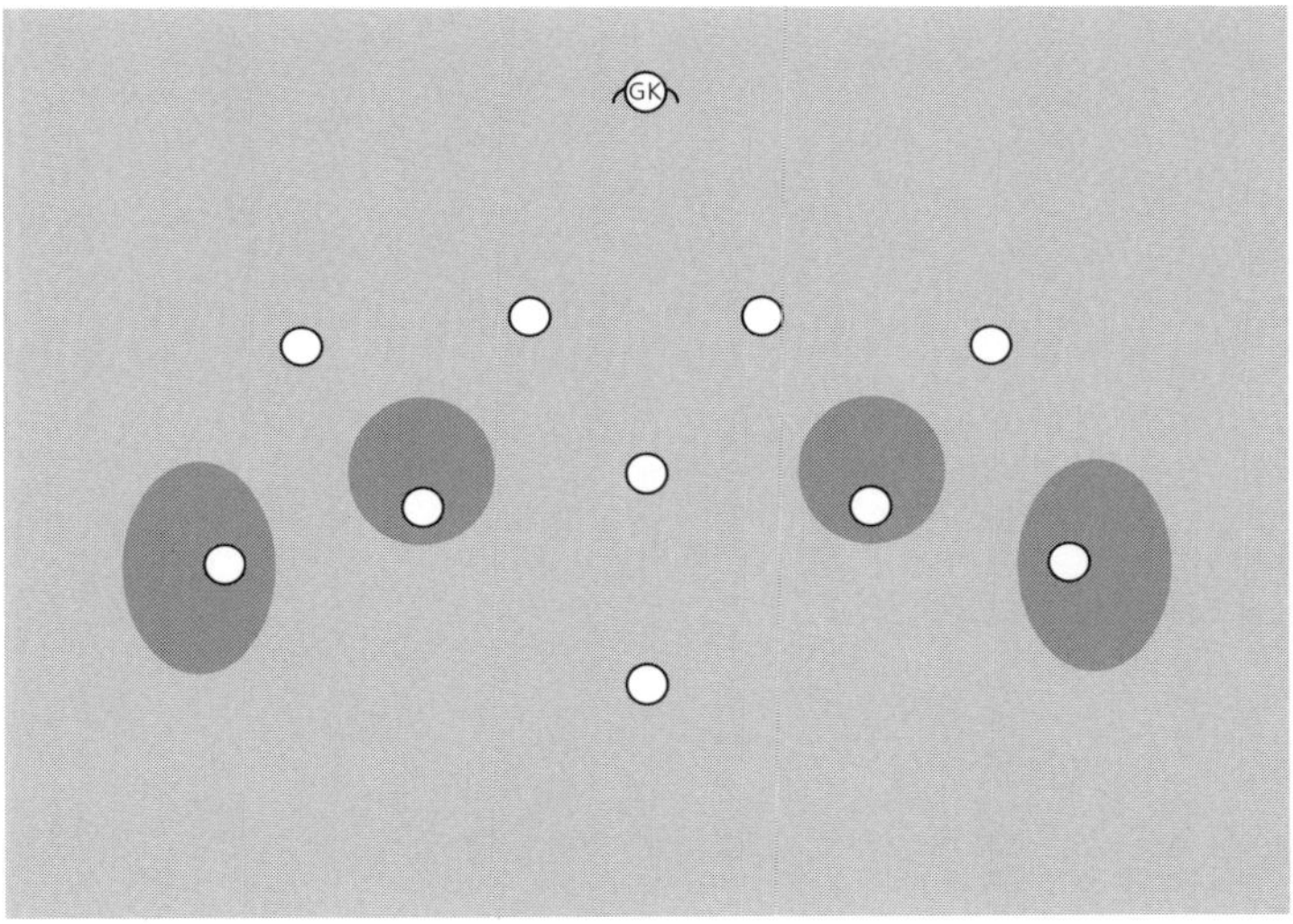

図60　4−5−1は後ろのリスクを排除する戦い方

め、後ろのリスクをまず排してしまおうというやり方です（図60）。このことで、インサイドハーフの選手のポジションも少し下げられるので自陣での急所も抑えやすくできます。後方守備での問題点は、理論上は出てきにくいシステムでしょう。

しかし、サッカーは攻撃と守備の時間が分けられていません。ボールを奪わなければ、攻撃ができないのです。守備の時間が長くなれば、その分自陣でプレーする時間が増えてしまいます。自陣でプレーする時間が増えれば、ミスが多い足でのスポーツであるためにミスによる失点が起こる可能性も高くなってしまいます。

よって、相手は4－5－1という形を維持しながら、どこかで前へボールを奪いに出て行きたくなるジレンマをいつも抱えています。この手の相手と対峙する時は、その相手の心理をうまく読みながら戦うことが求められるでしょう。

4－5の2列の前では、あまりプレッシャーを受けずにボールを持つことができます。その場合、ボール保持者の選択肢を減らすことができないので、後方のスペースこそ消されているものの、配給するボールへの対応はより難しくなっています。よって、4－5の前はほとんどのスペースが急所として使え、逆に、それにより低い位置の急所はなくなりました。

とはいえ、急所はいつも〝急所になりうる場所〟であり、いつも急所になってくれるわけではありません。かなり広い場所で自由にボールを動かせますが、相手は、センター、両サイドの各所で3人ずつのトライアングルで待ち受け、入ったボールには常に線ではなく面で対応してくる（図61）ので、ボールを相手の

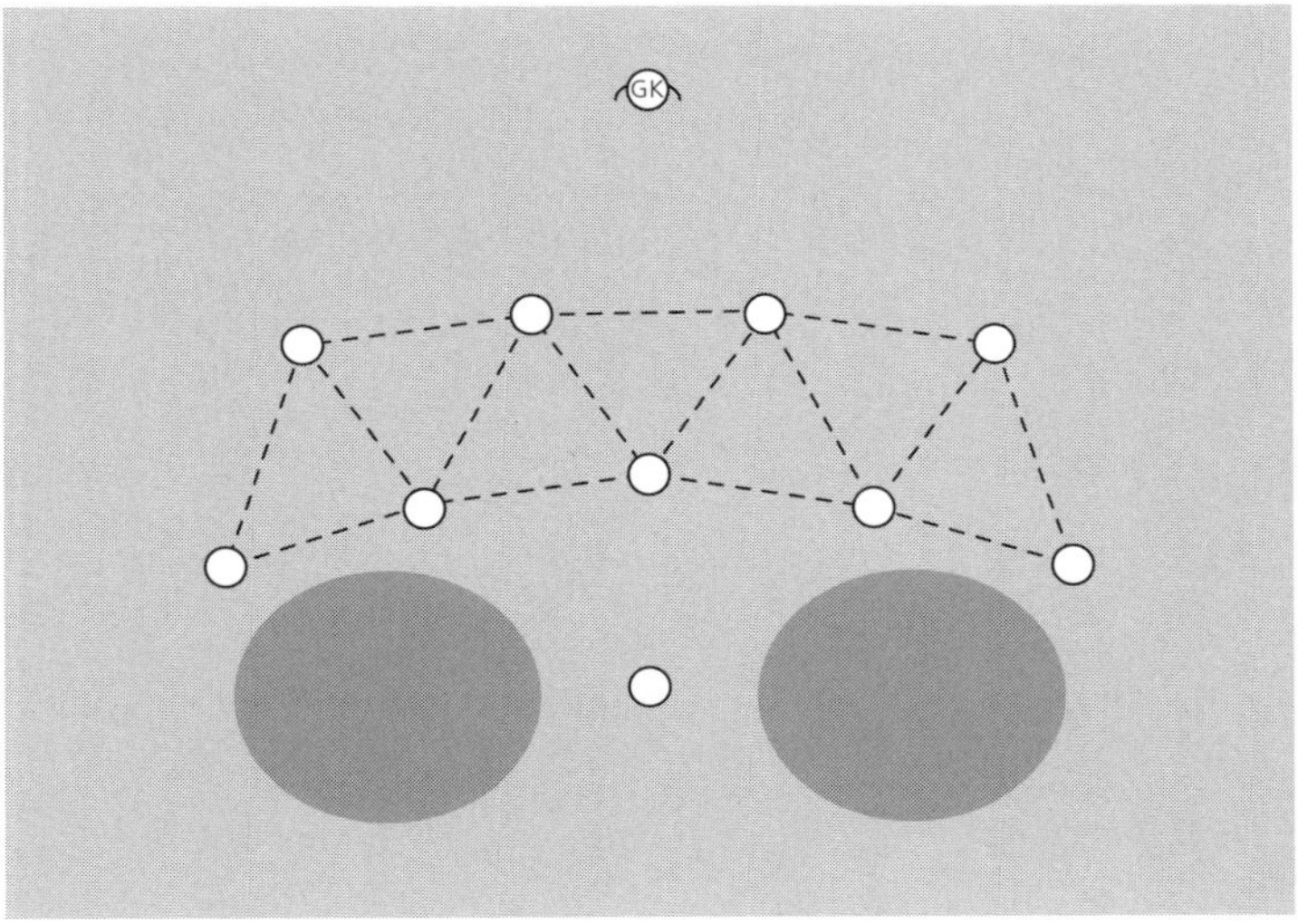

図61　入ったボールに線ではなく面で対応してくる

ブロックに入れ込む時点で、複数人でイメージを共有しておく必要があります。

特に2列目に5人配されていることが厄介です。簡単なサイドチェンジでは難なくスライドで対応されてしまいます。よって、大事なことは4－5の2列の前でフリーになる選手たちが縦へ意識のベクトルを向けて攻めていくことです。

アプローチを受けても後ろには必ず逃げ道を作れている状態ですから、突っ込んでいくことを恐れる必要はありません。5人並ぶ相手の2列目の選手のいずれか、特に中央の3人の誰かを前に出させるように仕向けることが必要です。そのことにより、空いたライン間を使えると、そこが新たな急所になります（図62）。

つまり、ここまでのシステムと違い、守備のスタートでは急所を隠して入ってきた相手を、自分たちで食いつかせることで新たに急所を作り、そこを使っていく。さらに、その急所を埋めようとする相手の選手によって生まれる次の急所を使っていく。そのように自分たちで意図して崩しに行くことがしやすい相手なので、ライン間を使った時のイメージを複数でもって崩しにいかなくてはなりません。

有効なのはピッチ中央付近から斜めにサイドバックの背後や外まで飛ばすパス

ただ、ライン間は4－5で詰まっている状態ではあるため、新たな急所を作れてもわずかである場合も多いでしょう。そうなると、その日のチームの状態や相手の守備の強度次第ではその試みがうまくいかない時も出てきます。

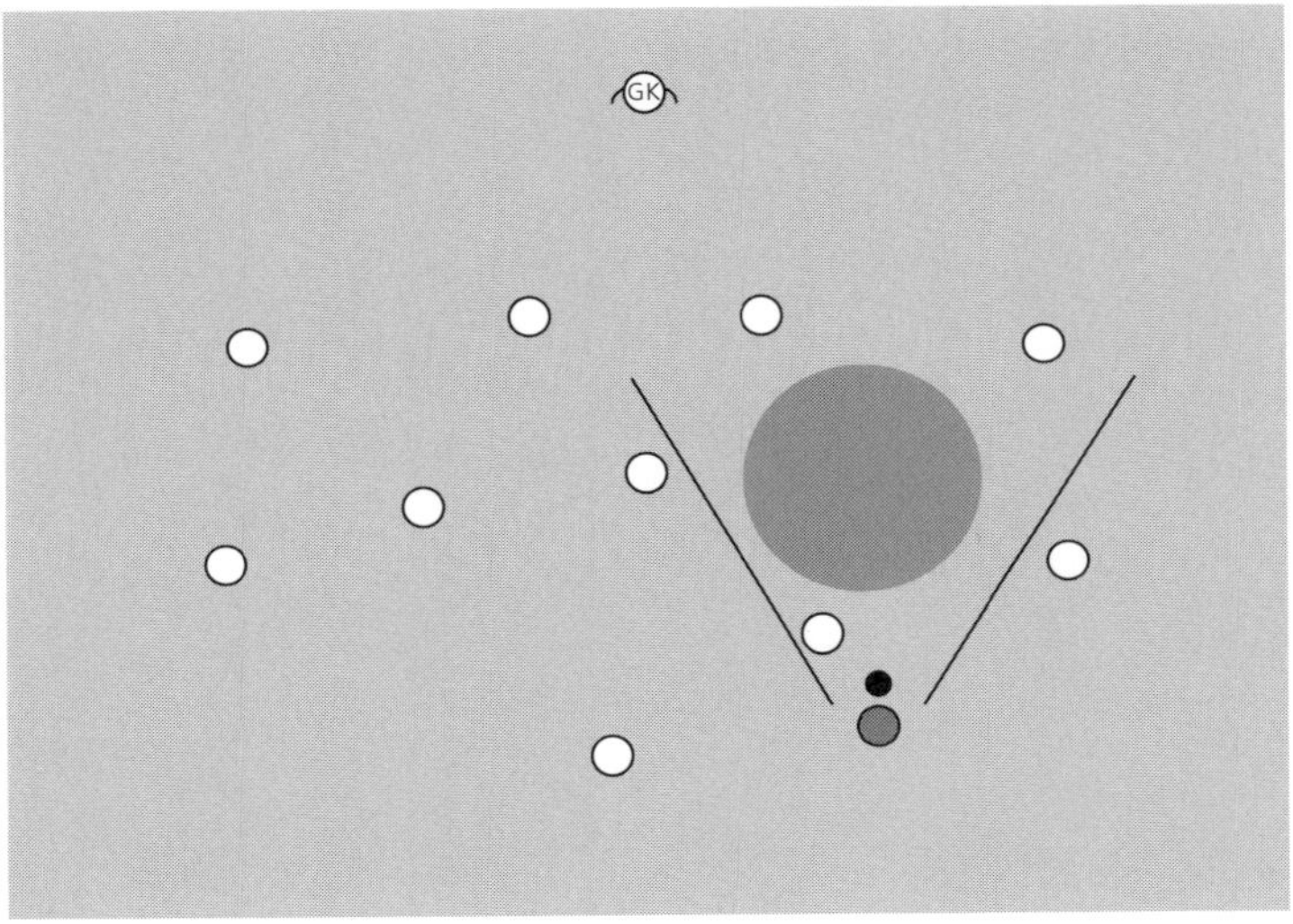

図62　中央の3人の誰かを前へ出させてライン間を使う

その時には、ラインの裏へのボールも有効です。普段は、相手のブロックの中に入り込めないと、3列を越すボールを配給しなければ、裏をつくことはできませんでした。しかし、4－5－1では1トップを外して前を向くことは容易なので、ほとんどの攻撃が4－5のラインの前から、2列を越せば相手の背後を突くことができます。3列より2列の方が簡単ですから、積極的に裏をつくボールも入れていけるでしょう。そうすれば、相手は広範囲での対応を求められるようになるので、4－5－1の相手には普段以上に背後への意識を持っておくことは重要です（図63）。

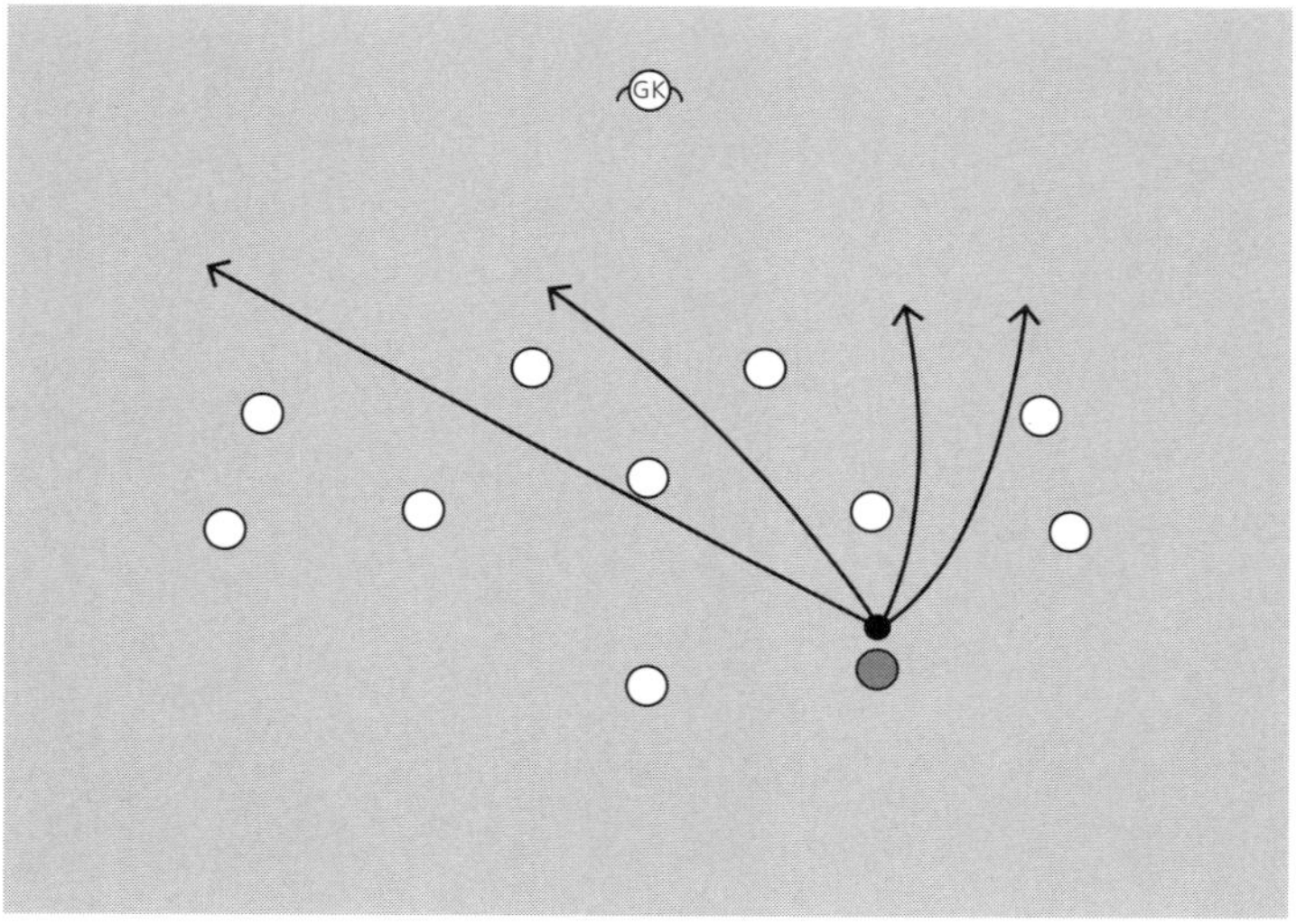

図63　普段以上に背後への意識を持つこと

特に有効なのが、ピッチ中央付近から、斜めにサイドバックの背後や外まで飛ばしてしまうパスです。これをやれば、簡単にクロスを入れられるポイントまで運べます。そうすると相手は、ゴール前にボールを運ばれるのを嫌って前へ出てくることが予想されます。それを見て、今度は相手のライン間に入れ込んでいくように戦い方を変えていくのは、ゲームの流れを引き寄せる方法となりうる選択だと思います。

つまり、4－5－1の相手には、あらかじめ閉じられた急所を自分たちのボールの持ち方や運び方で食いつかせて作りだし、相手を操るようにプレーすることが必要です。鍵となるのは前後の縦方向への揺さぶりです。

ボールを運ぶことで中盤を前に食いつかせる、2列を越すような長めのパスでディフェンスラインに後ろを意識させる。そして開いたライン間を突いてみる。

そこでまたライン間を閉じられたら前後に揺さぶる。

決して何か一辺倒ではなく、相手を見ながら、前後に攻め方を変化させていくことが必要となります。

6

5ー4ー1におけるシステム上の急所

ライン間で誰かがボールを受けたときがスタート、周りはズレたポジションを意識

5ー4ー1での守備は、3ー4ー3の流行とともに増えてきました。攻撃時にはサイドの高い位置に張り出していたウイングバックの選手をディフェンスラインに加え、さらに攻撃時にシャドーを担っていた選手をサイドに帰陣させる守備組織の組み方です。

このシステムの問題点は、ディフェンスラインに5人を配したことで、前からのプレスが効かないことです。4ー5ー1でもその問題はありましたが、中盤の人数が少ないため、4ー5ー1の場合よりもさらにその傾向は強くなります。

4ー5ー1の場合はやり方によっては、機を見て中盤の選手が出てくること

でプレスをかけてくることも考えられますが、5－4－1ではそれも困難です。よって、相手の4－1のところで常に数的有利が生まれる状況をうまく利用して、リズムを作りたいところです。5－4－1ではそのブロックの前は広く急所として使えます（図64）。ミスさえなければボールを失わずに相手陣地に侵入できる回数は多くなるでしょう。

問題はここからです。ディフェンスラインからフリーで配球できるものの、相手のディフェンスラインにはなかなか急所が見えません。中盤の4枚とディフェンスラインの5枚とのライン間にボールを入れることにはそれほど困らないものの、入れ込んだところに真正面からアプローチを受けてしまいます（図65）。待ち構えてからの守備が狙いの相手にどう攻めていくかは、簡単にボールをキープできるからこそ確認しておくべきでしょう。

4バックの時に有効だったハーフスペースも、縦方向から睨まれることになるので有効度が減ります。まずはそのことを認識して、ライン間に位置するときに相手ディフェンスラインから飛び出してくる選手を把握して、ポジション別のところでお話ししたような〝ズレた〟ポジションに位置することを意識したいとこ

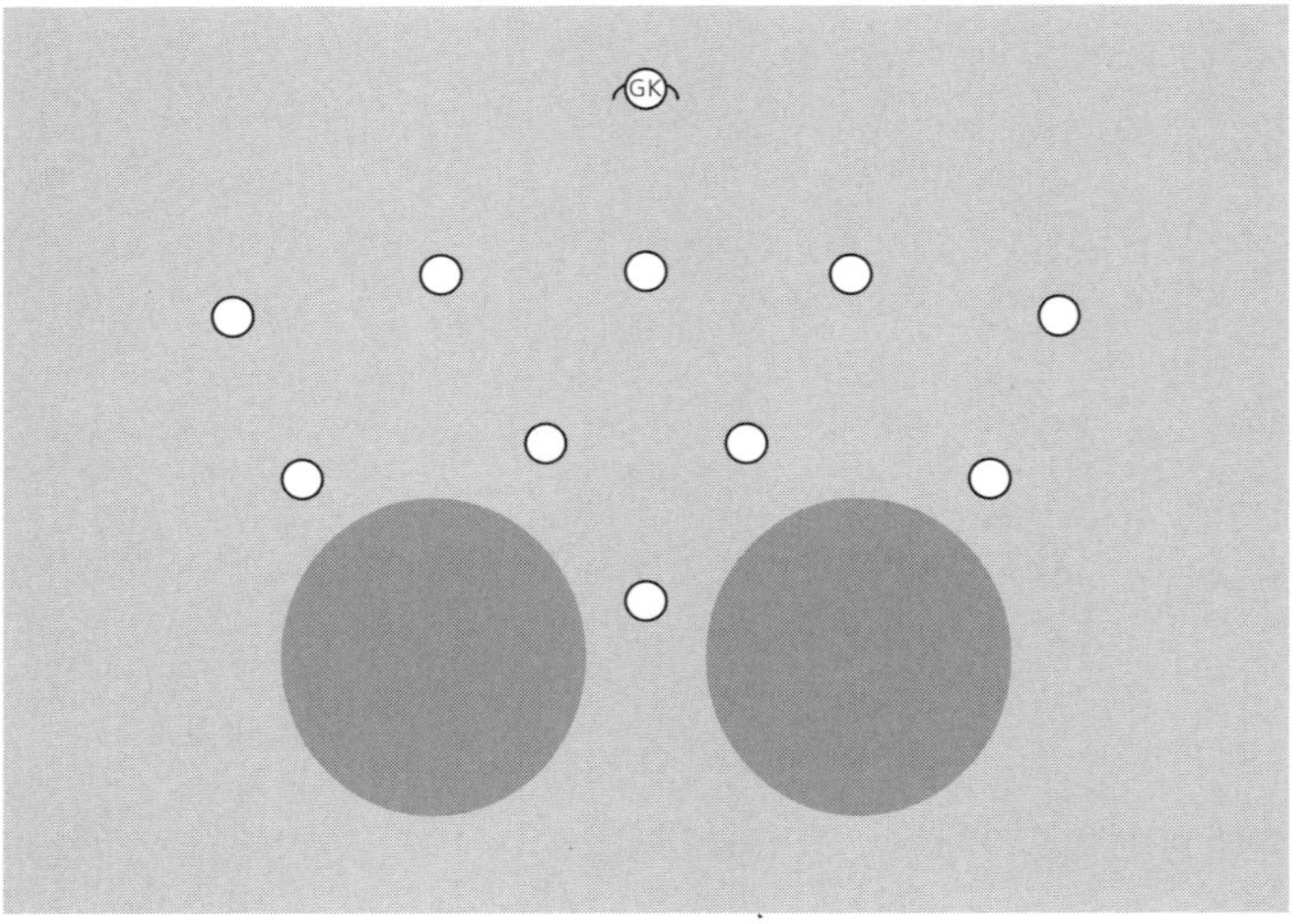

図64　5−4−1のブロックの前は自ずと急所になる

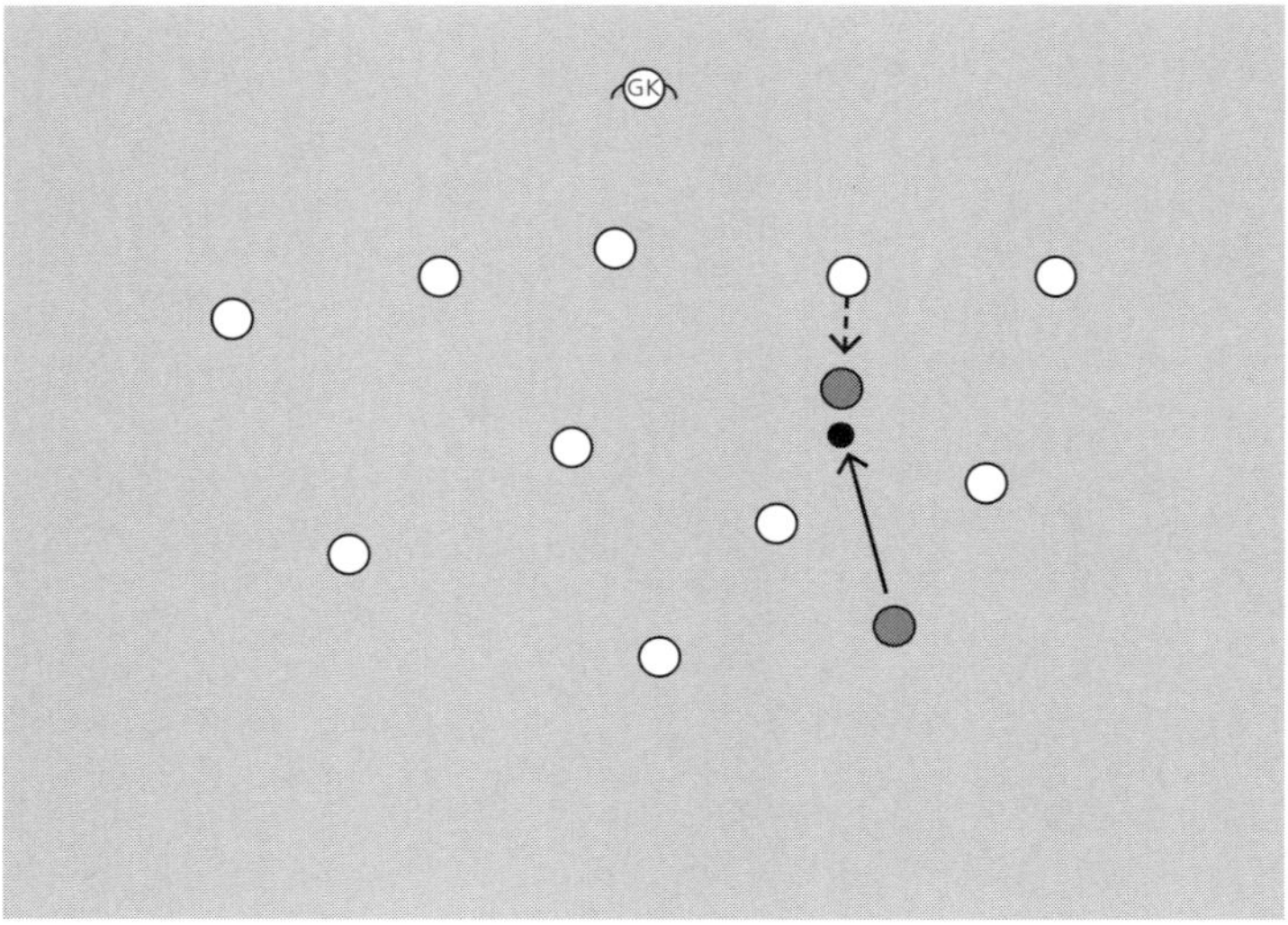

図65　ライン間に入れても真正面からアプローチされる

ろです。そうすれば、ライン間でボールを受けた後の選択肢を増やすことができるはずです（図66）。

相手が4バックの時には相手の中盤とディフェンスラインの間にボールを入れられれば、その時点で相手守備陣を迷わせることができましたが、5バックのチームは少々リズムが異なります。そのライン間に入れるまでが勝負というより、入れてからが勝負となります。ライン間に入れたことで相手ディフェンスラインは迷うことなく、むしろ思い切りディフェンスラインからアプローチをかけてくるので、ライン間への縦パスを基点にした攻撃のプランをより明確に持った上で縦パスを入れるべきです。

そして、そのための鍵は、最初にボールを受ける選手だけでなく、それ以外の前線の選手も、自分のマーカーを常に意識して見ておくこと。そして、ズレて立っておくことです。4バックの相手にはライン間に打ち込むことができた時点で自然にずれたポジションに立つことができますが、5バックが相手ではそうもいかないからです。

ライン間で誰かがボールを受け、相手が一人ディフェンスラインから飛び出

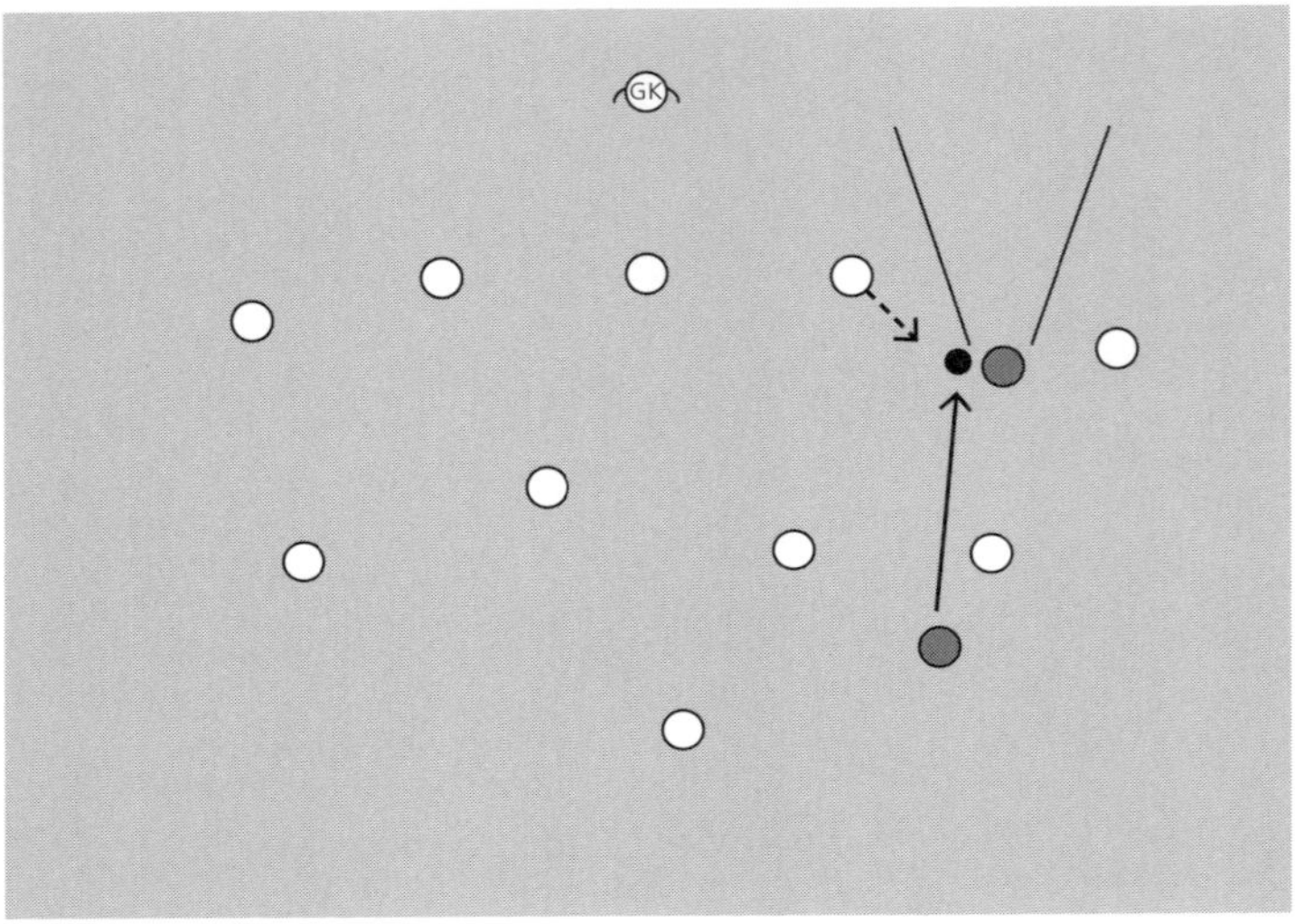

図66　ずれたポジションで受けてその後の選択肢を増やす

してくる。そこがスタートです。そのスタートの時にできるだけ、それぞれが自分のマーカーの横にズレて立っておくこと。そうすれば、ポジション別でご紹介したように、相手を見て勝負をすることができるのです。

パスも動き出しも「斜め」を意識することが5バックの相手には有効

また、5バックのチームに対しては、4バックの相手以上に「斜め」というのがカギを握ります。つまり、パスも動き出しも「斜め」のものを繰り返すことがより有効になります。

5バックは、ディフェンスラインに5人並ぶことで横幅いっぱいを埋めていま す。単純な縦方向の攻撃には各レーンを全て封鎖しているので強くなります。

しかし、〝5人並んで各レーンを封鎖している〟という意識が4バックの時よりも「斜め」のカバーの意識を薄めます。本来サッカーにおいては、自分の前方を斜めに走る選手にはそれを後方から見ている選手がついていくのが鉄則です（図67）。4バックでは特にこのことを徹底しないと簡単にディフェンスラインを破られるので、斜めの意識というのは守備をする上でディフェンスの選手に最重要な意識となります。

しかし、5バックでは4バックほどの意識を持たなくても、5人並んで各レーンを封鎖しているので守れるケースが増えます。例えば5バックの真ん中の選手の背後をセンターバックの選手がカバーする意識は、4バックのセンターバック同士のカバーの時よりは薄いはず。ウイングバックの選手がセンターバックの選手のカバーに入る意識も同様です（図68）。

そこに斜めのフィードが入るとダブルパンチです。斜めのフィードに対してはより、「なんとかなるだろう」の意識で見てしまうことは多くなるので、斜めの

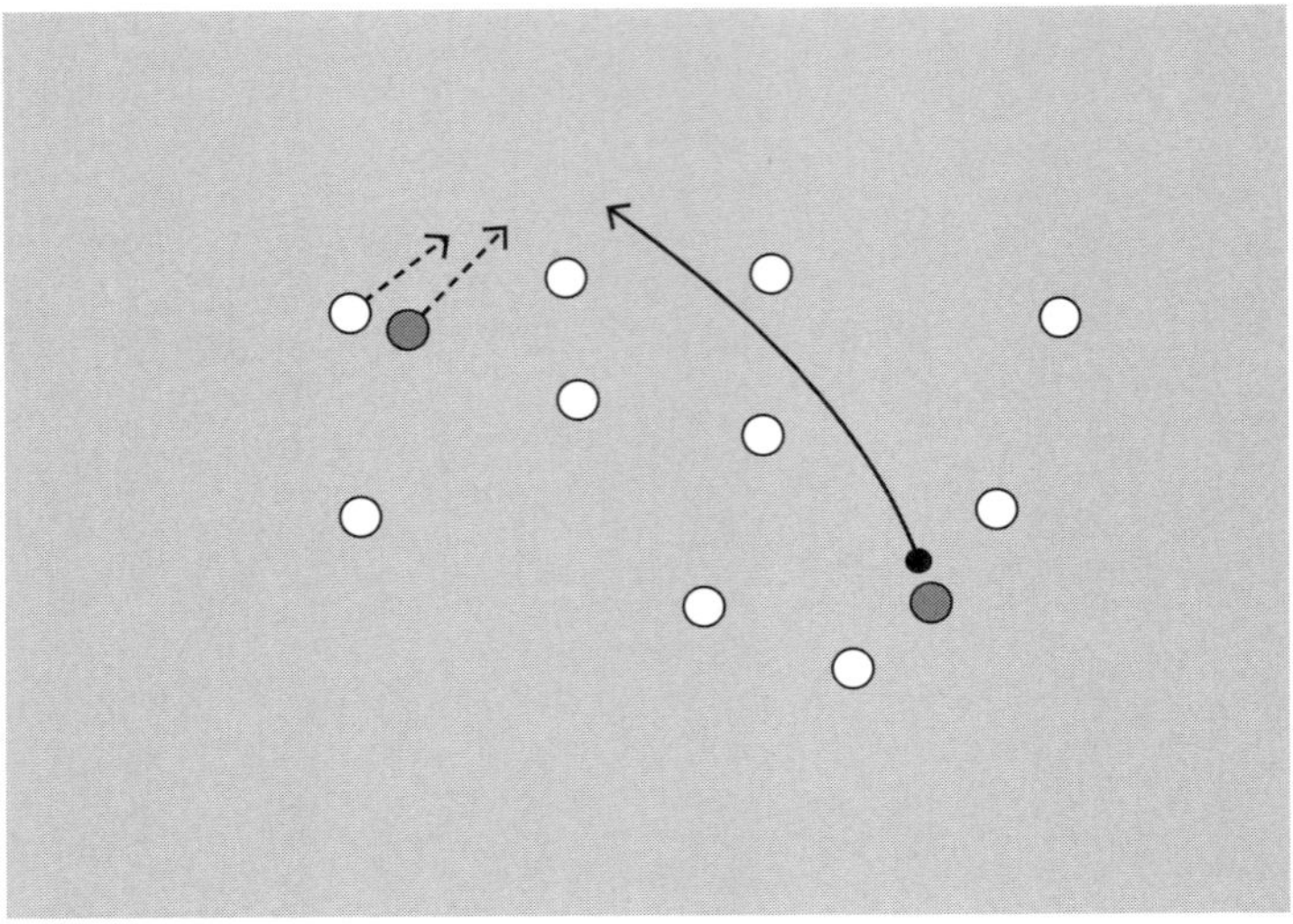

図67　前方を走る相手にはついていくのが鉄則

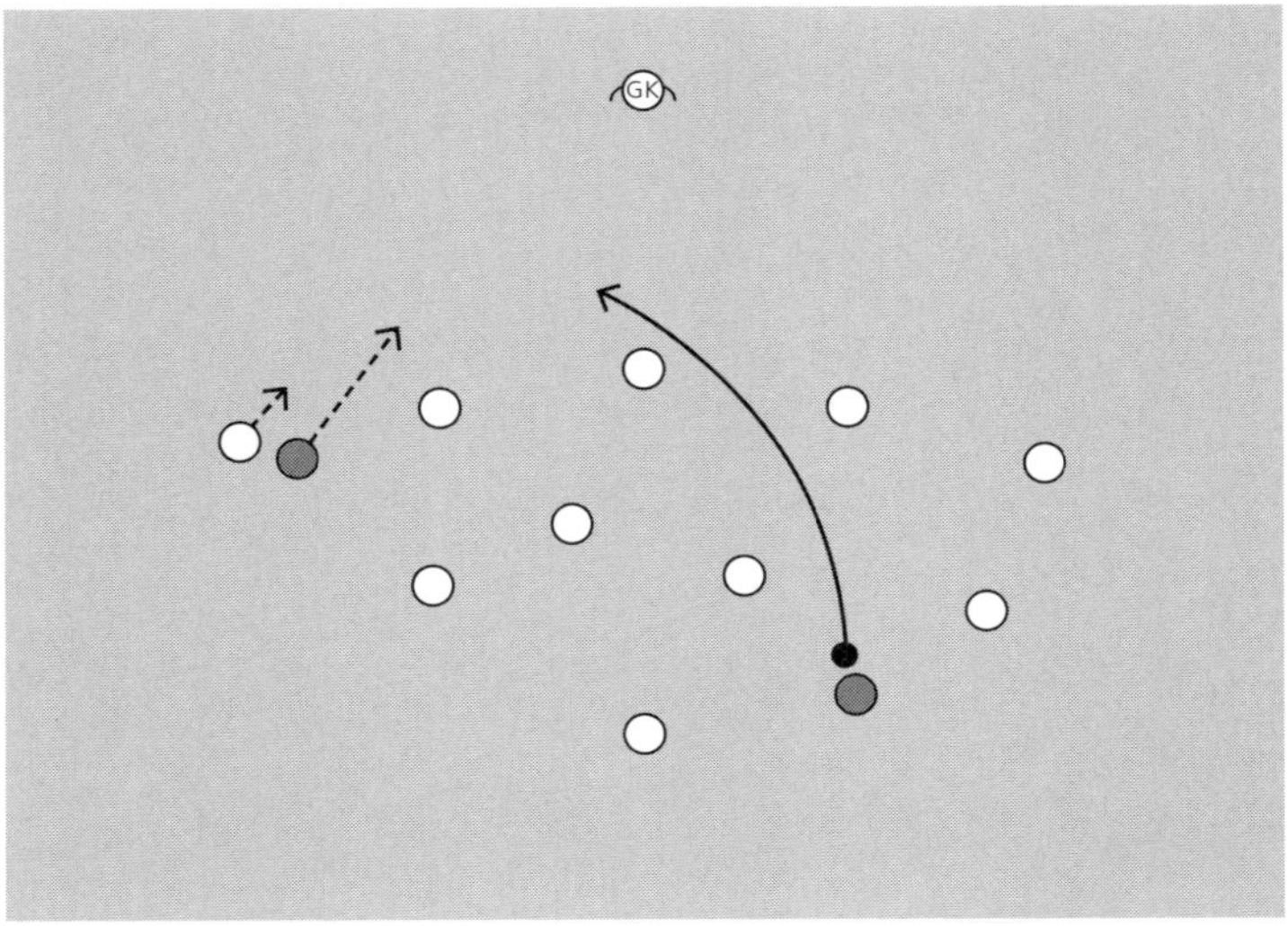

図68　ウイングバックがCBのカバーに入る意識は薄い

動き出しに斜めのパスは5枚並ぶようなチームには非常に有効だと思います。
とはいえ、スペースは限られますので、最終的には精度の話となるのはいつものことです。

ライン間への縦パスを起点に崩す形、斜めの意識。これらをもっていれば基本的に5バックの相手を押し込むまでの道筋は描けるはずです。そこからゴールをこじ開けるのはなかなか難しい相手にはなりますが、そこから先も取るべき「相手を見ることができるポジション」を粘り強く取り続けて攻め続けることです。ディフェンスラインに人がたくさんいることでスペースはより限られますが、そういう時こそ、一人ひとりが自分のマーカーを出し抜ける〝ズレたポジション〟を取って、相手を見てマークを外す。精度とタイミングさえ合えば、シュートを打つためのスペースはわずかで構わないのです。

7

3ー4ー3におけるシステム上の急所

ウイングバックが出てきた背後を突いて相手の出方をうかがう

守備時に5ー4ー1に移行せず、3ー4ー3（5ー2ー3）で守備陣形を組み、より積極的な守備で戦うチームもあります。攻撃時には同じ3ー4ー3なので、3ー4ー3と5ー4ー1の守備陣形を相手によって使い分けたり、流れのなかで併用するチームも少なくないので、3ー4ー3で戦うチームと対戦する時には、相手がどちらの守備陣形を組んでいるのかを見極めて戦わなくてはいけません。

5ー4ー1と3ー4ー3を見分けるポイントは、シャドーの選手とウイングバックの選手のポジショニングと役割です。まずは、シャドーの選手が守備になった時に、そのまま1トップの斜め後方あたりに止まって守備をしようとしているか、ボランチのラインまで下がってサイドを埋めようとしているかで見分けられます（図69）。

3－4－3の場合は、1トップの斜め後方あたりの中央寄りでシャドーの選手が構え、サイドに展開されてもあまりサイドに出ていかない代わりに、空いたサイドのところには積極的にウイングバックの選手が出てきます。それに呼応して、後ろの3バックがスライドし、ディフェンスラインは3枚、もしくは4枚になります（図70）。本書では、この守備陣形を3－4－3としました。

5－4－1の守備陣形と異なり、待ち受けるのではなく、ボールを奪いにくるのが特徴です。ウイングバックがアプローチしてくるのを合図に、前線の3人やボランチも連動してハメに来ます。よって、このシステムの相手に対するときは、シャドーの選手とウイングバックの選手の役割を把握して、相手の狙いを感じながらビルドアップを始めるべきでしょう。

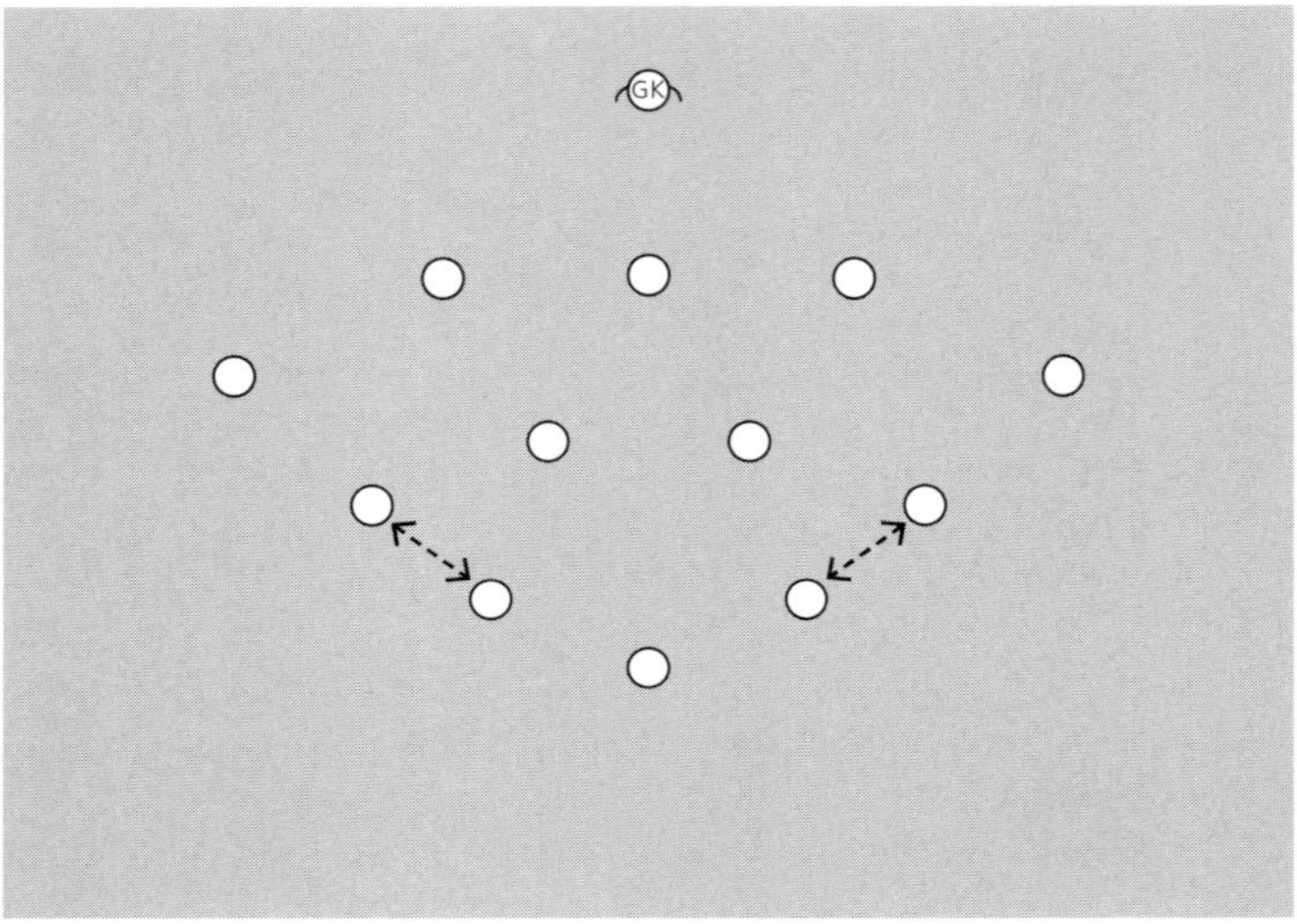

図69　シャドーの選手の守備の意識が見分けるポイント

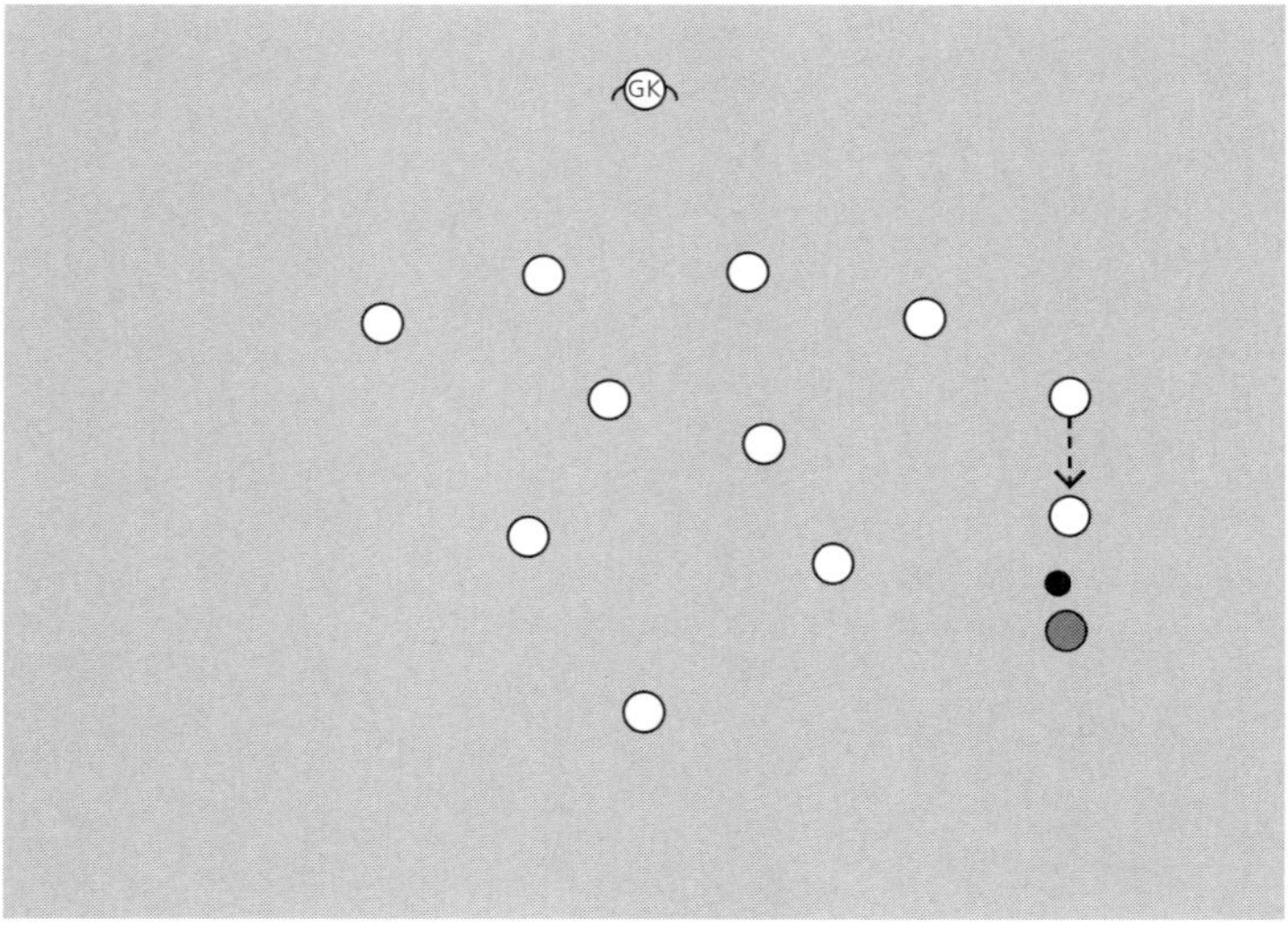

図70　ウィングバックの積極性はどうか

ちなみに、私がファジアーノ岡山に加入したときに手をつけたのがここでした。ファジアーノは3－4－3のシステムを採用し、守備のスタート時には5－2－3のように立つものの、サイドに展開されたらそのままウイングバックが二度追いするのが決まりでした。よって、本書での言い方としては5－4－1に近い守備のやり方でした。

このやり方では、前述したように、ディフェンスラインで人が余る代わりに中盤から前では人が足りません。私は積極的にボールを奪いに行くために、サイドにはウイングバックが出ていくやり方への変更を提案し、チャレンジしました。実際には時間帯や相手、エリアによって使い分けましたので、ここで言う5－4－1だったか3－4－3だったかは明確には言えないところもあるのですが。

3－4－3を相手にした時の話に戻ります。

3－4－3では5－4－1と異なり、ウイングバックが出てきます。そのことにより、3バックのチームと戦う時の定石ですが、サイドの深い位置は急所と

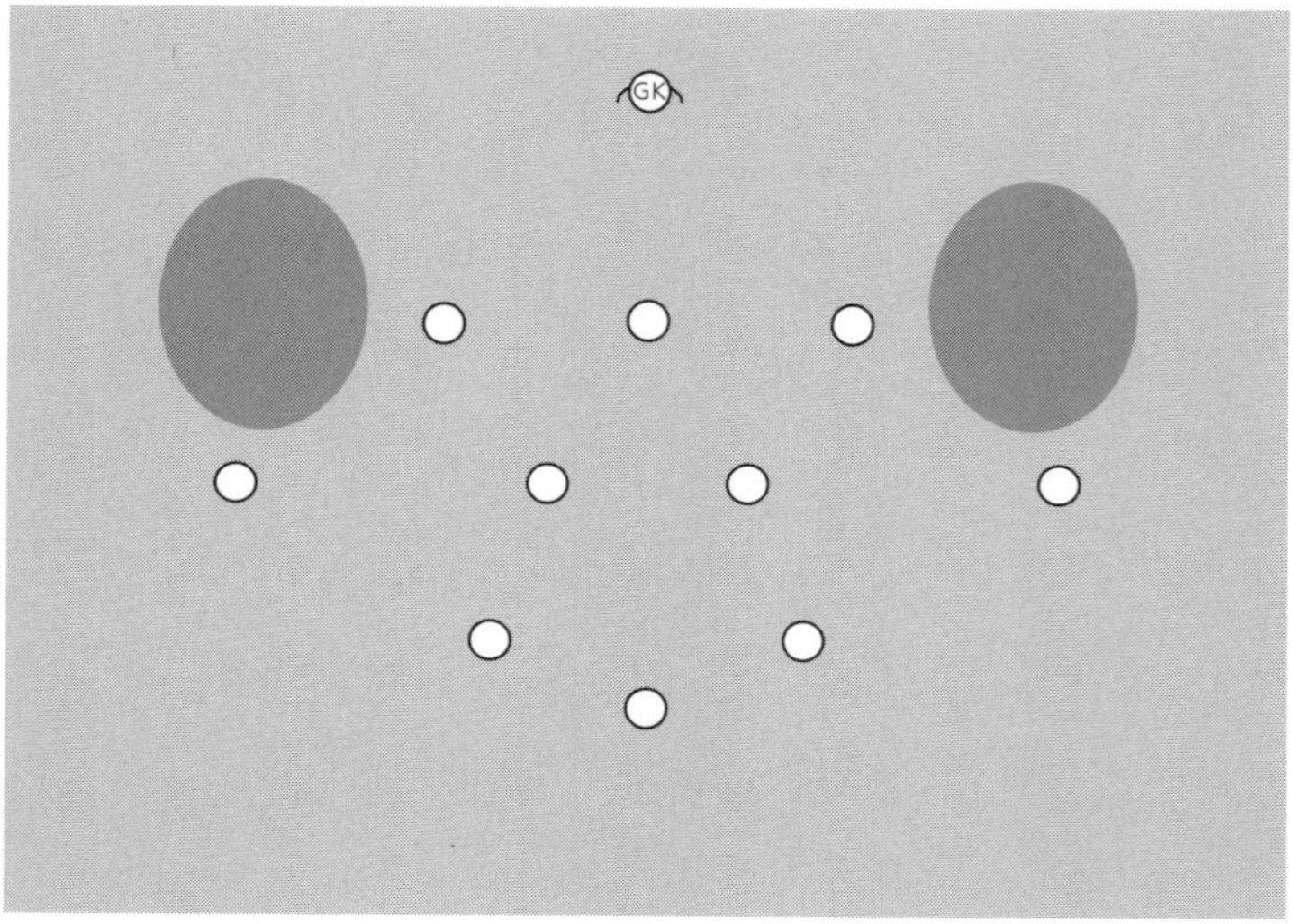

図71　ウイングバックが出てきた背後が急所となる

なります（図71）。相手はスライドで対応してきますが、そのスライドより速く正確に突いていければ、相手は嫌がるでしょう。それで相手ウイングバックが前に出てくるのを躊躇し始めれば、今度は中盤でボールを回せます。よって、相手ウイングバックが積極的に出てきて、それが厄介なら、サイドを深く突いていきながら相手の様子を見るのは有効だと思います。

逆に、あえてウイングバックを出させてしまう手もあります。その時の相手ディフェンスラインの役割を逆手に取るのです。

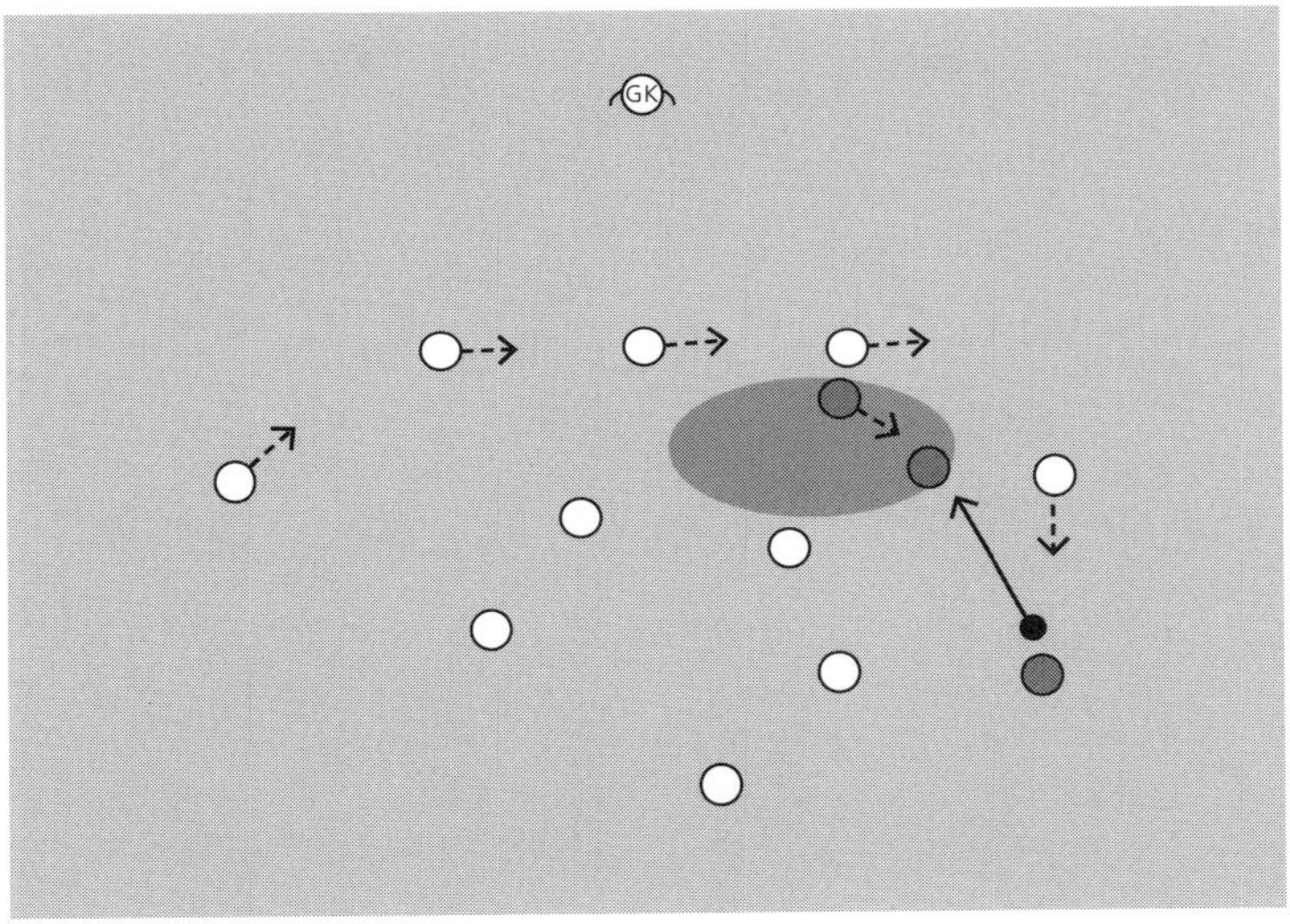

図72　ライン間のボールに対してアプローチがかけづらい

相手はウイングバックの前へのアプローチを合図にしたメカニズムが決まっています。ウイングバックが出て、その裏はディフェンスラインが大きくスライドしてきます。逆サイドのウイングバックがディフェンスラインに入り4バックのような形を形成しますが、意識のベクトルは横に向いています。そうすると、ライン間へのボールに対して、前にアプローチをかけるのが難しくなります。そこでライン間が一時的に急所となり、そこにボールを入れられれば、前を向くこともしやすくなるのです（図72）。

相手ウイングバックが出てくることを

利用して攻撃を仕掛けることができれば、その時には相手ディフェンスラインが4枚の状況で崩しの局面に入っていけます。よって、相手を押し込みたいならウイングバックを下げさせるためにもサイドの深い位置を突いていくことが有効ですが、崩したいなら敢えてウイングバックを出させた方が崩しやすくなります。

ここからは、試合の中で相手を見ながら、あるいは使い分けて相手に的を絞らせないようにしながら攻めていくべきでしょう。

大きく空いているボランチの脇を狙うのも有効

また、ポジションをずらして立っておくことや斜めの意識などは、相手が5ー4ー1の時と同様です。変わらず重要で、変わらず有効になります。

5ー4ー1と3ー4ー3の違いはわずかで、私がファジアーノでプレーした時のように、使い分けているチームがほとんどです。よって、エリアや時間帯、相手の表情やコミュニケーションの仕方などから、どちらのやり方を採用している

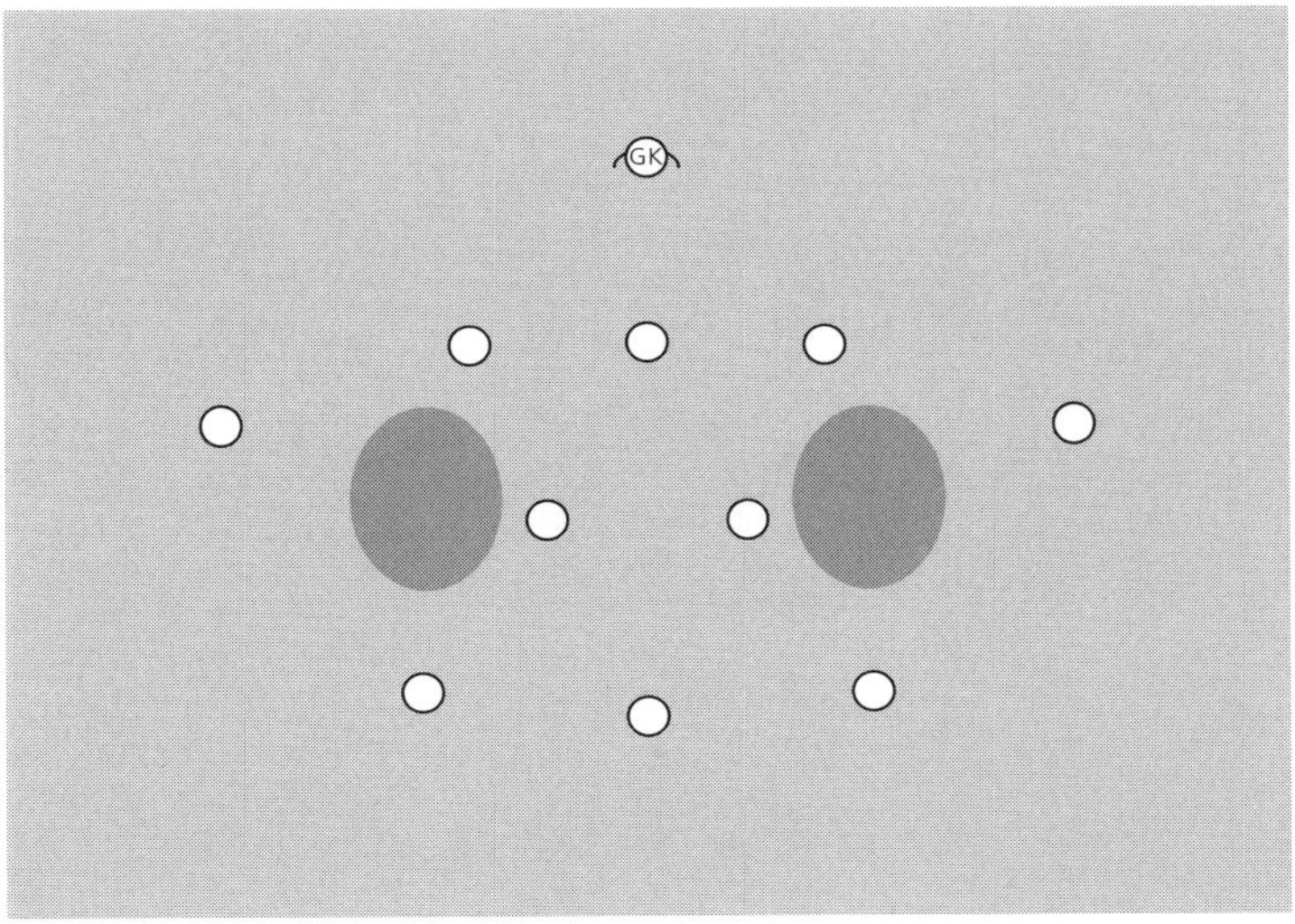

図73　3ー4ー3の場合相手ボランチの脇がより突きやすい

のか見極めておかなくてはなりません。
ポイントはシャドーとウイングバック。やり方の違いで変わる急所と、変わらない有効打を整理しながら試合を進めたいところです。

加えて、5ー4ー1から3ー4ー3になると、相手ボランチの脇はより突きやすくなり、急所と言えます。これはウイングバックを出させていない状況でも同じです。ウイングバックが出てこなければ5ー2ー3のような形になるので、ボランチの脇は大きく空いています（図73）。さらにボールを入れた時に3方向から挟まれるようなケースは少なくなるので、ボールコントロールはしやすいはずです。

ボランチ脇の急所を突くことができれば、相手はシャドーをボランチ脇に戻し、5－4－1のようになって、その急所を塞いでくることを考えるでしょう。しかし、そうすれば相手のシャドーの選手はゴールから遠いところで守備に回ることになります。そのジレンマに誘い込むことができれば、相手のリズムは失われます。

そして、的を絞らせず試合を進められたら、最終的には、5－4－1と3－4－3の急所や相手の特徴を見極めて、自分たちで相手の不得意な方に誘導して試合をさせることができればベストだと思います。

8

3－5－2におけるシステム上の急所

サイドの深い位置にボールを流し込んでまず相手の様子を見る

最近のトレンドとも言っていいでしょう。3－5－2のシステムを採用するチームが、特にドイツやイタリアで増えてきました。従来のトップ下を置く3－4－1－2とは異なります。中盤の5枚が横並びに配置されているのが最近の3－5－2です。

このシステムの守備における狙いは明確です。空いているスペースが明確だからです。5－3－2と並ぶところから守備を始め、中を固めたら相手にはサイドのスペースが見えます（図74）。サイドにボールを〝出させて〟、そこに向かって一気にプレスをかけてきます。

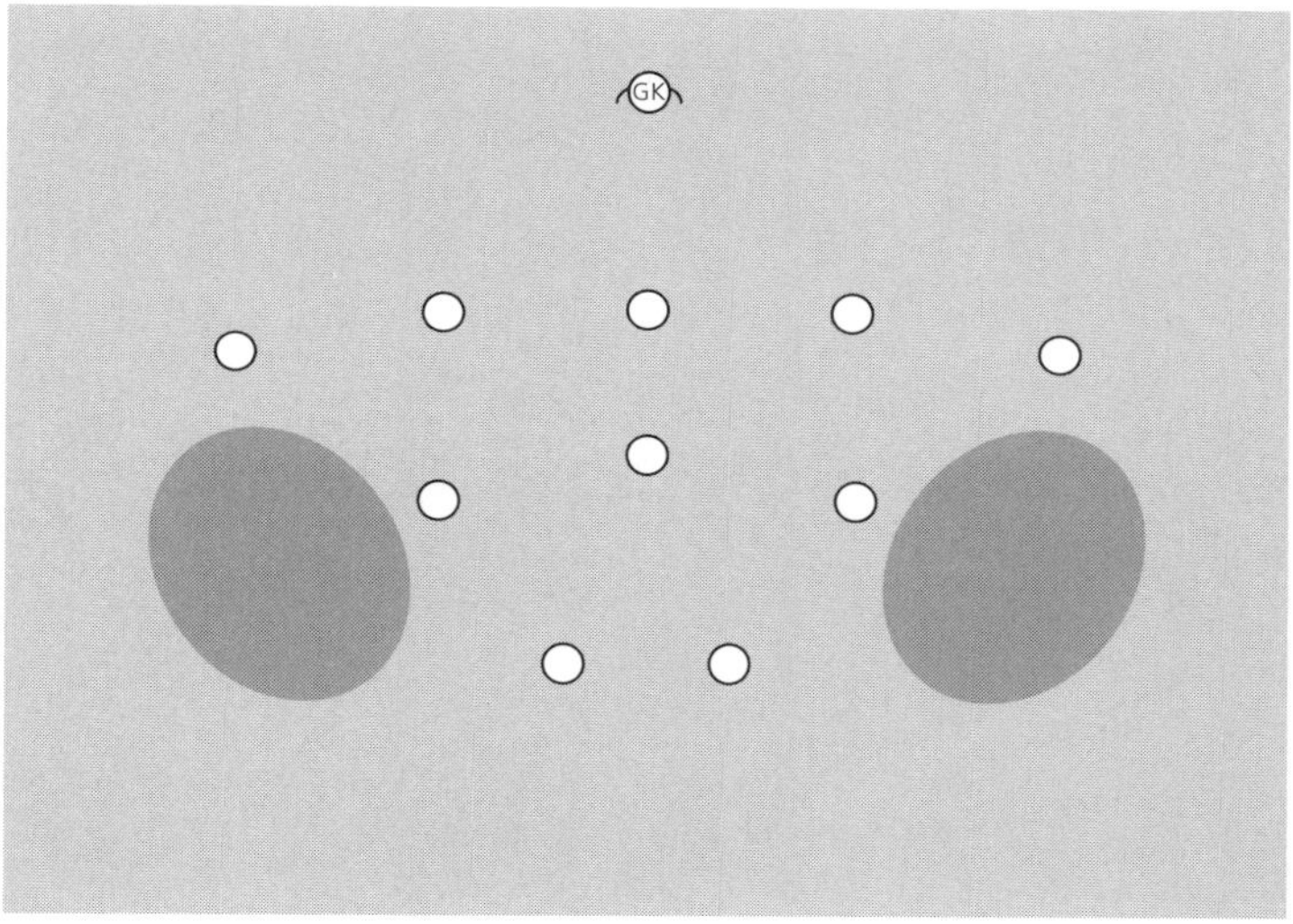

図74　中を固めてサイドのスペースに誘導してくる

インサイドハーフかウイングバックが積極的に前に出てくるのがプレスの合図です。その時に、3－4－3では空いてしまい急所となっていたハーフスペースを中盤中央の3枚で埋められるのがメリットです（図75）。2トップでセンターバックにもプレスをかけられるので、守備において狙いがはっきりつけられるシステムと言えます。

これに対するには、まず3－4－3の相手の時と同様に、早めにサイドの裏をついていくことは有効です。特に立ち上がりにシンプルに入りたいなら、相手のウイングバックを困らせるためにも、ひ

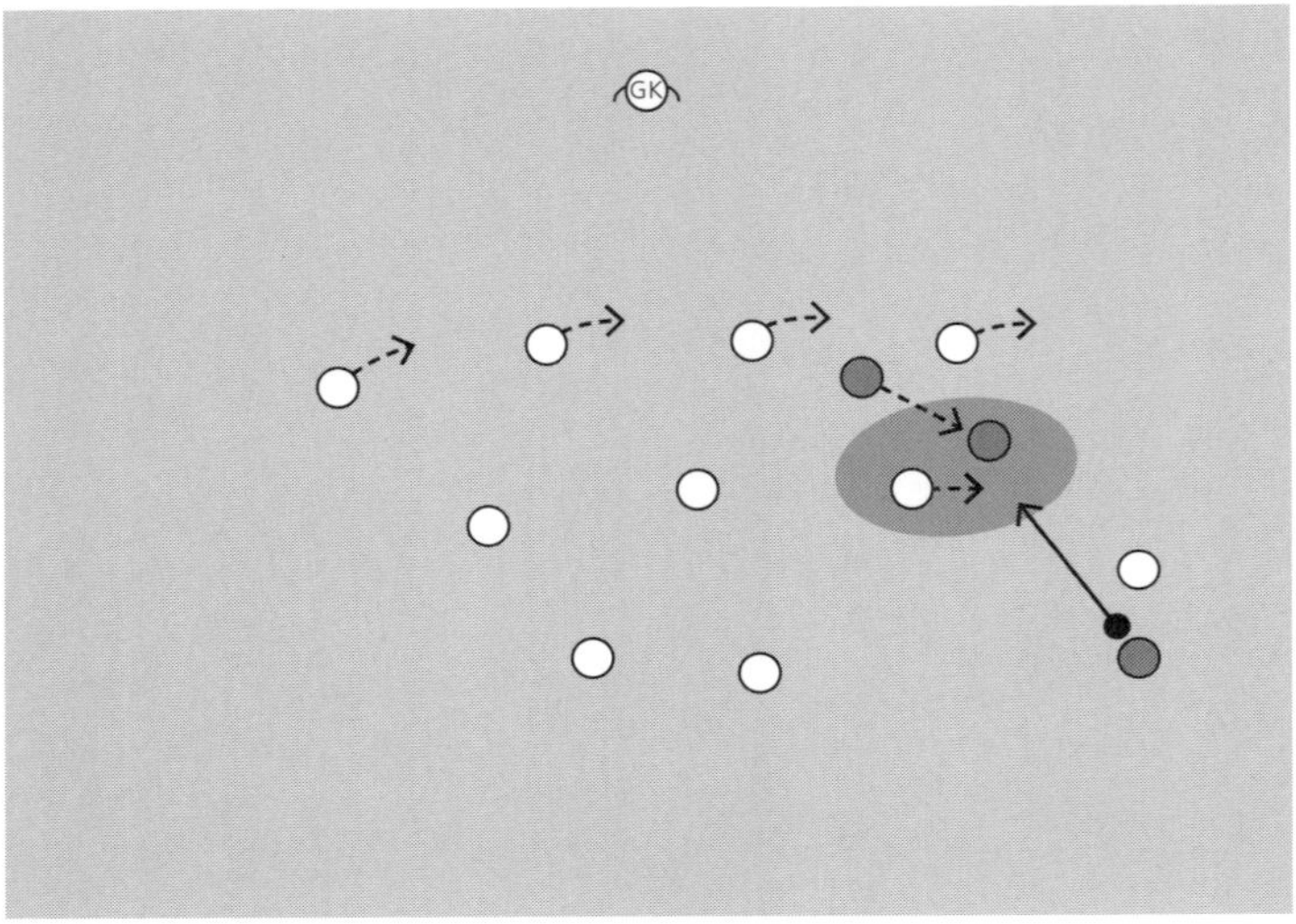

図75　ハーフスペースは中盤中央の３枚で埋められる

とまずサイドの深い位置にボールを流し込むことで様子を見ることは相手も嫌がる急所になり得るでしょう。サイドに誘導してプレスをかけたい、というのが相手の狙いなので、その相手の狙いを外してしまうのは一つの手にはなります。

ただ、それだけでこじ開けられる試合ばかりでは当然ありません。相手ディフェンスラインに5人並んだままの状態でボールを入れ込んでも、攻撃が単調になるだけで相手を崩していくのは困難です。

そこで急所として持っておきたいのがピッチ中央のエリアです。ここにボールを置くと3－5－2のチームは必ず困ります（図76）。

このシステムを採用する場合、インサイドハーフの選手に前のボールを取りに行かせたいのが大抵の考え方です。そのために、サイドに空けておいた広大なスペースを運動量と強度でカバーできる選手をインサイドハーフに配しています。そうして、全員が中央を消しながら、同じベクトルの向きでプレスに行くことができるのです（図77）。

しかし、ボールを中央に入れられてしまうとインサイドハーフの選手は出ていけません。となると出ていくならば、中盤中央の選手しかいません。しかし、中盤中央の選手が前に出ていくと、インサイドハーフの選手は中に絞らなくてはならなくなり、そのことにより、広大だったサイドのスペースはより広大になります。インサイドハーフの選手がアプローチに行く距離は伸び、さらに中に一度絞ったところから出ていくことになるために、厳しいアプローチはできなくなります（図78）。その時点で、相手の狙った守備は効かなくなっているはずです。

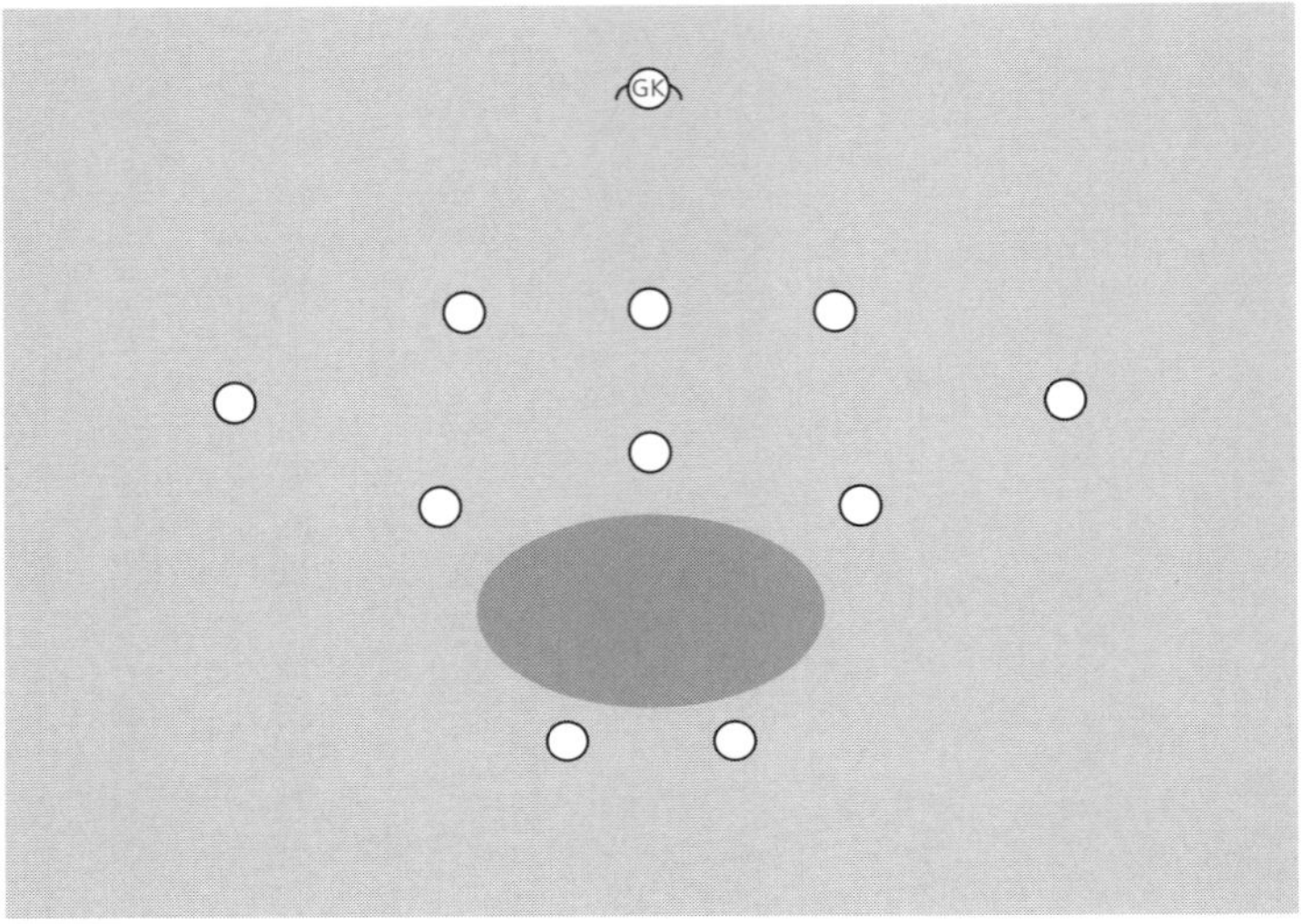

図76　相手が困るのはピッチ中央にボールを置くこと

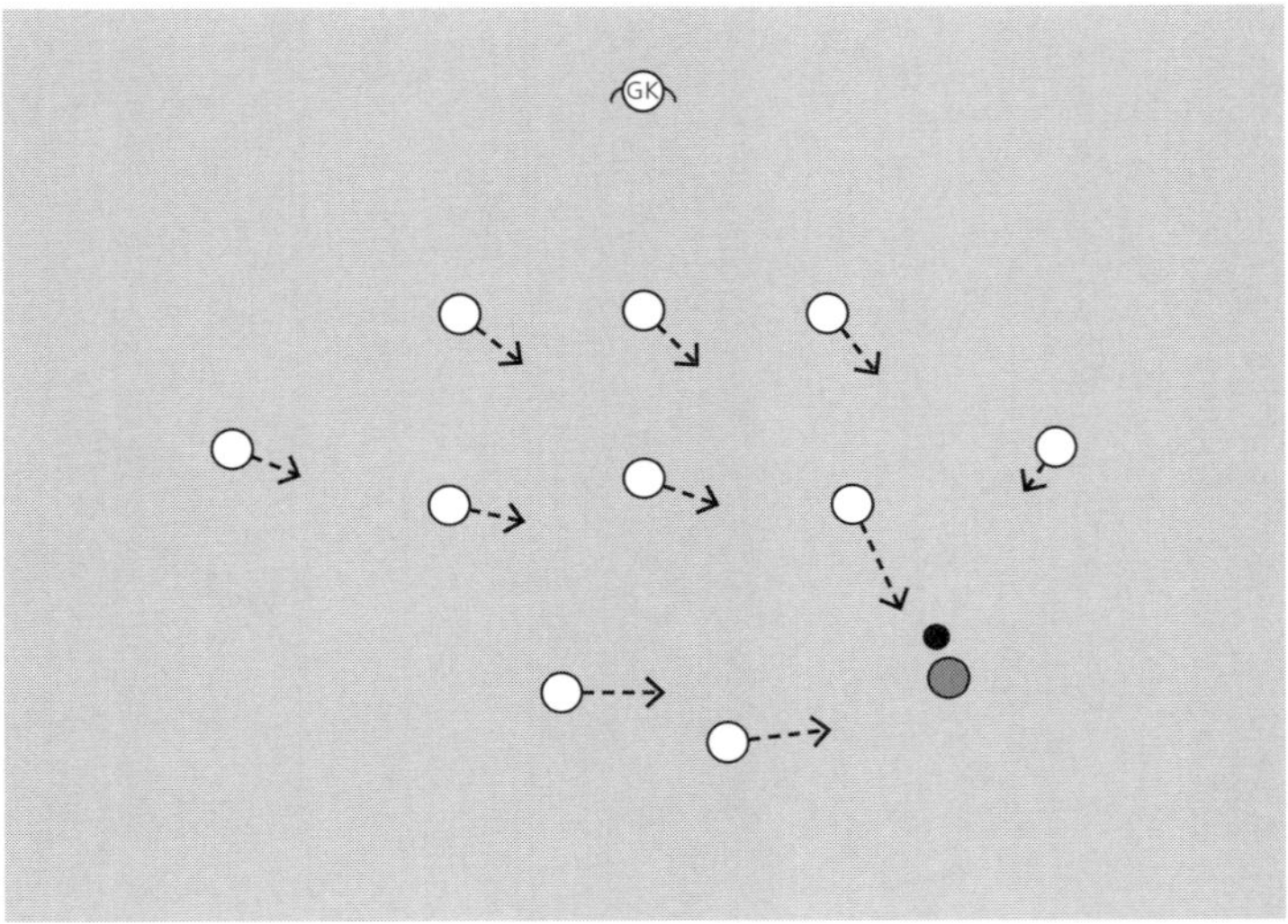

図77　中央を消しながら全員が同じベクトルでプレスできる

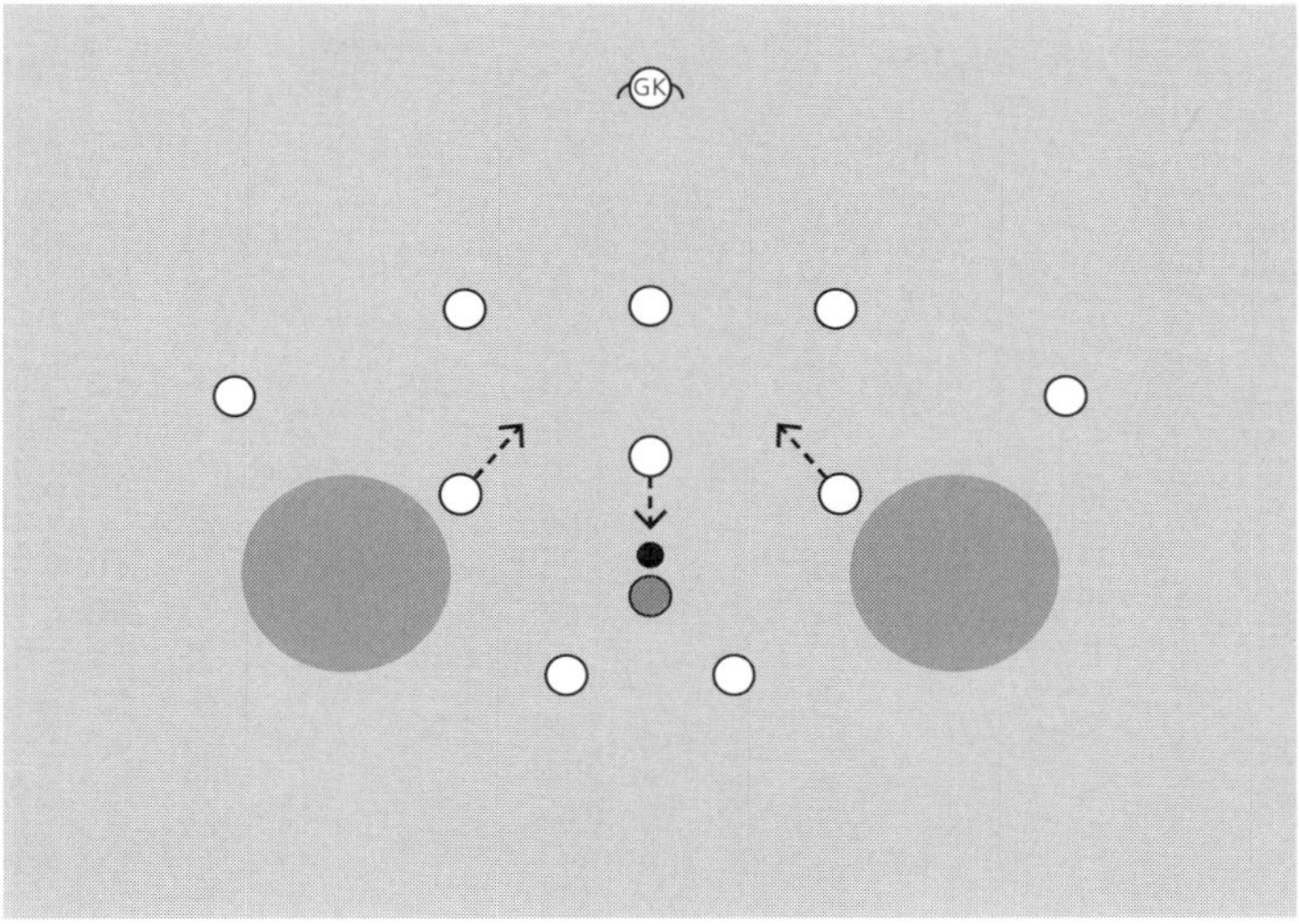

図78　サイドのスペースがより広大になる

相手のプレスを回避すべく、一度中央にボールを入れてから攻める

そのために3-5-2を採用するチームは、2トップが中を閉めたり、プレスバックをしたりする役割を与えられて、このエリアに入れさせないようにするのがほとんどです。逆に言えば、そのことが3-5-2のシステムの急所がそこにあることを表しています。

3-5-2のチームに対する時は、サイドに一度つけてからでもセンターバックからでもいいので、一度この中央にボールを入れてから攻めていくことを狙いたいです。そうすれば、相手は対応に困り、狙いは外されます。狙いを外して攻撃を仕掛けられる回数が増えれば、明確な誘導の意図がある3－5－2の守備組織には、大きな効果を発揮します。守備がはまらない感覚を覚えさせたら、その後の攻撃の糸口はどんどん見えてくるでしょう。

また、システムこそ違えど、3バックであることに変わりはないので、3－4－3の相手の時と同じように、斜めの意識が有効です。センターバックとセンターバック、センターバックとウイングバックの間を斜めに仕掛けていくようなパスや動き出しを止めずに続けていきたいです。どうしても5枚になったところにはスペースが見えづらいですが、それは相手も同じ。だからこそ生まれる隙があるのです。

ビルドアップで見ておくべき選手は3－4－3ではウイングバックとシャドーの選手でしたが、3－5－2ではインサイドハーフとウイングバックの選手になります。どちらの選手がどのくらいの高さまでアプローチをかけてくるのかをはかりながらビルドアップを始めます。

その高さを、サイドの深い位置や中央の急所にボールを入れながら操っていきます。

サイドの深い位置に入れて相手のウイングバックを下げさせる。中央の急所に入れて、相手のプレスを回避する。斜めに相手ディフェンスラインを突いて背後を意識させる。

それらを駆使して、3－5－2（5－3－2）の布陣から明確な誘導で自分たちの土俵に乗せようとしてくる相手に乗らないことが重要になります。

EX

良いポジションも動き出しも判断も「相手を見て」決める

空いたスペースも相手が知らせてくれる

システムの急所を把握して試合に入ったら、少しずつ相手を見ていきます。相手を見ながら、見つけていくのはスペースです。そして、「空いたスペース」も相手が知らせてくれます。

正確には、〝相手のベクトル〟を見ながらプレーすることが重要です。

そもそも「スペース」とは相手がいないエリアのことを言います。どれくらいの広さをスペースと言うかはそれぞれの考えに任せるとして、大なり小なりスペースを見つけるためには相手のベクトルの向きを把握しながらプレーすることが必要です。

ベクトルの向きとは、相手が動き出した方向です。前に行こうと動き出した相手の後ろがスペースとなり、右に動き出した相手の左がスペースです。よって、スペースとは、味方を見ているだけでは見つけられません。

例えば、4―4―2で守備をする相手のフォワードの一人がプレスに来ると、大きなベクトルを前に向けてくることになります。このとき、その背後ではスペースができます（図79）。

そこにボランチの選手が顔を出せば、それを見た相手のボランチの選手は、前に大きなベクトルを向けてチェックに来るでしょう。そうすると、その選手がいたエリアが新たにスペースとなります（図80）。

さらに、そのことで空いたスペースにフォワードが下りてボールを受けようとすれば、相手のセンターバックが前にベクトルを向けて出てくるでしょう。その場合はその背後であるディフェンスラインの裏にスペースを作り出すことができ

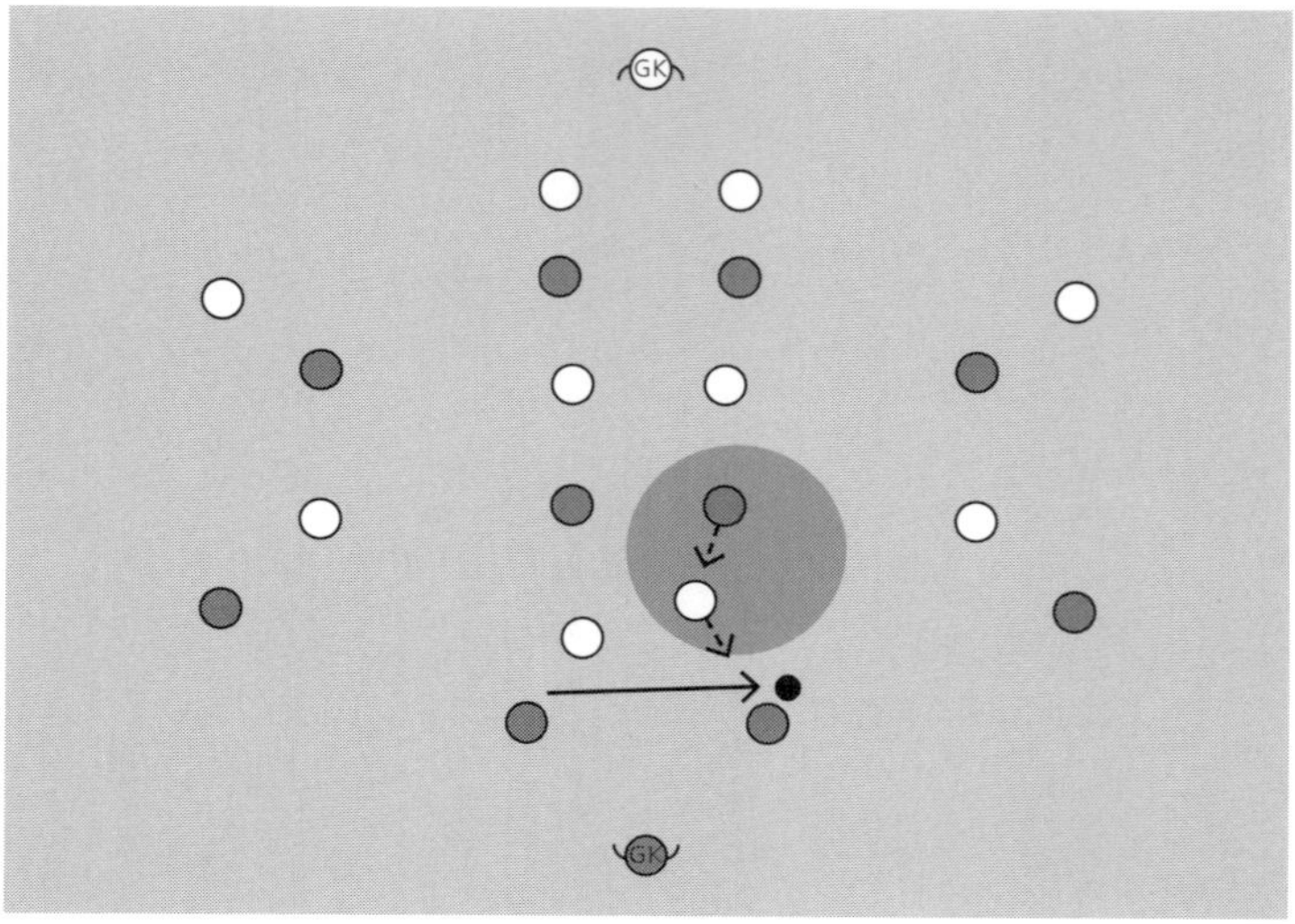

図79　プレスに来たFWの背後にできるスペース

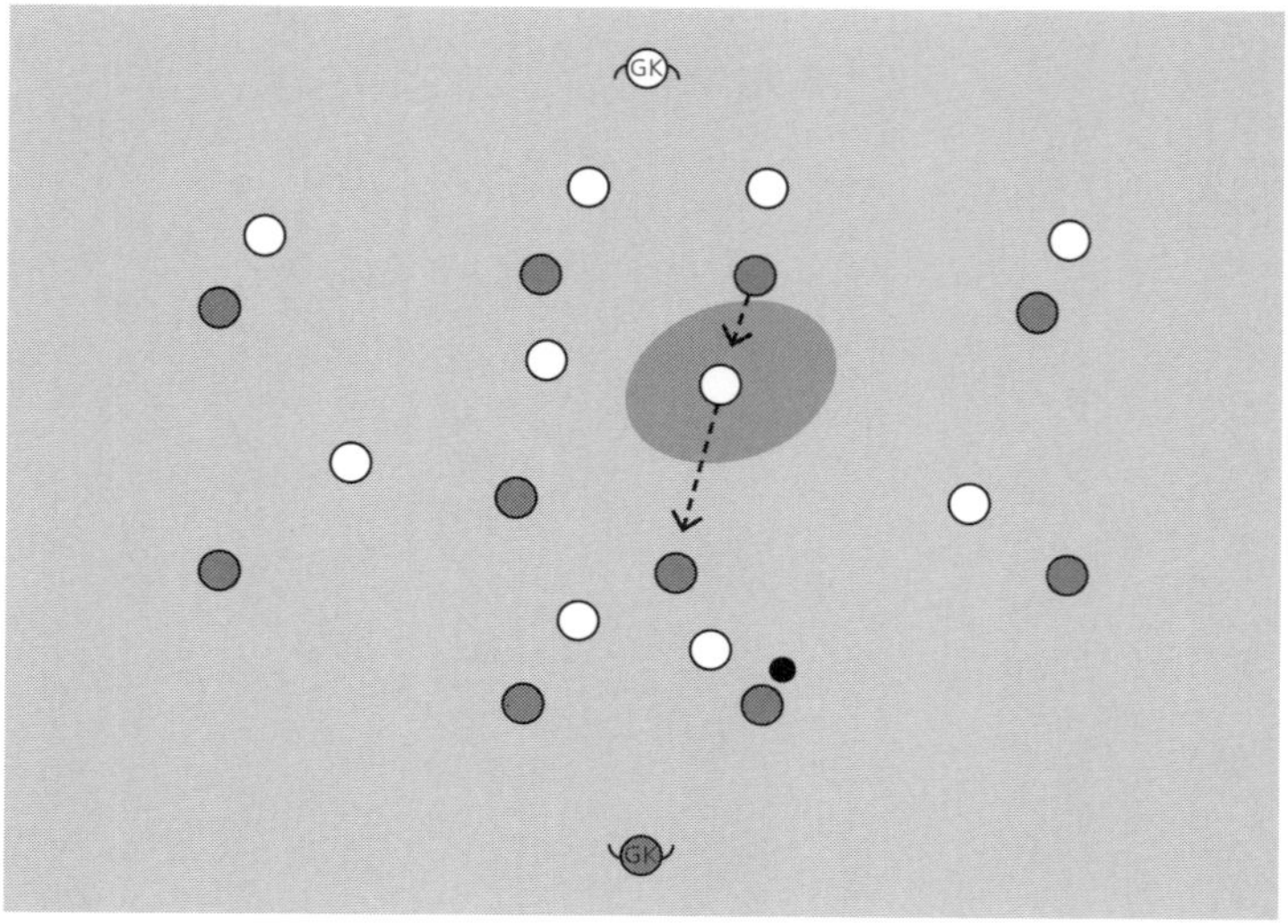

図80　釣り出したボランチの背後にできるスペース

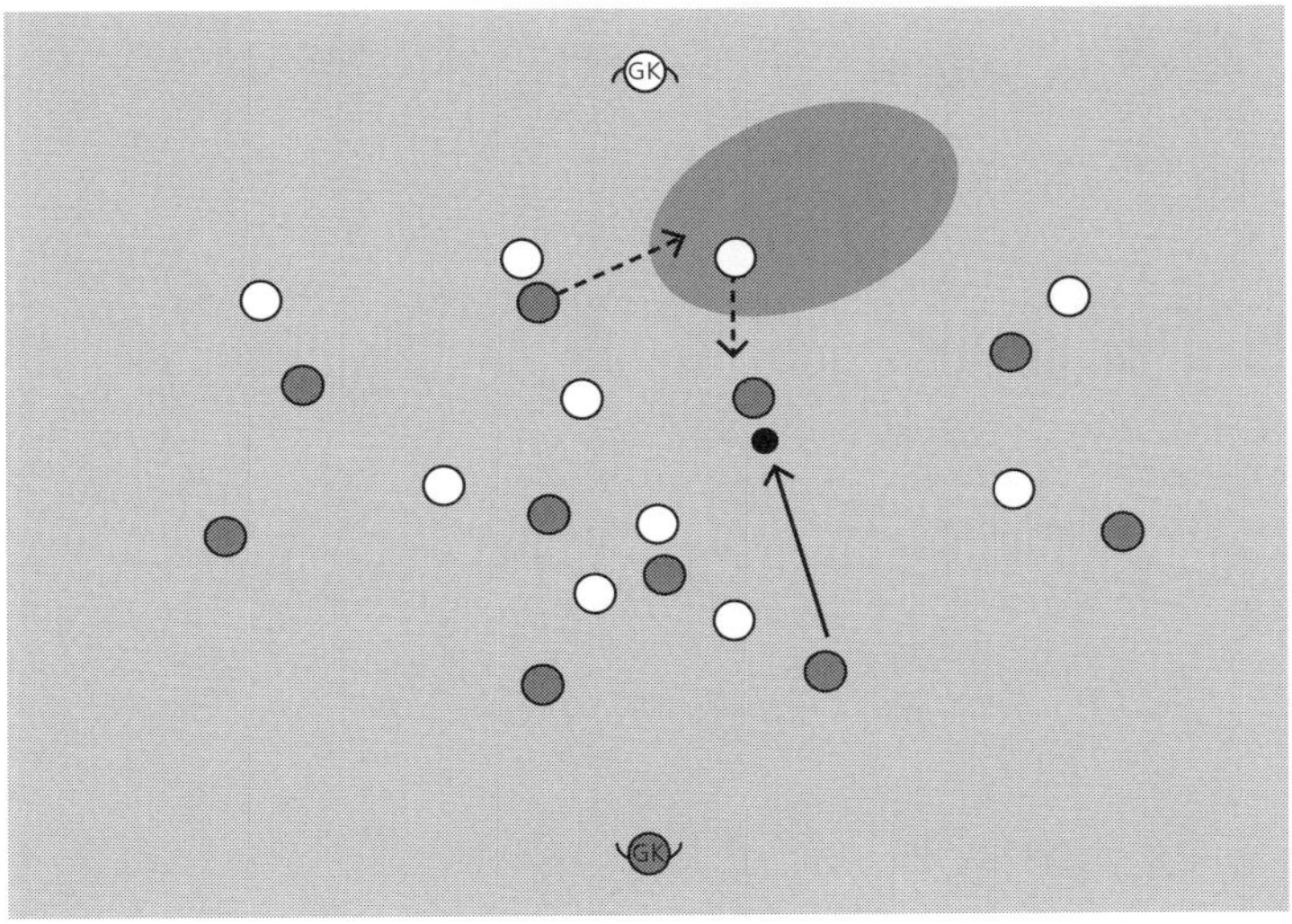

図81　釣り出したCBの背後にできるスペース

ます（図81）。

もちろん、この3シーンのいずれかで、相手が出てこないで、前にベクトルを向けてこないようなら、自ら持ち運んだり、ターンしたりすればいいわけです。つまり、全て、答えは相手（のベクトル）が教えてくれるのです。

これはボールをつなぐ局面での話ですが、第一章でも書いたように、ゴールが近くなっても見るべきは相手のベクトルです。スペースが格段に狭くなりますが、同時にゴールはすぐそこになります。大きく相手のマークを外す必要はなく、シュートを打つだけのスペースと時間を確保すれば良いのです。ほんの少しでも相手のベクトルの逆をつき、ボールを呼び込むことができれば、それで充分なエリアになってきます。

よって、考え方は同じです。

相手に対して良いポジションを取り、相手のベクトルの逆を取る。その繰り返しを各選手ができていれば、相手が自分たちを捕まえきれるはずがないのです。

そこからは、「判断」とか「技術」とか「フィジカル」とか様々な要素も関わってくるので、サッカーをする上で難しいのはむしろそれらの部分でしょう。そして、それは選手である以上、いつまでも追求していくべき課題たちです。

ただ、そこに目を向ける前に「相手を見る」ということをぜひ理解してほしいと思います。良いポジションも、良い動き出しも、良い判断も全て、相手を見て決まるものです。相手を見て、相手を出し抜いていくプレーを自分（たち）のサッカーにしておくこと。常に相手を意識した「自分たちのサッカー」であってほしいものです。

Column 2

なぜ4-4-2は主流であり続けるのか？

勝負を決めるのはシステムでも戦術でも監督でもない

（初出：フットボール批評22　2018年11月号）

4-4-2が主流であり続ける理由

サッカーの守備戦術とは、アリーゴ・サッキが〝革命〟を起こした80年代後半から、ずっと4-4-2を基点にして語られているように見える。サッキが考案した「ゾーンプレス」という守備方法が一気に広まり、サッカーはより速く、より緻密に変わっていった。

ペップ・グアルディオラの出現は次なる〝革命〟といえる。攻撃か守備かという二極化された考え方を一刀両断し、「攻めるための守り」、「守るための攻め」であることを強烈に表現した。それにより、「どこでどのようにボールを奪うか」と「どこからどのように攻撃をスタートさせるか」が一緒くたに考えられるべきものとなり、攻守の切り替わりはどんどん速くなっている。もはや攻守の境目はなくなってきていると言っていいほどだ。

この枠組みの中で様々な戦術が考えられてサッカーの歴史を作っているが、結局は「なんだかんだでやっぱり4-4-2」か「4-4-2以外」で大きく2つに分けられると思う。歴史は常に繰り返されていくもので、個人的には皆がこの2つを行ったり来たりしているように感じるのだが、それほど4-4-2はベーシックで合理的なシステムと言える。

特に、昨シーズンのバルセロナが4-4-2を基本システムとして採用したり、今シーズンのグアルディオラ・シティが（攻撃時には変形するものの）守備時に4-4-2のような形になる戦い方をときに採用したりしていることは象徴的だ。チームとは生き物で、常に変化に対して敏感に適応していかなくてはならないが、そのために持つ1つの手立てとして4-4-2はいつも皆の選択肢となるということだろう。

ロシアW杯でもたくさんの国が4-4-2の守備体系を採用した。ここ最近のW杯では、これほどまでに4-4-2が採用されていた印象はなく、ことW杯においては「なんだかんだでやっぱり4-4-2」に戻ってきたように感じた。

日本代表もそうだったが、攻撃時や自陣での守備においては4-2-3-1を採用している場合でも、守備のスタートは4-4-2で始めている国が大半だった。4-1-4-1（4-3-3）や3バックはW杯に限っては減ってきたと思う。

その要因として挙げられるのは、まず、相手のビルドアップに対してツートップでプレッシャーをかける必要性が高まってきたことだろう。センターバックやゴールキーパーから意図的にボールを動かしていくことが〝当たり前〟となってきている現代サッカーでは、ビルドアップのスタート地点に規制をかけなくては簡単に自陣への侵入を許してしまう。

さらに、前線が一枚だと、センターバックからボランチへのパスコースを遮断することができないため、ピッチ中央のセンターサークル付近で、配球に最も優れた相手選手（ボランチ）に自由にボールを持たれてしまう。その状況では、意図的に誘導してボールを奪うことは難しくなり、ボールを奪う場所を定められない＝攻撃のスタート位置を定められない、となってしまう。

そのためのツートップ、そして残りの8人をどう配置するかというところで結局、4人を2列に並べる4-4-2が最も合理的で簡単なのだ。

さらに、時間的制約の中で選手たちに最も早く守備の原則や約束事を落とし込みやすいのが4-4-2の利点で、短期決戦のW杯で多くの国に採用されたもう1つの大きな理由だろう。

　サッカーはどんどん高速化している。プレスの強度は高まり続けていて、プレーする選手に求められるのは瞬時に状況を把握し、判断を下して、それを素早く正確に実行する能力だ。そうなると、練習の中で日々その能力を高めていくことが必要となる。チームとしてのやり方云々にかかわらず、結局は「相手のプレスが早い」か「自分の判断が早い」かで勝負は決まるので、ピッチの中ではクリアな頭で「プレスか、判断か」の瞬間に立ち向かわなくてはならない。

　守備側としては、相手に判断させる時間とスペースを与えないことが求められるので、一瞬たりともプレスにいくタイミングを逃してはいけない。そのときにタイミングを計る決め手となるのが、守備の原則や約束事だ。

　4-4-2のゾーンプレスは、この守備の原則や約束事がシンプルで、かつ、ポジションによって大きく変わるものがない。そもそもがピッチを均等にカバーして立っていることから、「ボールを中心に、全員で距離を保ちながら移動し、ボールに近い選手がプレスに行ったら横の選手がそのスペースを埋める」という基本的な約束事を全員が遂行していれば、それでほとんどのことが事足りてしまう。

プレスに行く方向もゴールを背にしてそのままボールに対してアプローチをすればいいし、チーム全体でどこかに誘導したり、ポジションによって決まりごとが変わったりするといった複雑なものがほとんどないので、時間がない中でのチーム作りを考えたときに、4-4-2でひとまずチームを作るというのは妥当な考え方だろうと思う。

「4-4-2以外」の共通点 いかにパスルートを誘導するか

これが、チーム作りにより時間をかけられるクラブチームとなるとまた話が変わる。実際、ヨーロッパチャンピオンズリーグや各国のリーグ戦を見ると、ベーシックな4-4-2はむしろ少なくなる。

これは、短期でチームを作るわけではないことで、より細かく守備の原則や約束事を設定する時間があること。そして、長丁場のシーズンを戦っていく上で「相手が慣れていないやり方」を作っておきたい考えが根底にあるように思う。

前述したように、現代サッカーでは判断するための時間はどんどん限られている。クリアな頭で、瞬時に状況を把握して、判断を下し、実行する。そのために練習の多くは組み立てられ、選手たちは日々の習慣の中でコンマ何秒を突き詰めていく。

これは言うなれば、すべて「慣れ」を作ることだ。判断の瞬間には悠長に頭で考えている時間など許されず、ほぼ反応でプレーしていかなくてはならない。それには「全く同じ場面はない」としても「同じような場面」を何度も経験していることが大切だ。その状況を繰り返し経験し、慣れることで、習慣化されたプレーが瞬時の場面で出てくる。

逆から捉えれば、慣れていない状況に誘い込むことが有効になる。そのための守備体系の構築が「4-4-2以外」のシステムを採用するメリットだ。「4-4-2」はどんな練習においてもあまり変わらない守備原則を基に作られるので、4-4-2に対する判断はある意味、選手たちは慣れている。つまり、相手が慣れていない状況を意図的に作り出すための「4-4-2以外」であり、それは特に高い位置でのボール奪取において効果を発揮する。

「4-4-2以外」のシステムに共通するのは、相手のパスルートの誘導だ。

「4-4-2」では基本的にバランスよく配置したところから、選手たちは「ボールを取りにいく」判断をしたら、自チームのゴールを背にして、〝正面〟からボールにアタックにいく。パスルートを誘導する意図はそれほどなく、ボールホルダーにプレッシャーをかける→連動する、を繰り返す中で相手をゴールに近づけさせないように守る。そして、基本は外に追い込み、タッチラインと挟み込むようにしてボールを奪う。局面において「右からいく」「左からいく」というのは場面によってはあるものの、それらもチーム全体というより、周辺のグループ、あるいは個人で判断していくのがメインとなる。ピッチ全体に均等に配置されていることが4-4-2のメリットであるわけだから、どこか一ヶ所に狙いを定めるというより、全体にレーダーを張り巡らせるイメージだ。

一方、「4-4-2以外」では、もう少し明確に〝チームとして〟パスルートを誘導していくのが基本だ。特に、ボールを動かすメカニズムが明確化してきた現代では、人を並べてそこで待ち受けるだけではボールを奪えなくなっているので、いかにパスルートを誘導してボールを奪うか（=誘い込んだところから攻撃を始めるか）が重要になっている。

例えば、リバプールは4-3-3の布陣を採用しているが、全員が同じ方向からプレッシャーをかけるわけではない。両ウイングのサラーとマネは多くの場合、外（サイドバック）へのパスコースを切るように立ち、3人のセントラルミッドフィルダーが待ち構えるピッチ中央に相手を誘導していく（図82）。相手がセンターバック→サイドバックとオーソドックスに慣れたパスルートを選択するのを防ぎ、センターバックからボランチにパスを出させるのがチームとしての狙いだ。

センターバックからボールを受けるボランチの選手は、だいたい〝後ろ向き〟でボールを受けることになる。自陣で攻撃方向に背を向けてボールを受けるのはサッカーにおいては非常に危険な状況だが、リバプールと対戦したチームは、ビルドアップをしようとすると、その状況に否が応でも誘導されてしまう。

そして、リバプールのような強いチームの本当の罠は〝その後〟にある。

当然ながら、リバプールに対峙する相手も最初の誘導には気づいているはずだ。そこで考えるのは、リバプールの中盤の3枚の外側にセンターバックかボランチから素早く展開していくこと（図83）。もしくは、中盤3枚の前後で段差を作り、ライン間でスペースを作り出すことだ（図84）。

しかし、リバプールはそのための対処として、中盤の3枚が安易にワンボランチの形にならず、横並びに配置して、真ん中の選手にも前にプレスにいくタスクを与えている（図85・86）。ベースとなるのは彼らの運動量とインテンシティなのだが、中盤3枚の外、前後を使われた場合のメカニズムも二段構え、三段構えで用意されているのだ。

結局、ここから先は〝プレスが早いか、判断が早いか〟、の勝負になる。チームとして狙いを定めたら、ボールを奪うのは選手個人だ。

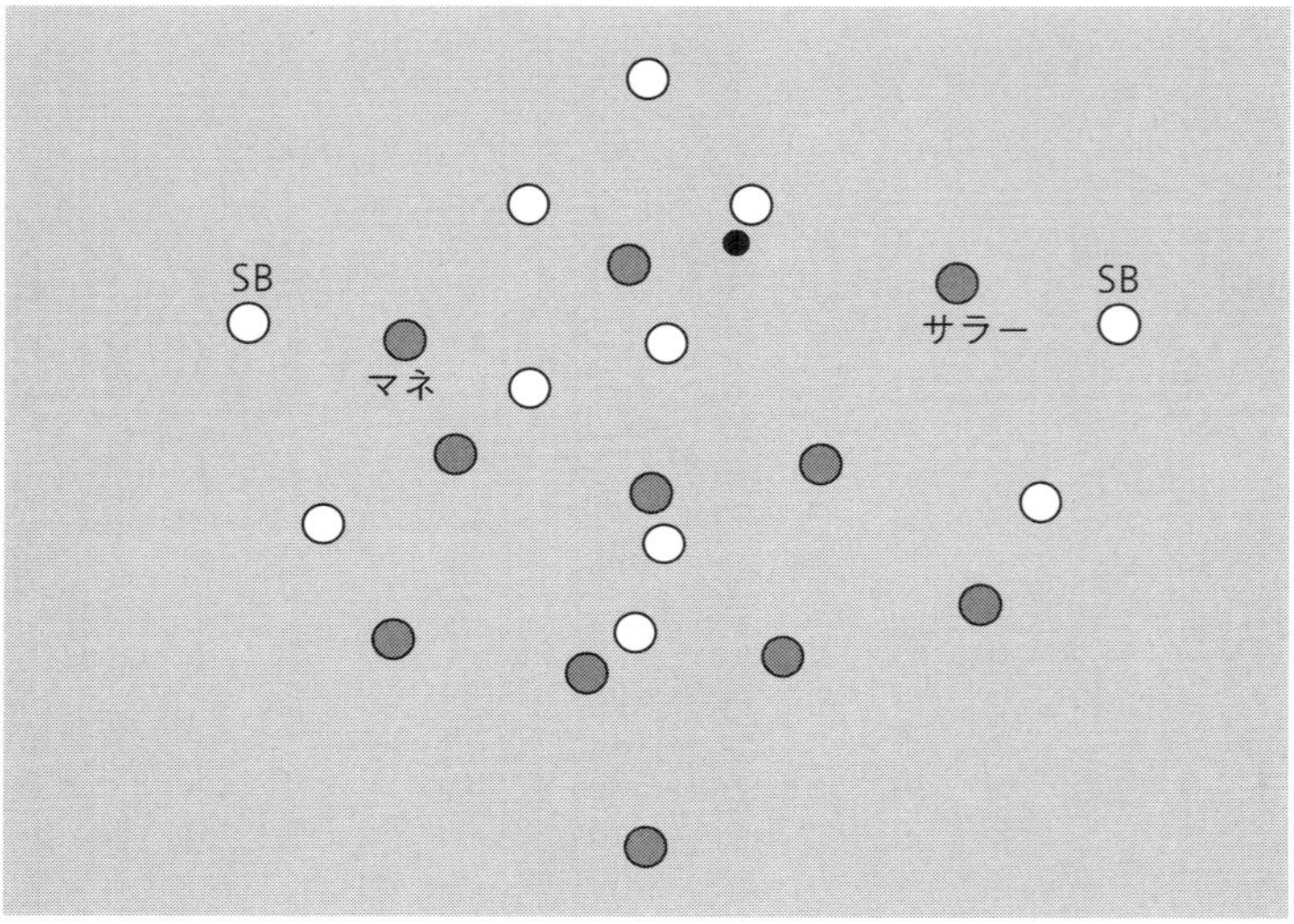

図82　両ウィングは相手をピッチ中央へと誘導する

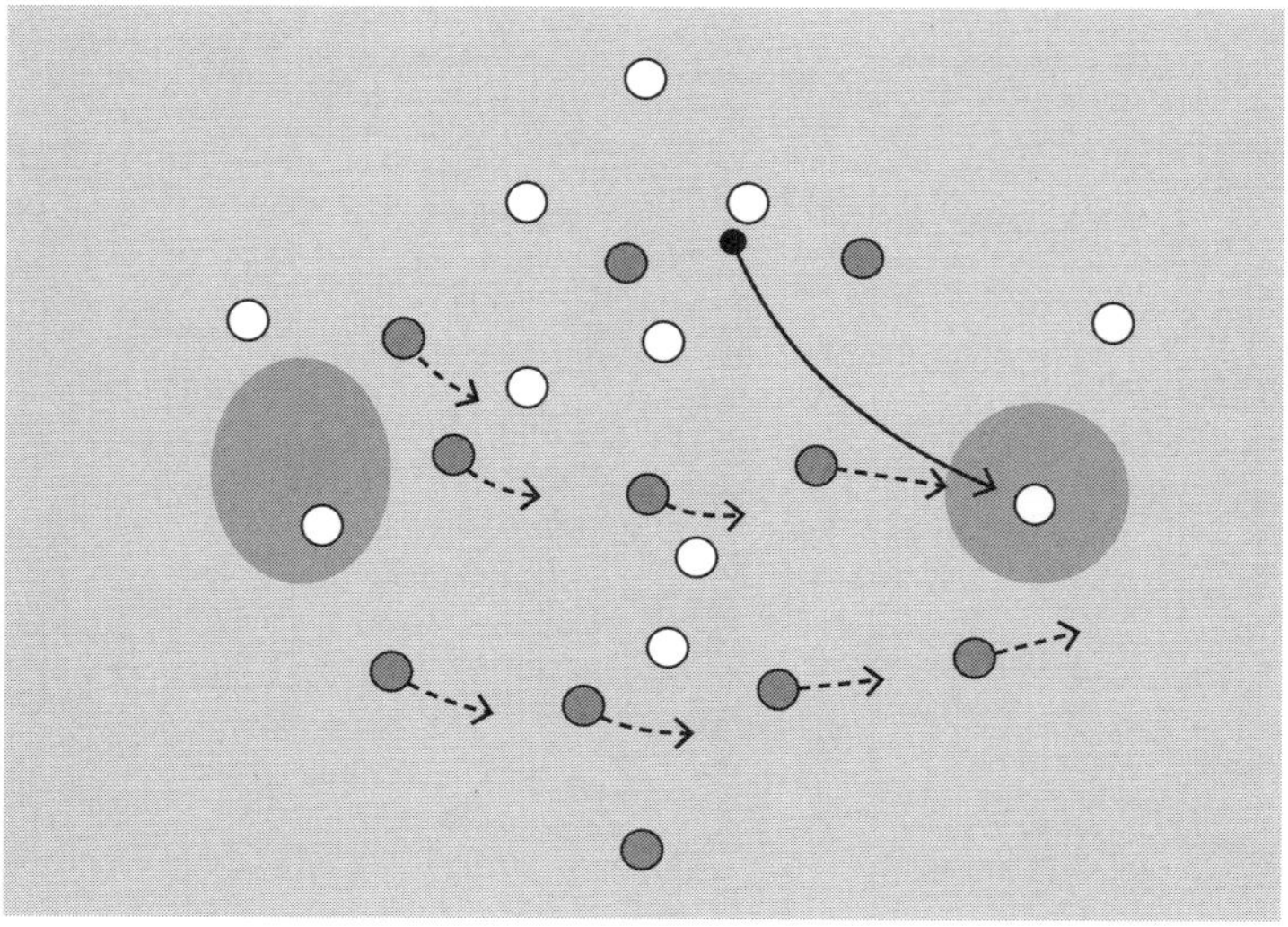

図83　狙うのは中盤3枚の外に素早く展開すること

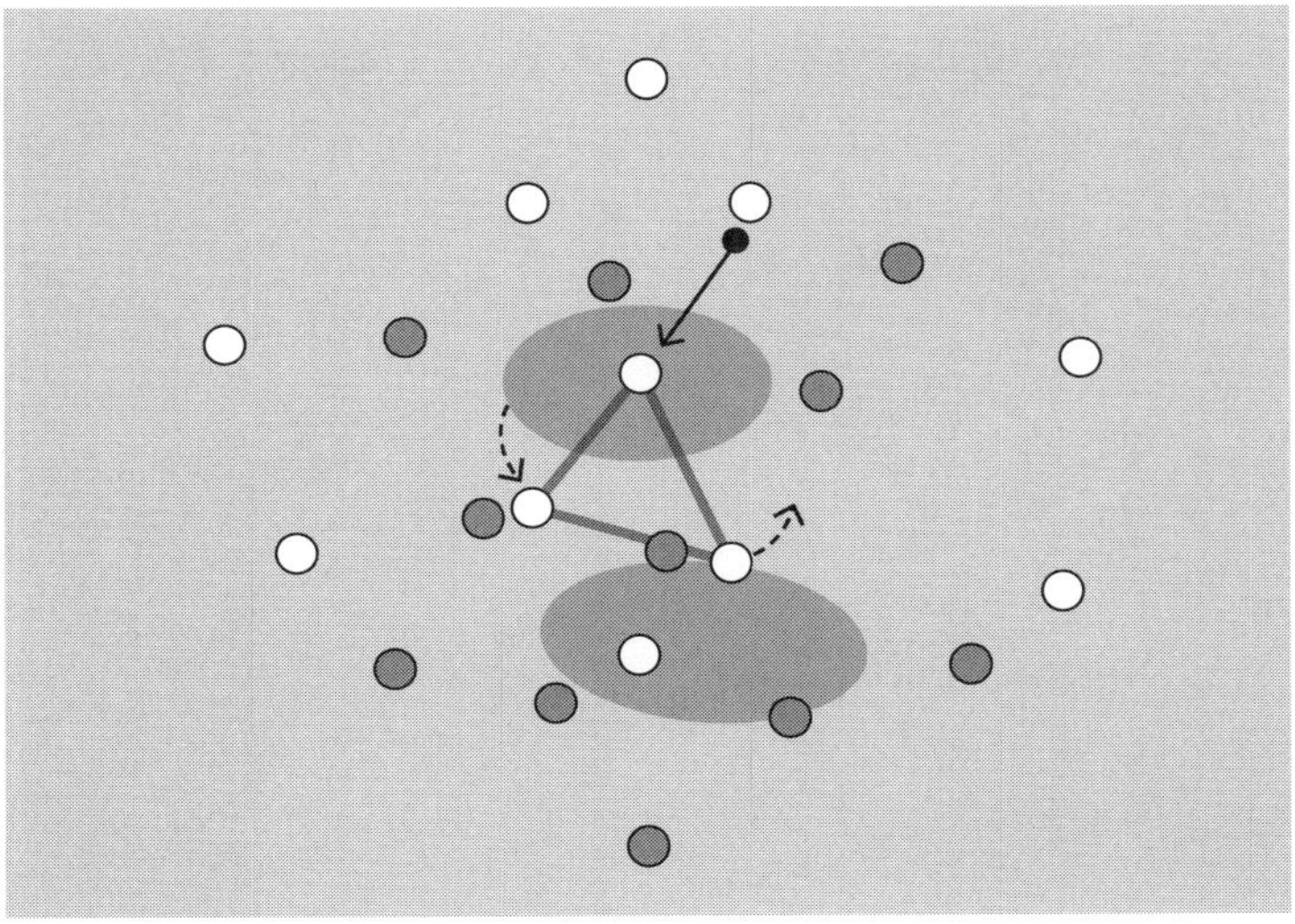

図84　中盤3枚の前後で段差を作ってライン間にスペースを作る

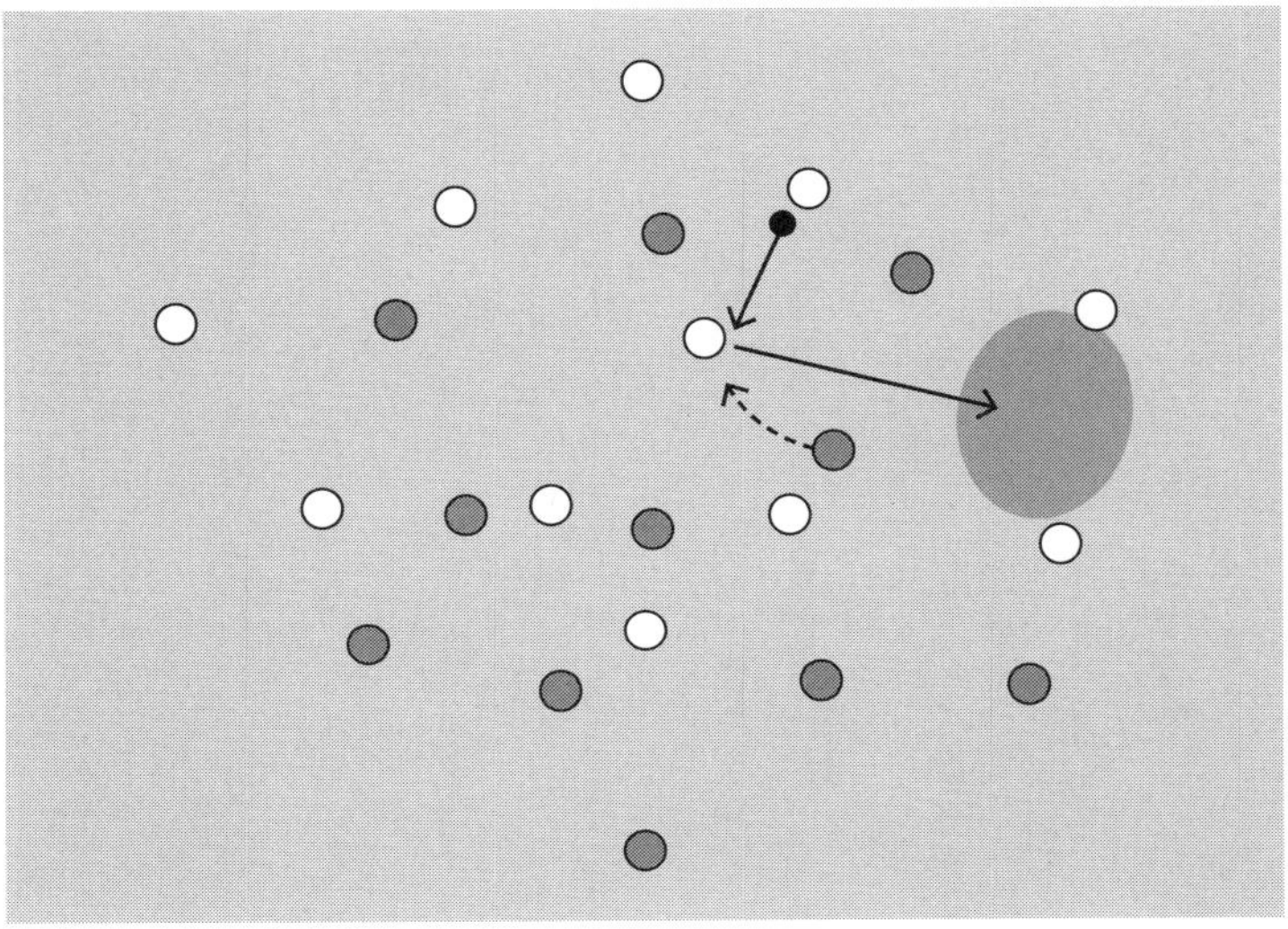

図85　中盤の3枚は安易にワンボランチにならない

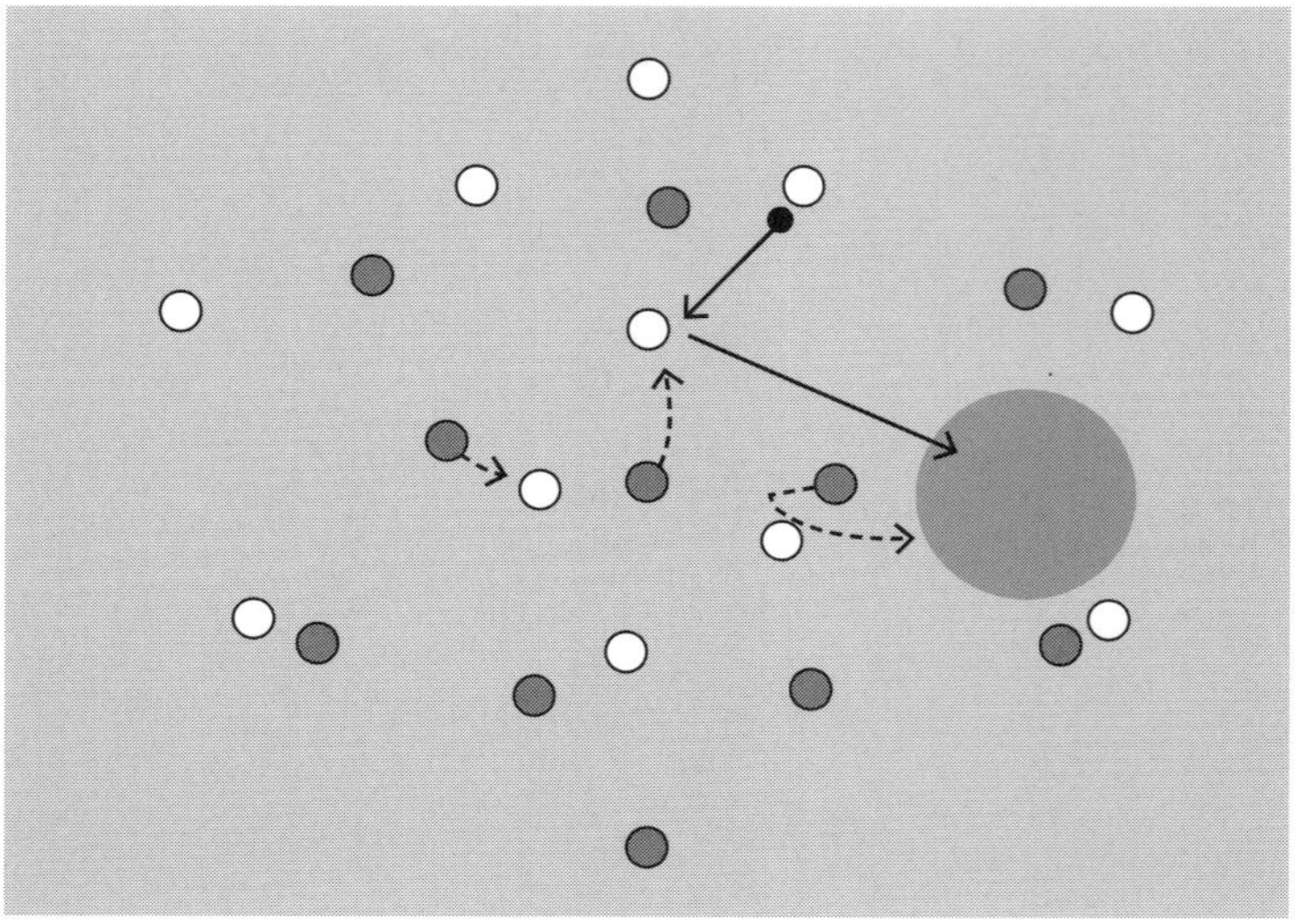

図86　中盤中央の選手も前にプレスにいくタスクがある

早いのは「プレスか、判断か」

ここ最近、特にクラブチームで採用されることが多くなっている3-5-2のシステムも面白い。3-4-3と併用されることも多いが、ドイツの新進気鋭の若手監督、ナーゲルスマンとテデスコが3バックを好んでいることは興味深い。

「4-4-2以外」で以前多かった3バックはトップ下を置く3-5-2（3-4-1-2）だったが、最近の3-5-2で多いのは3-1-4-2だ。

このシステムもパスルートの誘導が明確だ。

守備のスタートは5-3-2。先ほどのリバプールの4-3-3とは逆で、ボランチにボールを入れさせないのが守備のはじめの一歩だ。

5-4-1（3-4-3）では守備のスタートで前線が一枚になってしまうため、前述したように意図的な誘導がしづらい。しかし、5-3-2であれば、2枚で相手センターバックに規制をかけられるので、相手は簡単にボランチにパスをつけられない。相手センターバックに見えるスペースは自ずとサイドに限られるので、ほとんどの場合、外（サイドバック）への選択をすることになる。

その時に以前の3バックと異なるのは、ウイングバックの選手がかなり長い距離をスプリントして相手サイドバックまでプレッシャーに出てくるということ。後ろにいる相手のサイドハーフ（ウイング）の選手には3バックがスライドして対応し、前に出てくることを決して恐れない。

恐れないのは、チームとして誘導するパスルートが明確だからだ。

出てきたウイングバックは縦方向からプレッシャーをかけ、内側に誘導していく。内側にはツートップと

３人の中盤の選手が待ち構える。相手が困ってセンターバックやゴールキーパーにボールを下げたら、そのままツートップがプレスをかけていくのが、チームとしての〝１つ目の狙い〟だ。

ここでも、誘導に対する相手の考え方を想像する。

サイドに誘導されるのは仕方がない。あえて食いつかせることが多くなるだろう。狙いどころは２つ。１つは後ろのパス回しのテンポを速くして、相手のスライドを少しでも遅らせる。そのことで、ウイングバックが食いついてきた裏をセンターバックがスライドしてくる前に使ってしまうこと。もう１つは〝中盤のサイドチェンジ〟を意図的に増やし、二度三度とスライドさせているうちに戻りが間に合わなくなるウイングバックの背後をついていくことだ。

このときの対処法としてナーゲルスマンやテデスコが考えているのは、チームとしてスライドの早さ、意識を高めること。つまり、サイドを変えられたり裏を突かれたりしたら下がる、という従来多かった３バックのやり方ではなく、そのまま何度もスライドを繰り返していくということだ。

確かに、従来多かったやり方では、サイドを変えられると結局5バックとなり、プレッシャーがかけられなくなってベタ引きになる。それでは本末転倒。このやり方のメリットは出てこない。そのための選手に与える指示も明確だ。(想像だが) きっと選手たちには相手のサイドバック↓ボランチ↓逆サイドというパスルートを消すようにタスクを与えているはずだ。同じサイドチェンジでもセンターバックを経由するサイドチェンジにはスライドの早さで対抗できる。しかし、ボランチを経由されると中盤を一度締めなくてはならないためにスライドが間に合わなくなる。そのために、ピッチ中央に多くの選手を配置し、中盤でサイドを変えられないタスクを与えているのだろう。このように、チームとしての1つ目の罠をかいくぐられた場合のタスクも明確に与えられている。

ここから先も、結局は、早いのは「プレスか、判断か」である。

さらに、最近よく見られる試合の中でのシステム変更もここまでの話の延長にある。いくつか用意した罠やタスクをもってしても相手をうまく誘導できない場合のもう1つの手に、試合中にシステムを変えることがある。これで相手をより誘導しやすくする。

肝はここでも「慣れ」だ。レベルが高い選手ともなれば、試合の中で相手を見て解決策を見つけていく。当然ながら、時間が経てば慣れてくる。そのときに守備のやり方を変えれば、一時的にもう一度相手が慣れていない状況を作り出すことができる。そうしてわずかでも流れを引き戻し、次なる手を打つ布石とするのだ。

お気づきだろうか。チームとしてのやり方の話をしてきたが、それを成り立たせるための選手たちへの要求レベルは非常に高い。闘い、走れることは大前提で、タイミングやタスクを的確にこなしていくことは今やトップレベルでプレーするためには絶対条件だ。

それは、ボールを持った時も同様で、相手の意図的な誘導、高いインテンシティに対し、数メートルの立ち位置やコンマ数秒の判断の質を高めて対処しなければならない。

勝負を決めるのはシステムでも戦術でも監督でもなく選手だ。そのことにトレンドはない。クラブチームに様々なやり方がある一方で、W杯ではほとんどの国がオーソドックスなやり方を選択したことが、それを表している。結局、どんなやり方も選手たちが積極的に、同じ画を描いて戦うためのツールに過ぎない。極論を言えば、選手たちが積極的で、同じ画を描けるのであれば、システムも戦術も何でもいいのだ。

でも、選手たちに積極的に、同じ画を描いてプレーさせるためには言葉が必要で説得力が必要で、そのためには自信をもって伝えられるシステムや戦術が必要で。

そうやってまた私はサッカーを考えて行ったり来たりしている。サッカーってなんて難しく、面白いのだろう。つくづくそう感じさせてくれる。

FOOTBALL
INTELLIGENCE

第三章

駆け引きで優位に立つ

相手のポジションから見る景色を想像し、勝つ確率を上げる

「自分たちのサッカー」という言い方が正しいかは別にして、サッカーチームには必ず「自分たちのサッカー」なる戦い方があります。ただ、ここまで書いてきたように、その中には当然のように「相手」が存在しています。

「良いポジション」を決めるのは「相手」に対してであり、「良い攻撃」をするためには「相手」のシステムの急所を認識した上で攻めることが必要になります。相手と競技をするスポーツである以上、自分たちのサッカーをするには、必ず相手のサッカーをさせないこともセットだからです。

ただ、本書で書いてきた戦い方の中には自分たちが不得意なものも含まれていたでしょう。万能なチームではない限り、全てが「自分たちのサッカー」に入ってはいないと思います。

例えば、相手サイドバックの裏が急所で相手は嫌がっているけど、自分たちは長いボールを得意としていない。あるいは、チームはショートパスでつなぐこと

を練習している。そのときはどちらを選べばいい？

その時は「勝つこと」から逆算して考えることです。どちらがその試合に勝つために最善であるか。それを自問自答した先にしか答えはありません。

サッカーは勝つために試合をしています。絶対に目的がすり替わってはいけません。試合は勝つことが目的で、自分たちのサッカーをすることが目的ではありません。

ただ、何を選択すれば勝てるのかはやってみなければ分かりません。勝つことから逆算して考えてやってみたところで、それが本当に勝つことに近い選択だったのかは答えがありません。それは「経験」と呼ばれる類いのもので、同じようなシチュエーションで何度も何度も考えてやってみた先にしか、その精度は高まっていかないと思います。

だから、いつも「勝つことから逆算する」経験を積み重ねて欲しいと思います。

勝つことから逆算しない経験を積み重ねても、勝ち方など分からないのです。


勝つことから逆算して考えた時に、自分（たち）の得意としていないプレーが必要だったのに不得意だからそれを選べなかったなら、それを「自分（たち）のサッカー」に加えられるように練習で励むしかありません。

「自分たちのサッカー」を何かに固定して決める必要などいつまでもなく、「自分たちのサッカー」をできるだけ多くの相手に対して、変わることなく通用するようになるためには、「自分たちのサッカー」の幅を広げることです。サッカーは多種多様、相手も多種多様なのですから。


さて、各ポジションで相手を見てプレーするためのコツをご紹介したあと、各システムの急所の話をしてきました。当たり前ですが、ここまでに書いてきたのは私が考える一般的な例で、どんな相手にも通用する絶対的なものでは到底ありません。

ただ、共通して訴えたかったのは、「相手の心理を想像する」ことの重要性です。相手の立場に立ち、相手のポジションから見た景色を想像してみる。そこから相手に勝つヒントを考えてみてほしいと思います。

それは、自分たちのサッカーを出すためのもので、自分たちが勝つためのものです。本気で相手に勝ちたいなら、勝つ確率を上げる方法の一つとして、相手の心理を想像しながらプレーすることも「自分たちのサッカー」の中に加えていってほしいと思います。

それを、「マリーシア」とか「ずる賢い」という言葉で語る必要はありません。それはただ単に、サッカーをうまくなる一つの方法です。「サッカーがうまいな」と思う選手は必ず「こいつ嫌だな」と感じさせてくる選手なのですから。

ここからは、一般的な話から逸れて、私の現役時代の試合における具体的な駆け引きについて書いていきたいと思います。サッカーがうまい〝やつら〟との、コツをふまえた上での駆け引きは、厳しく楽しい戦いでした。

ぜひ、ここまでに書いてきた話と重ね合わせながら読んでいただきたいと思います。

1

最初の1プレーにおける駆け引き

最初の1プレーで強くいけたとき、その後試合の様相が変わった

私が鹿島アントラーズに入って明確に変わった守備の対応があります。私を背負ってボールをキープしようとするフォワードへの対応です。

日本では相手フォワードにボールをキープされることは特に咎められません。それより、相手にかわされてしまった時にことさら批判されるので、背負ってキープしようとする選手を後ろから監視しているだけで、ボールにアタックに行く選手はあまりいません。実際、鹿島に入るまでの私もそうでした。

新人の頃、当時の監督トニーニョ・セレーゾが毎日つきっきりで、私に居残り練習を課してくれました。そのほとんどが背負う相手フォワードへの対応でした。

セレーゾ監督はいつもボールを見ているだけでなく〝触りに行く〟よう指示してきました。次第にその方法を身につけると試合で対峙した相手が嫌がっているのを感じました。相手の心理に立てば、縦パスを受けるときは自分のゴール側を向かなくてはなりません。すると、どうしても背中に置く私を視野に収めることはできません。

その時に、私がもしいつも後ろから見ているだけならボールコントロールに集中できますが、ボールにアタックに来るかもしれないなら心理状態は全く変わるでしょう。いつも背後を警戒しながらプレーすることを強いられます。

セレーゾ監督は「ボールを奪う必要はない」とも伝えてくれました。「ボールに少しでも触れたら、縦パスを起点に攻撃を仕掛けようとする相手の流れは一旦ストップすることができる。お前の役割はそれで充分だ」と言っていました。

特に、試合における「最初の1プレー」については毎試合いつも口うるさく要求してきました。最初の1プレーで厳しくいき、「お前の存在とお前の強い気持ちを常に相手に知らせなければいけない。俺の前では簡単にボールを持たせないぞと思わせるんだ」と。

だから私はいつも、最初の1プレーにはいつも以上に力を込めました。それが試合の始まり。すると確かに、力のある選手であっても、最初の1プレーで強くいけたかどうかで随分その後の試合の様相が変わりました。

いつ私に強く来られるか分からない相手は、その恐怖を感じながらプレーすることになるので、最初の1プレーの後はあえてボールに行かなくてもコントロールミスをしてくれたりしました。つまり、最初に強く行って私の存在を知らせておけば、その後は相手の顔色や仕草を見ながら、行くのをやめてみたり、また行ってみたり、と駆け引きにおいて先手に立つことができたのです。

結局、サッカーは人がやることですから、心理がプレーに大きく影響します。同じ能力、同じ調子の選手でも、試合が始まり、相手の心理を動かすことで、それらをより出させないようにすることはできるのです。

「勝負の神様は細部に宿る」とはよく言われる言葉です。レベルが上がれば上がるほど、その傾向は色濃くなります。その細部とは、相手を上回るために、あらゆることに目を向けて積み上げていかなければならないものですが、「最初の1プレー」もその細部になりうる重要な局面の一つだと思います。

大事なのはアタックにいく角度とタイミング

ただ、相手も馬鹿ではありません。私のようなハードマーカーに対してはそのアタックを受けないようなポジションを考えてきます。特に、経験も能力もある選手は、その私の心理を逆手に取る方法を持って立ち向かってきました。

例えば、浦和レッズに所属していたワシントン選手は、強烈な当たりをものともせずに突進していく力があり苦労しました。後ろから当たりに行っても、中途半端ではまるでそれが当たっていないかのようにキープをします。彼の場合はキープをするだけならまだ良し。そのままターンして入れ替わってしまうこともありました。

このような選手との対戦から、私は当たりに行く角度と体をつけるタイミングが大事なのだと思い知らされました。

当たりに行くときは必ず縦方向から。決して縦方向を開けてアタックに行ってはいけません。特に、強く行くときには縦方向から行き、もしボールに触れなくても、後ろや横方向にコントロールをさせ、決して入れ替わることがないようにしなければいけませんでした。

また、体を当てるタイミングも重要です。あまり早くから当ててしまうと、相手はその接触により私の場所やアタックに来るタイミングを計れます。相手の心理から考えると、背負うプレーに対しては、アタックに行くまでは決して相手に触れず、「ここぞ」の時にアタックに出ることが大切。これも彼ら一流の選手たちから学んだことです。

名古屋グランパスに所属していたジョシュア・ケネディ選手も同様の強さを備えていました。ボールキープするだけでなく、ターンをして入れ替わろうとしてくるので、常にアタックに行く角度とタイミングには細心の注意が必要でした。

また、当時の名古屋グランパスは、〝ズレた〟ポジションと相手の約束事の急所を突く動きを併せたロングボール戦術を持っていました。

ロングボールに対し、まずケネディ選手が少し私から外にずれたポジションに立ちます。そして、外側に位置していたウイングの選手が、ロングボールがケネ

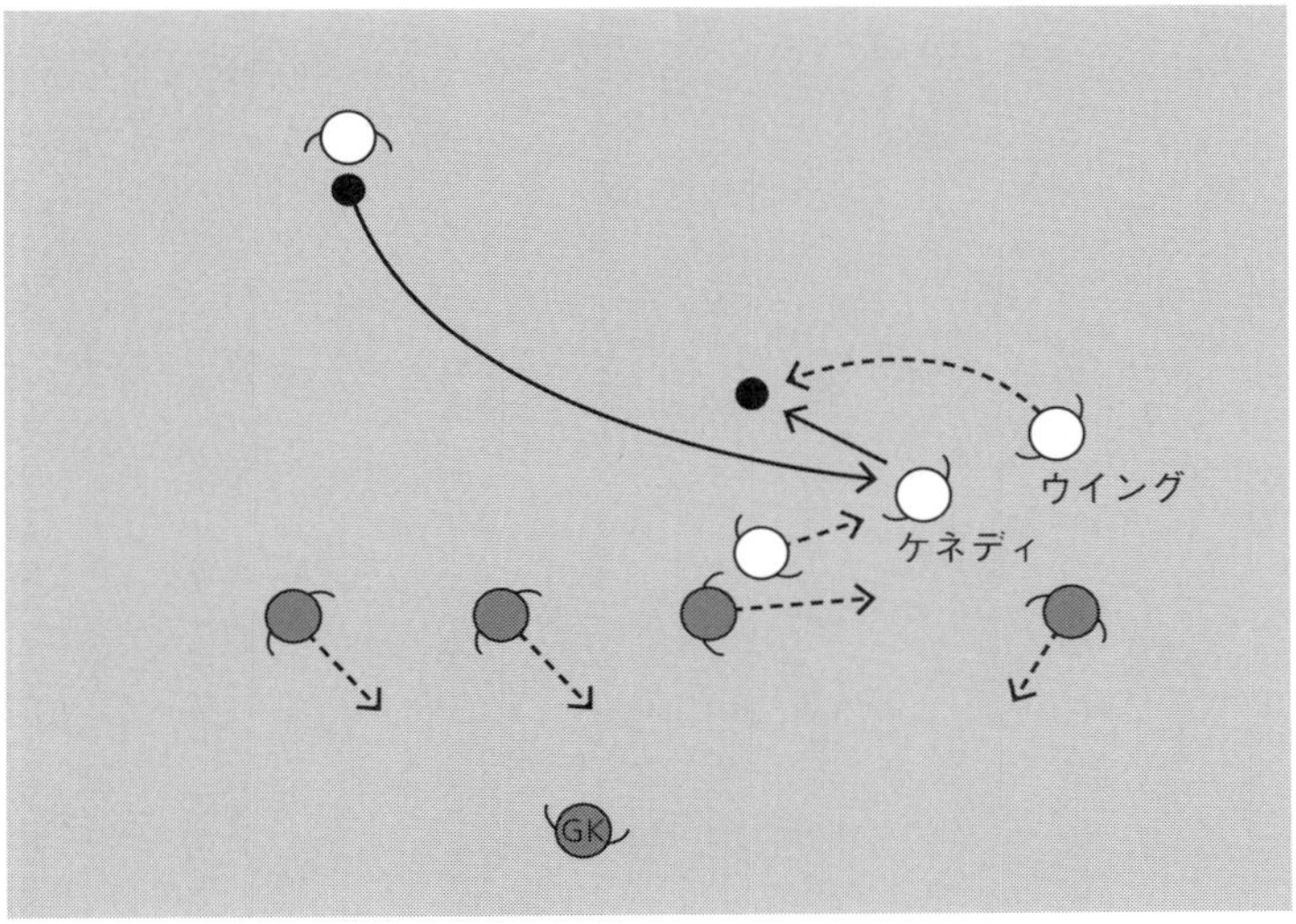

図87　ケネディを活かしたロングボール戦術

ディ選手に蹴られるのに合わせて内側を回っていきます。そして胸や頭で少しマイナス方向に落としてもらってシュートにつなげてきたのです（図87）。

ディフェンスラインのチャレンジ&カバーの原則では、センターバックが出たらサイドバックは絞って後ろをカバーします。その守備の原則の逆を行く動きなので守備側は対応の仕方がなく、精度が伴えば高確率で失点になってしまっていました。

「ではマンマークでついていけばいいじゃないか？」。一回の対応ならそれも一つでしょう。しかし、そうなると守備の原則を外しているので、危険なセンターバックの背後のスペースを誰もカバーしない状態になってしまいます。

ここからは駆け引きになりますが、こうして攻撃側が相手とずれて立って競り合いに優位に立ち、さらにシステムや守備の原則の逆を行くような攻めを持つことで、駆け引きにおいて先手に立つことができるのです。

「駆け引き」の始まりは常にどちらかの明確な狙いや原則にある

川崎フロンターレとは三連覇時、最大のライバルでした。私が対面していたのは強力2トップ、鄭大世選手とジュニーニョ選手でした。だいたい最初の1プレーで意識するのは1選手ですが、川崎と対戦するときは両選手を意識しなくてはなりませんでした。

鄭大世選手はその頃、私が「最も良いコンディションでなければ競り勝てない」と感じていた数少ない対戦相手でした。だから、川崎戦の前はいつも以上に体の状態を気にして調整をしていました。そういう相手には、とりわけ最初の1プレーが大切でした。「今日の岩政には勝てない」そう思わせられたら、そのあとはほとんど競り勝つことができました。

しかし、それでも鄭大世選手にはたくさんのゴールを許しました。彼は当時はまだ若く、駆け引きより本能で動く選手でしたから、競り合いに対する意欲は駆け引きで奪えましたが、ゴールに対する欲だけはどうしても奪うことができず、結果、手こずった印象はそれほどないのにやられた印象がいつも残りました。

ジュニーニョ選手はもう少し変化球で私を悩ませました。当然と言えば当然ですが、私と真っ向から挑んで来ようとはせず、常に私からずれたポジションで勝負を仕掛けてきました。特に、私の右にいた内田篤人選手が当時は非常に高めのポジションを取りたがっていたので、カウンターになったら私の前から外側にずれて、内田選手の背後に回り込んでから勝負をしてきました（図88）。

私はそれを分かってはいましたが、私がサイドに早くから出て行ってしまうと分が悪いこともよく分かっていたので、簡単には外に引っ張られないようにしていました。ボールがないところで駆け引きがいつも繰り広げられていたのです。

原則通りジュニーニョ選手の正面に最初から入ろうとすると、私は早くからサイドまで出て行くことになりますが、私はそれはせず、代わりに内田選手に縦へ

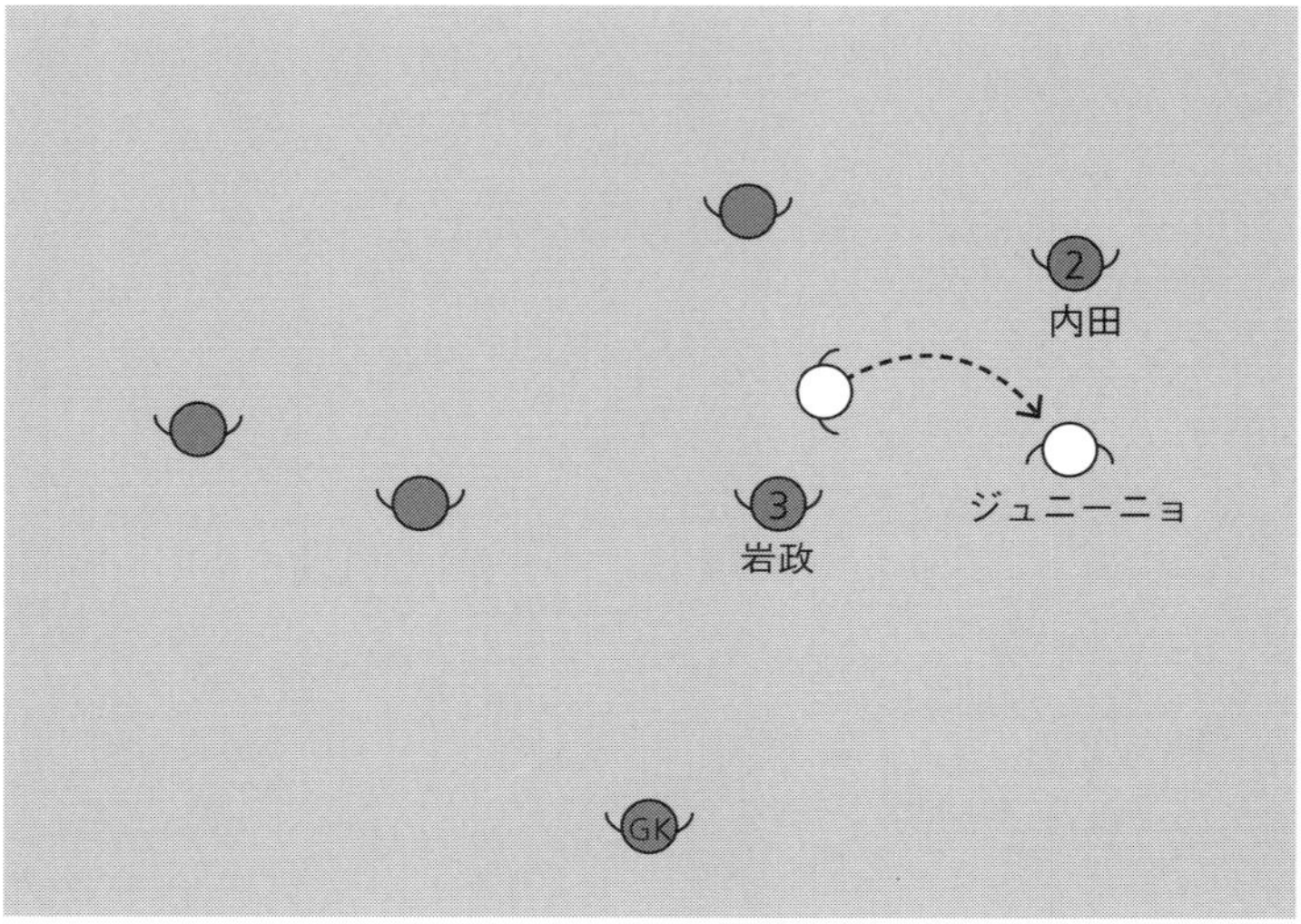

図88　頭を悩ませたジュニーニョのポジション取り

のグラウンダーのパスをカットしてくれるようにお願いしていました。そうすれば、流れるジュニーニョ選手へのパスは浮き球になります。浮き球であれば、相手のアタックに行くタイミングが計りやすいのでスピードに難がある私でも対応は簡単でした。

それでも1試合に数回は内田選手の裏でジュニーニョ選手が前を向いて仕掛けてくる状況は作られます。その場合には、私も少し先回りをして、しっかりと正面から入れるようにしておき、その位置からスピード勝負にならないように縦を切るように対応をしました。そして、それを可能にするために、内田選手とボランチの選手には真っ直ぐに私の中側に戻るようにお願いをしていました（図89）。

それを打ち破られたときも、しっかり抑えられたときもありましたが、私と彼らには局面に入る前からの様々な駆け引きがあったのです。

ジュニーニョ選手が狙ったのは、私たちが私たちらしくプレーしようとすると必ず出てきてしまう状況を利用したものでした。高い位置を取りたい内田選手と、外に出て行きたくない私とで生まれるギャップを狙ったまさに「マリーシア」と呼ばれるものでした。

それを起点に駆け引きが始まりました。私はそこに有効なパスを出させないメカニズムをチームメイトを使って構築し、その場面が出る回数を減らしにかかりました。もしそれを破られてジュニーニョ選手に仕掛けられても、次なる手を用意して待ち受けました。

最終的にはそれを実行できる精度と速さの勝負になりますが、その前にお互いに明確な「対相手」があったので、川崎の2トップとの対戦は毎試合非常に楽しませてくれました。

当時の鹿島対川崎は「ガチンコ勝負」と言われ、まさに意地とプライドをか

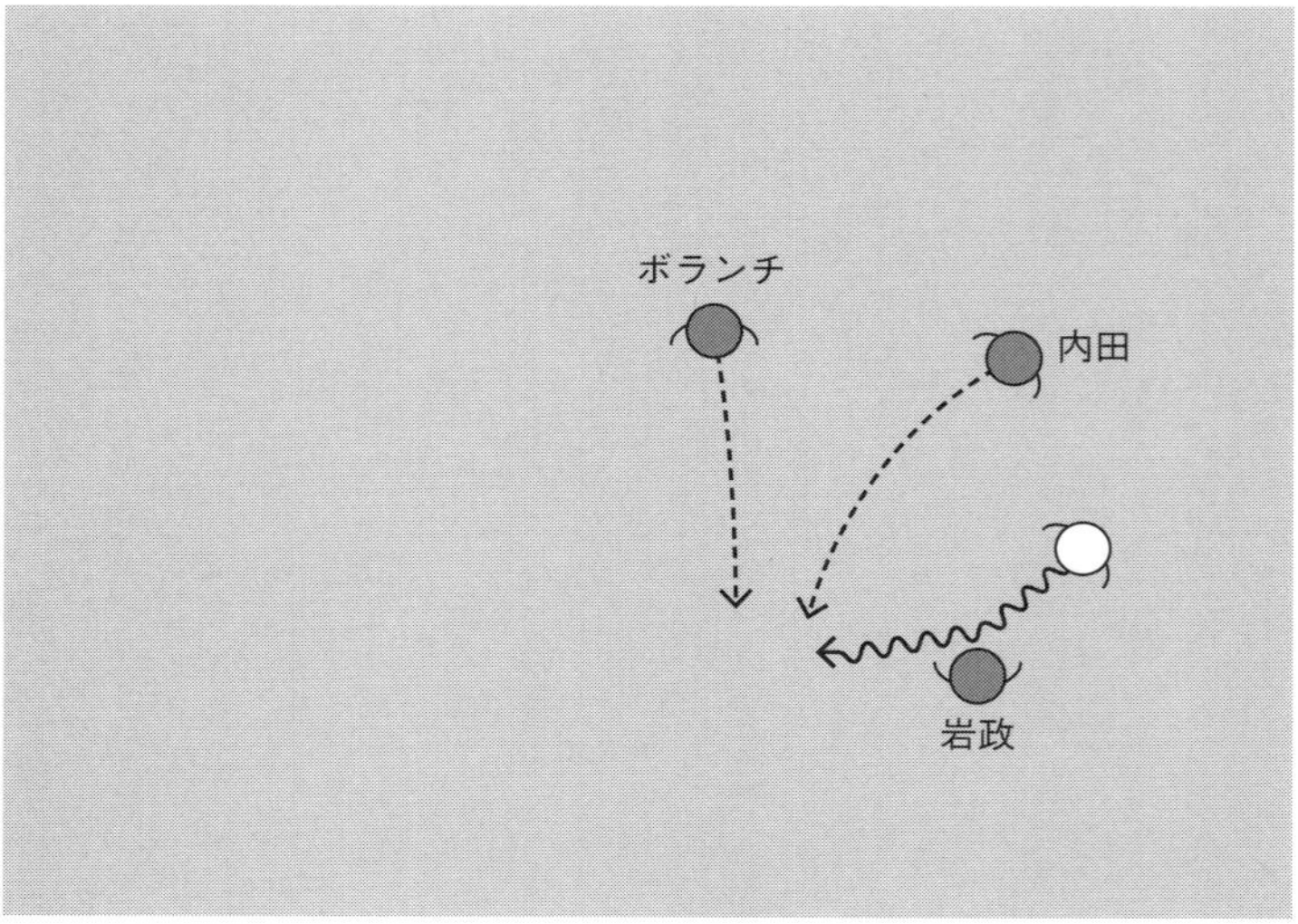

図89　内田とボランチが真っ直ぐに中へ戻るという約束

けたハズレなしの名勝負ばかりでしたが、その中では緻密で明確な狙いをもとに各所の戦いが行われていたのです。

「駆け引き」とは、その始まりはいつも、どちらかの明確な狙いや原則です。私は最初の1プレーで主導権を握ろうと試み、ケネディ選手を生かした名古屋の攻めは守備の原則を逆手に取ったもの、川崎の狙いも私たちの特徴から見出したスペースを有効についていくものでした。

対する相手はそれに対し、いかに対処し、その狙いを消していくのかを明確にして対応します。そして、そのプランは試合の中で何度も書き換えられて、更新されていきます。それが90分間繰り広げられるのがサッカーというスポーツです。対処に対する対処があり、その対処に対する対処がまたあり、その対処の仕方もまた明確で的確になってきているのが現代サッカーだと言えます。

最初の1プレーから垣間見えるそれぞれの狙い、そしてそこに隠された心理。それを皮切りに常に揺れ動きながら変化していくチーム状態を想像しながら試合を見ることができると、サッカーはより面白くなると思います。

2

セットプレーにおける駆け引き

相手の前でヘディングすることを前提に動きを変える

私が自慢できることは多くないですが、セットプレーの得点力はちょっとした自慢です。身体が大きいので、いつも相手の一番ヘディングが強い選手がマークしてきましたが、それをかいくぐってコンスタントに得点を重ねることができました。プロ15年間の公式戦で70点以上もの得点を積み上げることができたのですから、ディフェンダーとしては悪くない数字でしょう。

そこには高さや強さだけでは語れない理由があります。それを簡単に「駆け引き」と言ってしまえばそうなのでしょうが、私は「相手の心理を想像する」ことだと考えていました。ここまで書いてきてわかるように、「駆け引き」とはつまり「相手の心理を想像する」ことだと言えます。私はいつも「相手」を見ていたのです。

駆け引きの始まりとなる明確な狙いを、私は「相手の前でヘディングする」ことにしていました。

セットプレーだけでなく、サイドからのボールから得点を取るためのコツは、相手の前（ニア）で得点する形を作ることです。なぜなら、相手の背後（ファー）では、スタンディングか下がりながらでのシュートとなり、かつレベルが高くなれば相手ディフェンダーが前でクリアしてしまうケースが増え、さらに相手ゴールキーパーも反応が速くなることで、惜しいシュートに見えてもほとんどがゴールにならないからです。

プロに入り、そのことに気づいた私は、セットプレーの入り方を変えました。大学までは相手の後ろで待ち、高いボールを蹴ってもらって、相手の上から叩くようにぶち込むシュートを狙っていましたが、プロに入ってからは、ボールが来る前に相手のマークを外し、相手の前に入ってニアでシュートを打つように変えたのです。プロでは「惜しい」はいらない。「結果（得点）」こそ全てだったので、私は「相手の前でヘディングする」ことから逆算して動きを考えました。

邪魔だったのはやはり相手です。相手も自分の前ではやらせたくないと警戒しています。ニアサイドは当然のように警戒されているのです。

そこで、私は自分が守備をしている時の心理をヒントにしました。

守備者は自分の前では決してやられたくない。しかし、ひたすらマークをしていればいいわけではなくて、ボールも見なければいけません。最終的にはボールに反応しなければいけないからです。

特に、キッカーがボールを蹴る瞬間は必ずボールを見なければいけません。最初のボールの軌道さえ把握してしまえば、その前後は相手の動きについていけばいいのですが、蹴る瞬間は絶対にボールを見なければなりません。

だから、守備者はキックの瞬間に必ずボールと相手を同一視野に収めたいはずです。つまり、キッカーがボールを蹴る瞬間に背中側に回られると困るのです（図90）。

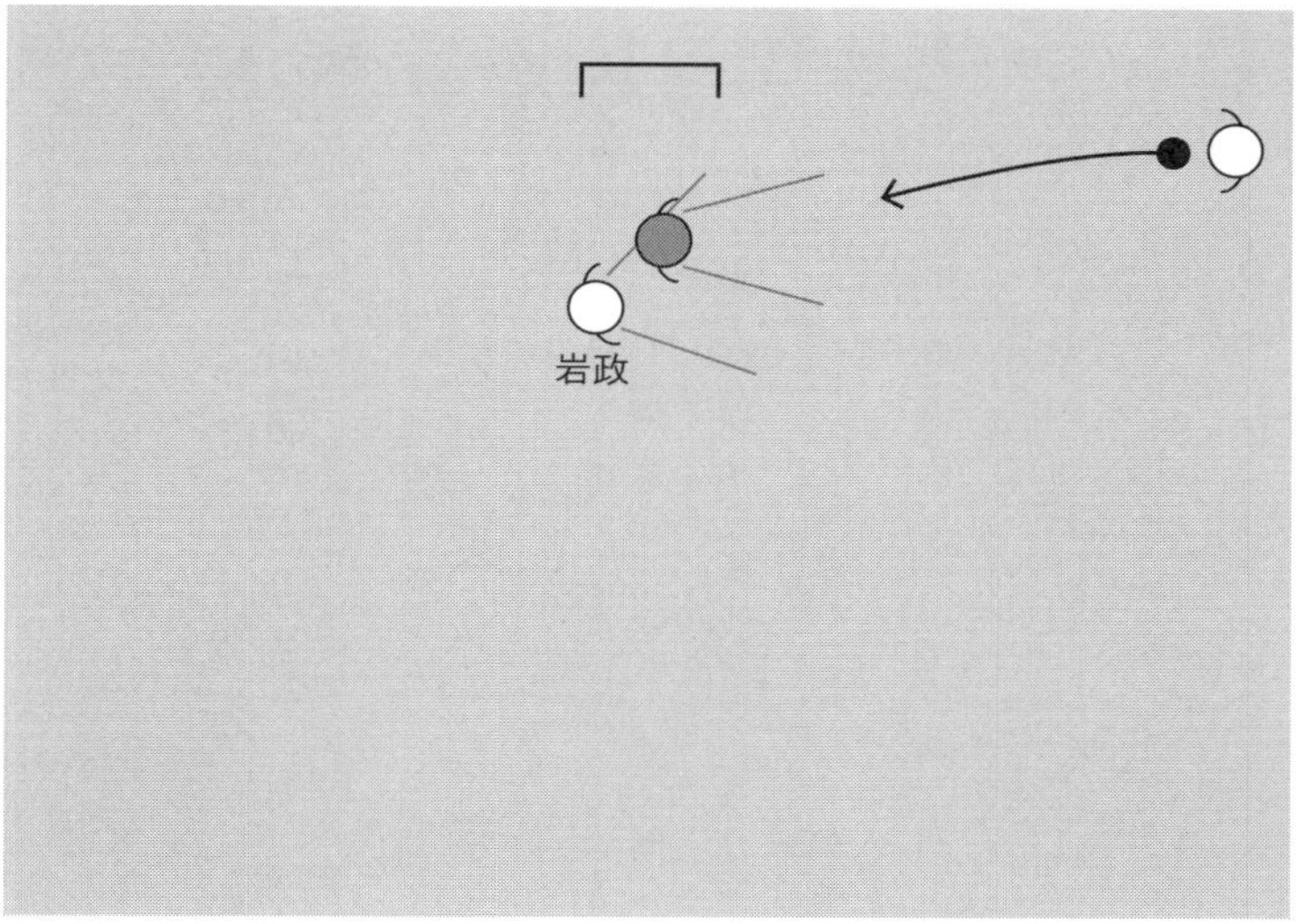

図90　キッカーがボールを蹴る瞬間に背中側に回る

そう考えると答えはシンプルでした。私は色々な動きをして相手を惑わせますが、結局はキッカーがボールを蹴る瞬間に相手の背中を取っていればいいのです。そうすれば、相手は私とボールを同時に見ることができません。その位置さえ取れれば、どんなに相手に警戒されていても、相手が〝前にしか目がついていない〟人間ならば必ず、私を捕まえきれるわけがないのです。

だから、色々な選手が言ってくれました。「いつも岩政を警戒しているのに点を取られる」。そのポイントはキッカーがボールを蹴る瞬間の相手との立ち位置だったのです。

そのポイントに立ってからの動きはフォワードの選手を参考にしました。得点をコンスタントに決める選手はみんな同じだったのです。それが「ストライカー」の項でも書いたことです。

肝は「後ろに立って前」を基本線とすること

その動きを始まりとして、時にはそれを逆手に取る動きも加えました。

相手の背中を取ったところから、あえて、少し早めに前に動き出し、キッカーが蹴る瞬間に相手の背中側ではなく、相手の前側にずれたポジションを取ります。このことで、相手は前を警戒し、ボールを蹴られた時に思い切り前にベクトルを向けた状態になります（図91）。その瞬間に、私は止まるのです。キッカーがボールを蹴った瞬間に前にベクトルを向けた相手は止まることはできません。この時もし相手を越えてくるボールをキッカーが蹴ってくれれば私はフリーになっているはずです。このように、相手の前だけでなく、後ろに外す動きも織り交ぜてい

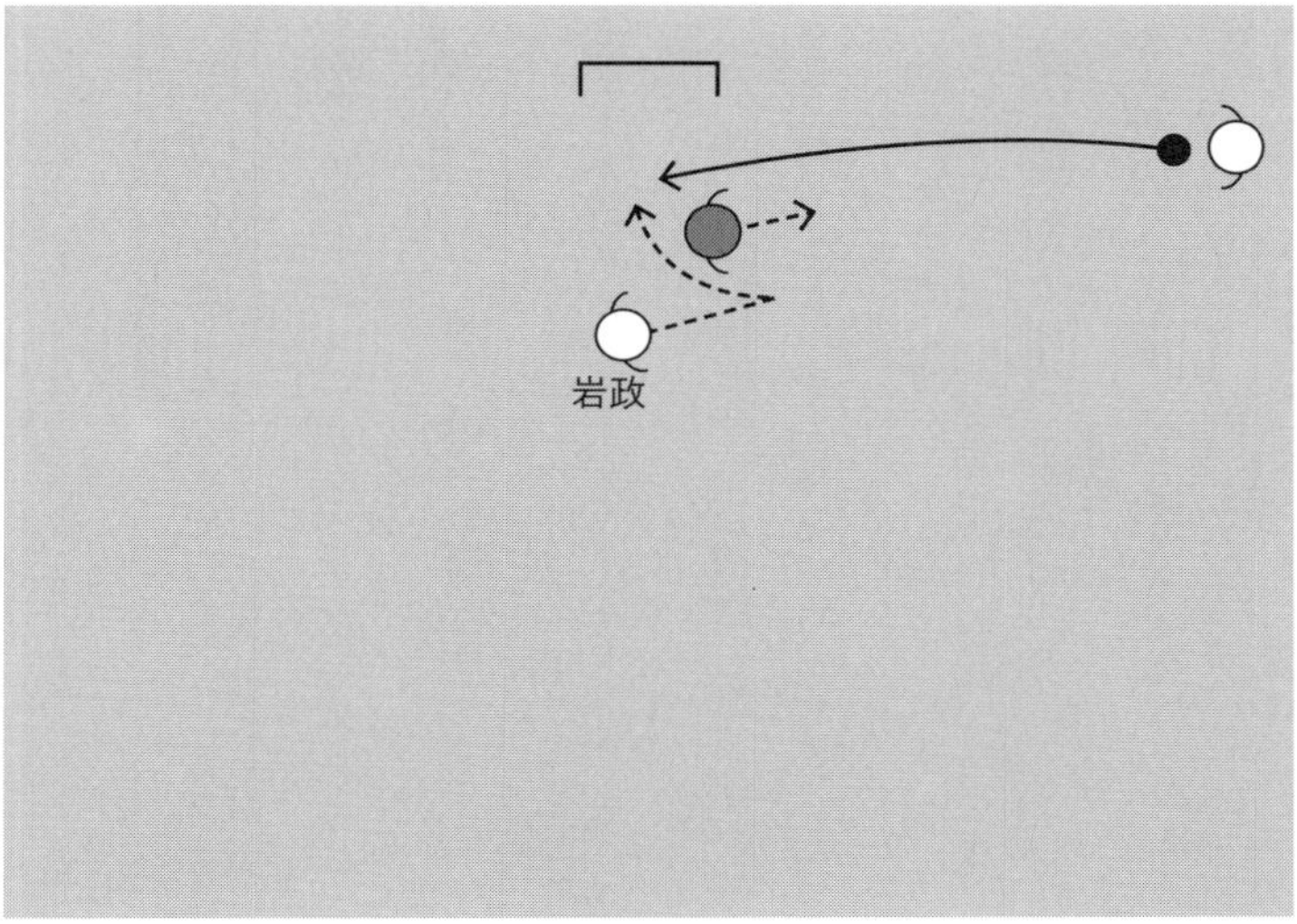

図91　相手の前側にずれたポジションをとって前へ誘う

たのです。

蹴る瞬間に後ろを取ったら相手の前へ、前を取ったら後ろへ、と相手を振り回すようにしていたのですが、それをどちらか一辺倒ではなく、どちらも織り交ぜることで相手を混乱させました。そして、そこからは相手の顔を見て、心理を読み、その都度動きを変えていきました。

肝は「後ろに立って前」を基本線とすること。相手は私が見えず、かつ前でやられたら一発で失点になるので、相手は間違いなくこの動きが一番怖いからです。その他の動きも織り交ぜますが、それも「後ろに立って前」を取るための誘いに過ぎませんでした。

これらを織り交ぜて毎試合挑んでいたので、各チームのスカウティングは意味を成しませんでした。私は、最近の自分の動きも当然把握しています。スカウティングで言われているであろう動きは読めていました。

だから、私はセットプレーになったらゆっくりと歩いて行きながら想像したものです。相手の顔色や仕草を見ながら、相手の考えていることを。毎回それがうまくいったわけではありませんでしたが、この考えのもとでプレーした私は、毎年コンスタントに得点を取りました。

固め取りした時期もなかなか得点が取れない時期もありましたが、私はそれ自体はあまり気にしませんでした。確率の問題だと思っていたからです。

私が考えるべきは、「マークをうまく外してボールが来るのを待つことができたかどうか」だけ。その中のいくつかで、キッカーのボールが私のところに飛んできて、その中のいくつかが枠に飛び、その中のいくつかがゴールになる。そう考えて1シーズントータルで計算をしていたのです。だからいつも、シーズンが終わると8試合に1点のペースで得点が取れました。つまり、コンスタントな得点につながったわけです。

駆け引きのタイプが全く異なる中澤佑二と田中マルクス闘莉王

セットプレーで対峙して嫌だったのは中澤佑二選手でした。経験が豊富で、彼も立ち位置のことをよく理解していたので、私が中澤選手の背中を取ろうとしても、細かくステップを踏んだり体を当てたりして、それを阻んできました。

逆に、私が守る側の時には動き回ってなんとか私の前か後ろにずれてボールを呼び込もうとしてきました。私は「大事なのはキッカーが蹴る瞬間だ」と言い聞かせて、動きに惑わされないように冷静に対応しようと心がけたものです。

中澤選手とは何十回と対戦をしてきて、セットプレーの数も相当な回数を戦ってきたと思いますが、結局、私が鹿島に入ったばかりの頃にお互いが1～2回得点しただけで、それからはどちらもゴールを奪えなかったと記憶しています。相手が準備できていない時に飛び込んでみたり、相手の心理を読んで動きを変えてみたり、お互いいろんなことを仕掛けましたが、なかなか難しかったのが本音です。

お互いがお互いをよく知った上でのセットプレーの駆け引きはいつも紙一重の連続でした。得点こそあまり生まれませんでしたが、中澤選手との対戦はいつも楽しみで怖いものでした。

対戦が楽しみで、怖い相手というと、田中マルクス闘莉王選手もその一人です。ただ、中澤選手とは駆け引きのタイプが全く違いました。

闘莉王選手は人についていくのをあまり好まないので、私のマーク役の時でもほとんど私に体を当てようとしてきませんでした。私のポジションを確認したら、だいたいのポジションを取って、真ん中で豪快に待ち受けます。マークを外しているとは気にも留めない様子で、いつもボールをはじき返すことに徹していました。

私はそれを出し抜こうと、彼の背後でフリーで待ったり、ニアに大きく動いたりしてフリーにこそなるものの、なぜか闘莉王選手と対戦するときは私のところにボールが飛んできませんでした。闘莉王選手は落下地点を読むのが非常に早いので、多少マークを外してもボールへの反応で勝負していたのだと思いますが、その割り切り方は私や中澤選手にはできない芸当でした。

闘莉王選手が攻め、私がマークにつくときも同様です。ボールが来る前に、駆け引きなるものは一切入れません。それが彼流の駆け引きとも言えたのでしょうが、一切予備動作を入れずにボールに飛び込んでいきます。

それでも抜群の高さ、強さに加えて落下地点の読みの早さを持っていることから、闘莉王選手はたくさんのゴールを重ねていました。しかし、私は彼のその入り方には、立ち位置と当たるタイミングを心得てから対処していたので、セットプレーからはほとんどゴールを取られなかったと思います。それよりも、クリアした後の二次攻撃やショートコーナーなど、タイミングを見計らえずに対峙しなければいけない時が一番怖い相手でした。

VAR導入で攻撃側が有利になる今後、より重要になる立ち位置とタイミング

浦和レッズに所属していた時の那須大亮選手との対戦も思い出深いです。那須選手とは大学時代からの間柄で、同い年。ヘディングを武器にするセンターバックということもあり、お互いに意識する相手でした。

特に那須選手が浦和レッズに行ってからは激しくやり合いました。彼が他のチームでプレーしていたときはそれほどではなかったのに、浦和レッズに移籍してからというもの、ある時期、那須選手とのセットプレーでのやり合いは一つの風物詩のようになりました。

那須選手は私を動かすまいとぴったりマークをしてきました。背中を取られて走りこまれるのを嫌ったのでしょう。セットプレーになるともはや顔と顔が当たるような距離で私に近づいて離れませんでした。

私もそれを嫌って随分工夫を凝らしました。コーナーキックでは一度ペナルティエリアを出て、距離を取ろうと試みました。レフェリーの方に訴えながら、

ホールディングの反則をチラつかせてマークの緩みを狙いました。
しかし、那須選手も一歩も引きませんでした。それは、私と彼とのヘディンガー同士のライバル意識もあったと思いますが、それ以上に浦和と鹿島のサポーターの方が作り出すスタジアムの雰囲気がそうさせたように感じました。まさにサポーターが選手を動かしたものだったのです。

駆け引きだけでも、集中やプライドだけでもセットプレーは制することができません。彼らとの思い出深い激戦は、その両方でぶつかりあったからこその勝負でした。セットプレーのマークはこれからより難しくなっていくでしょう。私がここに書いてきたような「キッカーが蹴る瞬間に相手の背中を取る」立ち位置を取ると、マーカーは「ボールを見るか私を見るか」を迫られます。すると、多くの選手は私に対して、ボールを見ずに私を見て掴みにくる策を取ってきました。

最近ではVARの導入も進み、だいぶファウルを取られるようになりましたが、以前はボールを見ずに人を掴んで押さえることはなぜか容認されていたのです。

私たちにＰＫを与え、試合を決めてしまうジャッジをするのを恐れていたのだと思います。

しかし、サッカーにおいては、ボールを見ずに相手を掴みに行く行為は反則とされています。それはセットプレーでも同じです。

確かに、私は相手の背中を取り、ボールと私を同時に見られないところを取ろうとするので、相手は対応が難しかったと思いますが、中澤選手や那須選手のように、それをマークする方法は決してないわけではないのです。

これまで私は、こういう場合にボールを見ないでプレーする選手がいたら、レフェリーの方によく見てもらうようにお願いしていました。実際に数度はそれでＰＫを奪うことができましたが、これからはその必要も無くなっていくでしょう。

ロシアワールドカップでもそうでしたが、ＶＡＲの導入とともに守備側はボールを見ずに相手を掴む行為をすることができなくなり、より攻撃側が有利になっていくはずです。

ただ、それを有利にするには、そのための立ち位置とタイミングを知ること。
これからのサッカーでは、それを知ることの重要性がより高まったとも言えます。

3

ヘディングにおける駆け引き

自信満々な顔をしながら競ることで相手の印象を操作する

セットプレーと共に、私が試合の中で存在価値を示せるのが、ヘディングでの競り合いでした。プロに入り、生き残るための一番の特長としてヘディングを捉えるようになってからは、試合で1回でも負けるとダメだと思っていました。

三連覇を果たした2007年から2009年の間、私は「自陣空中戦勝率」でも三連覇を果たしました。あまりデータは好きではないのですが、「自陣空中戦勝率」だけは少し意識していました。

私は優れた身体能力は持ち合わせていないので、単純な高さでは他にたくさん優れている選手がいたと思います。例えば、ジャンプのタイミングを人より早くすることで、それを補っていましたが、それだけでは高確率で競り勝つことはできなかったと思います。

意識したのは相手に「岩政には勝てない」という印象を持たせることでした。最初の1プレーもその一つですが、調子が悪い時はそれを隠すように工夫を凝らしました。

センターバックの仕事は、相手よりヘディングが強いことを示すことではありません。より大事なことは、相手を抑え、失点を防ぐことです。私は、まずは真っ向勝負で挑んでみて、その日の調子や相手との相性から分が悪いとふんだら、自信満々な顔をしながら、競り方を変えていたのです。

「自信満々な顔をしながら」がポイントです。「競り勝つ自信がないから競り方を変えた」と思われたらいけません。その試合はそれで済むかもしれませんが、その選手は「岩政に競り勝てる」という感触を得て帰ると、それが積み重なって「岩政は大したことない」という評価が広がります。実際、私は大したことなかったので、この辺りの印象操作はとても大事にしていました。

私が現役当時、記者の方に頑なに怪我の情報を隠していたのも、ここに理由がありました。相手に少しでも「岩政が足に不安を抱えている」という情報が入れば、相手は私に対して「勝てるかもしれない」と思って競り合ってくるでしょう。そうすると、いつも全力で競り合わなければいけなくなり、足が痛い私には大きな負担がかかってしまいます。私は弱みとなる情報を隠しながら、最初のヘディングの競り合いで強くいき、「岩政には競り勝てない」という印象を持たせて、その後の競り合いを楽にし、足をごまかしながら戦っていたのです。

「必ずボールにプレーする」ケネディに対しては頭の上めがけて飛ぶことで対抗

そのために競り方は何種類か用意していました。

まずは真っ向勝負。普通に正面からタイミングを合わせて競り合います。真っ向勝負といってもまだ余裕は残しておきます。具体的には、手始めとして片足ジャンプは使わず、両足ジャンプで競りました。とはいえ、最初のヘディングは〝最初の1プレー〟ですから、いつも以上に力を込めて思い切り挑みました。それで強い印象を与えられれば、相手はだいたいそこで戦意喪失してしまい、その後はまともに競り合ってこない選手がほとんどでした。

ただ、中には真っ向勝負で勝てないと感じたり、どうも自分のその日のヘディングの調子が悪いと感じたりしたときもありました。そのときは、自信満々の顔をしながら作戦を変えました。

例えば、ケネディ選手です。ケネディ選手は私よりも7センチほど高い身長と、押してもブレない体の強さで、単純な高さ勝負ではなかなか勝てない相手でした。ケネディ選手はほとんどジャンプをしませんでしたが、落下地点の読みが優れていて、胸トラップも駆使してくるので、全てのディフェンダーを困らせていました。

ただ、私には解決策が一つありました。ケネディ選手はほとんどジャンプをしなかったこと、そして、ポストプレーに特長がある選手なので「必ずボールにプレーしよう」と考えていることでした。

そこで、まず私はジャンプを片足に変えました。片足の方が両足より高く飛べます。身長の差はありますが、片足ジャンプならそれを補えるほどのものでした。

ただ、片足ジャンプで困るのは、落下地点が読みづらいことです。両足ジャンプだとジャンプの瞬間にその軌道を見て微調整できるのですが、片足ジャンプでは勢いをつけているためそれができません。特に最近のブレるボールに対しては片足ジャンプでのヘディングはやりづらくなっています。

その時に助かったのが、ケネディ選手のように、フォワードの選手がボールにプレーしようとしてくれることです。ケネディ選手は抜群の高さがあるため、できるならボールをコントロールして味方につなげようとしてきます。すると、ケネディ選手の頭の上をめがけて飛んでいれば、ボールがそこに飛んでくることになります。

これが、ボールを触ろうとせず、私に対して「クリアされなければいい」と思っている選手に対してはそうはいきません。ボールをしっかり捉えていないと、二人とも触れずにボールを流されてしまうことになりかねません。

私はケネディ選手に対しては、ボールが蹴られたら思い切り助走をつけて、ケネディ選手の頭の上めがけて（ボールも把握しながら）片足でジャンプして競るようにしました。

それでも、ケネディ選手を完璧に抑え込むことはほとんどできず、いつも苦労させられましたが、私は毎回あらゆる工夫をもって競り合いに挑みました。顔色を見る限りですが、ケネディ選手も多少は嫌がってくれていたのではないかと思います。

競り合いの分が悪い相手に
狙いを出させない方法を心理から考える

鹿島アントラーズで共にプレーした田代有三選手は、日本人で唯一、私が片足ジャンプでも競り勝てないと感じる相手でした。田代選手がモンテディオ山形やヴィッセル神戸に移籍して対戦することになった時は、それは困ったと感じたものです。

田代選手との対戦の時も、試合の始まりは、その日の調子を確かめるために両足、片足共に試してみたのですが、毎回すぐに「やっぱり勝てない」と思わされました。

そこで私はすぐに作戦を考えました。

田代選手の特長はその跳躍力。身長は180センチほどしかないものの、その跳躍力でどんな屈強なディフェンダーたちにも簡単に競り勝ってみせました。

特に厄介なのが、ロングボールに対する立ち位置です。田代選手も自分の特長をよくわかっているので、ロングボールに対する競り方をよく考えていました。必ず、私（ディフェンダー）の正面ではなく、少しずれたポジションに立つのです。そこからボールに対して横から入り込んできて、私の鼻先でボールに触るように競ってきていました（図92）。

これだと、先ほどのケネディ選手との競り合いの時のようにジャンプの目安になるようなものが私にはありません。単純に高さで上回れるなら問題はありませんが、高さで上回れないと前で触れることができるフォワードの方が競り勝つ可能性は高くなります。私は工夫するしかありませんでした。

ヒントはここでも相手の心理でした。田代選手は跳躍力があるからジャンプをしたい。そのために横から入り、体を当てられないようにしてきます。そこで、私はその田代選手の狙いを出させないように競り方を変え、先に体を当て、ジャンプをさせないようにしようと考えました。

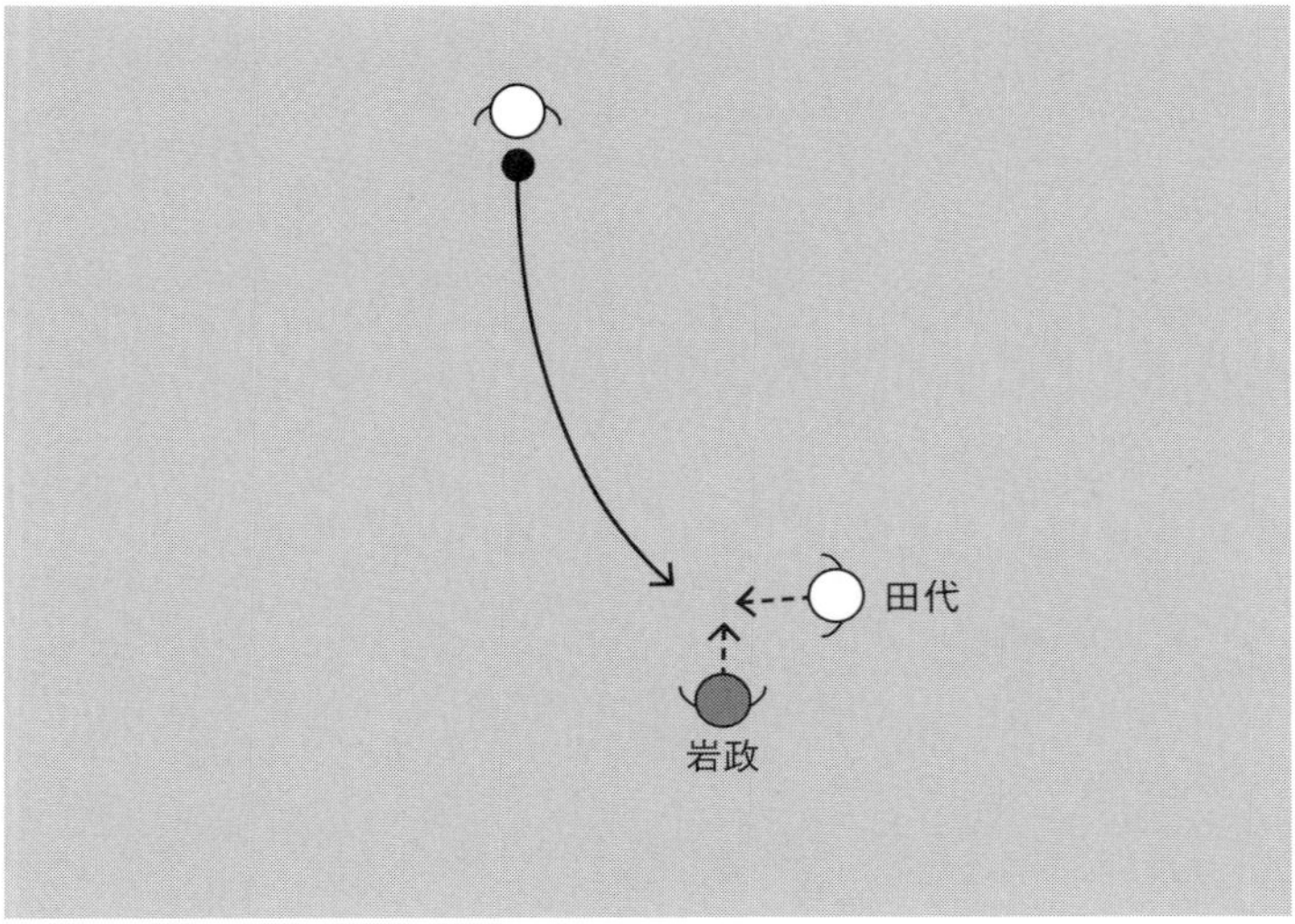

図92　横から入り込んで鼻先で触ってきた田代有三選手

そのためには二つ方法があります。一つは私の横にズレようとした時に私もそちらにポジションを移して、背後から競るようにすること（図93）。

もう一つは、ボールが蹴られて、田代選手が横からボールに入り込もうとした瞬間にその走るコースに入り、ジャンプをさせないことです（図94）。

私は、競り合いの分が悪い相手には、相手の狙いを出させない方法を心理から考えて、その狙いを消しにいくことで駆け引きを制することを考えていました。

また、田代選手のように強烈な武器を持っているチームに対しては、それを生かそうと考えるであろう相手チームの心

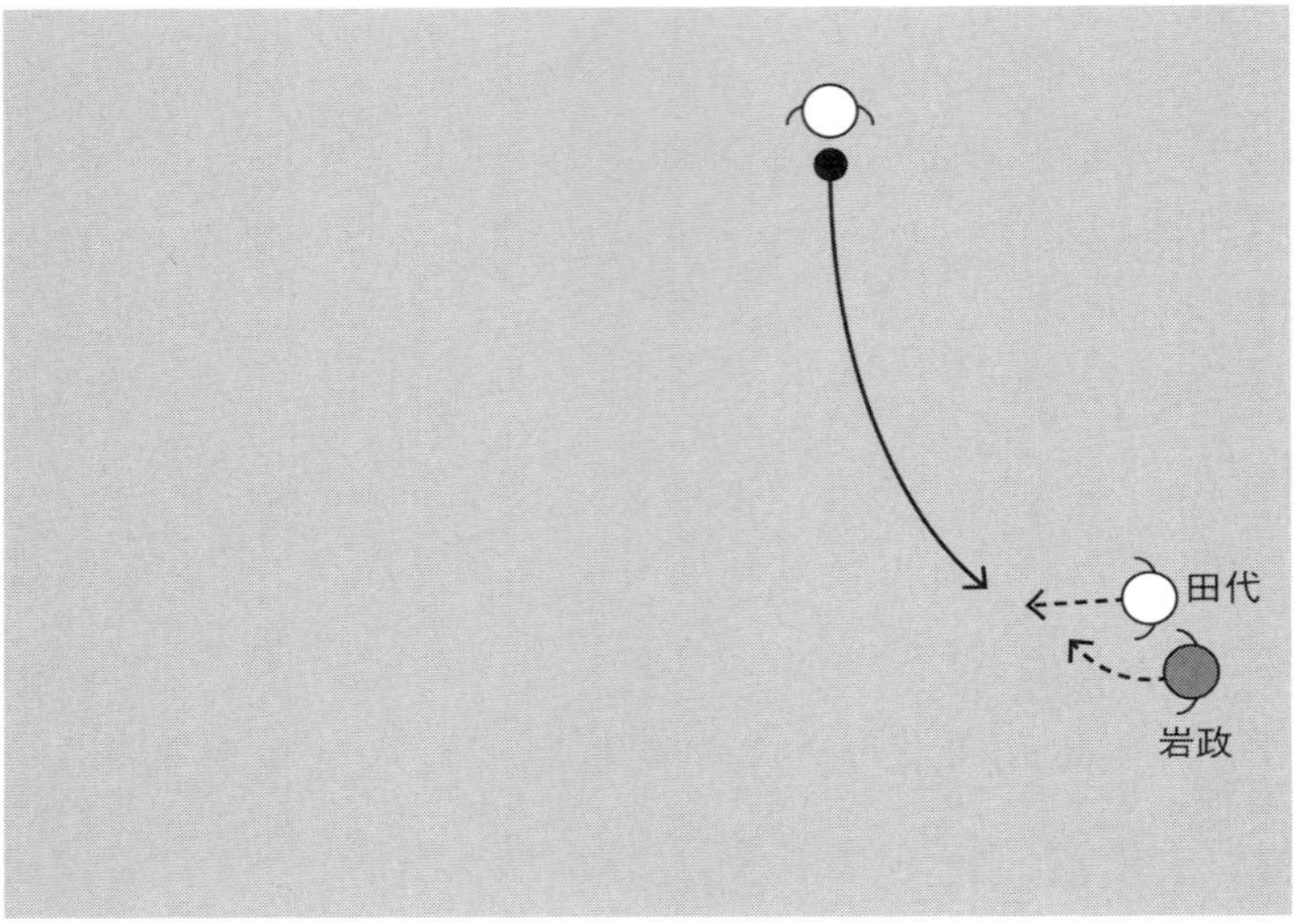

図93　相手がずれたら自分もずれて背後から競る

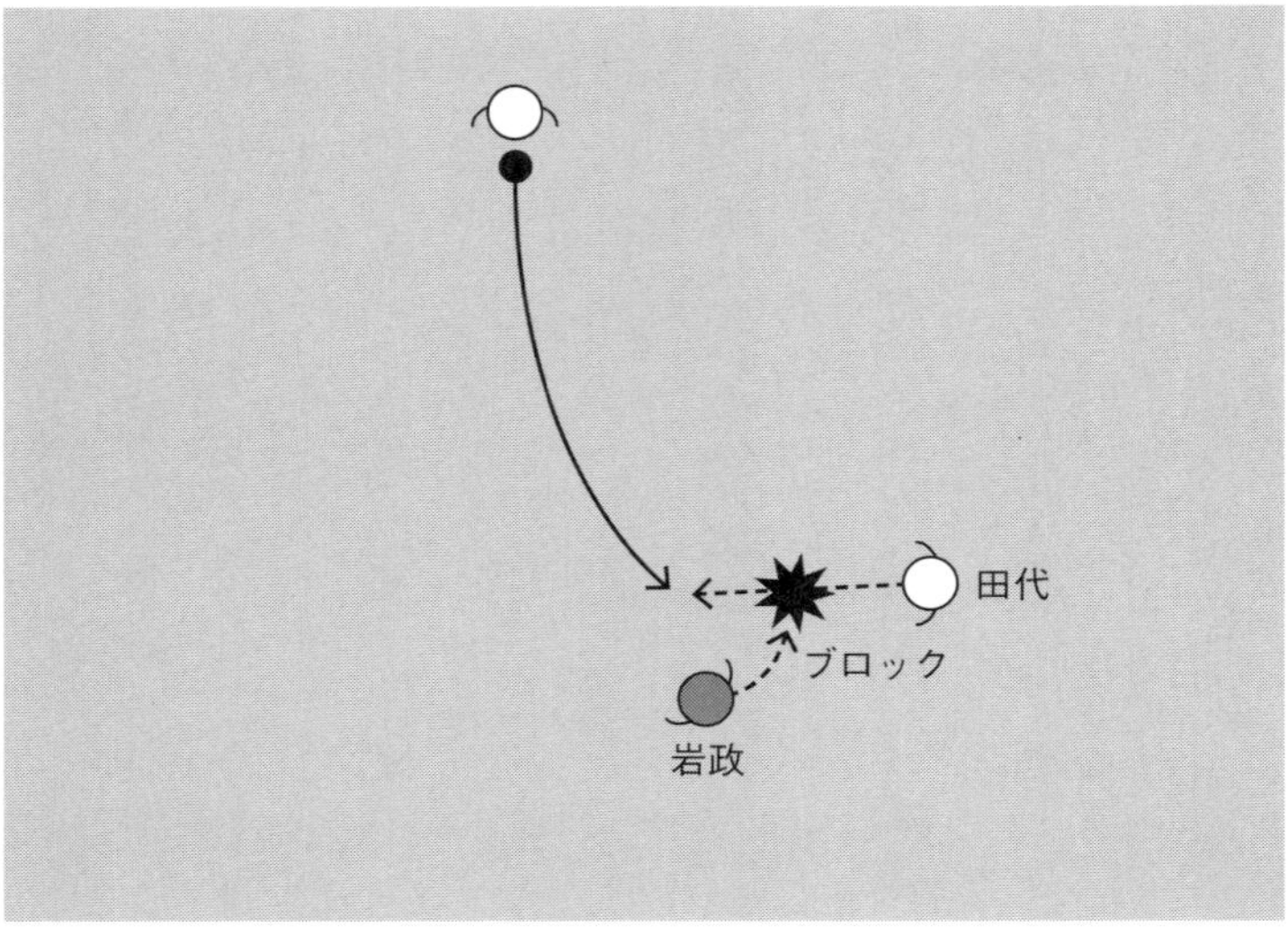

図94　相手の走るコースに入ってジャンプをさせない

理を逆手に取ることも可能です。

田代選手のような高さを有していれば、ロングボールは必ず田代選手をめがけて蹴ってくるでしょう。そして、その時には何人かの選手が背後を狙って攻撃を仕掛けてきます。狙いは明確です。であるならば、ボランチの選手などを使って、私と二人で田代選手に対応するようにしてもなんら問題はありません。一時的に1ヶ所に二人割くことになりますが、一人が田代選手と体を当てジャンプさせないようにして、もう一人がヘディングに向かえば、ほぼそのロングボールをはじき返すことができるでしょう。

こうした対応はターゲットがいくつかある相手にはできませんが、明確な個性は逆にこちらの対処も明確にできます。

意地になっていつまでも1対1をしかけて、「頑張ったけど負けました」では清々しいかもしれませんが、「勝つためにベストを尽くした」とは言えません。相手に強烈な個性があるなら、逆にその狙いは明確になり、駆け引きもしやすいはず。相手の心理を考えることはその解決策になると思います。

ヨンセンとの勝負で感じた、他の選手との競り合いでは感じない恐怖

いろいろなことを駆使しても、清水エスパルスに所属していたときのフローデ・ヨンセン選手には、大変手を焼きました。私が対戦した中で最もヘディングの技術が優れていた相手だったと思います。

ヨンセン選手は高さもありましたが、それ以上に落下地点を押さえたら、私を寄せ付けない懐の深さがありました。私は思い切り片足で競り合うことで対抗しましたが、腕なのか体なのか、ヨンセン選手のプレーエリアの中になかなか飛び込んでいけませんでした。

さらに、私を抑えたまま、首の強さだけで強いヘディングを繰り出すこともできたため、ヨンセン選手には他の選手と対戦する時には感じない恐さを感じました。

他の選手に対しては、競り勝てなくてもシュートを打たせなかったり、自由にヘディングをさせたりしなければ問題はありませんが、ヨンセン選手に対しては

それさえもできない感触だったので、そもそも彼に入るボール自体を減らすことで対抗するしかないと思いました。

ただ、当時の清水は周りにも岡崎慎司選手をはじめとした優秀な選手を揃えていたので、なかなか他の選手を使って二人で対抗する場面も作れません。

ヨンセン選手の高さを起点に、〝相手がこうしてくればこうする〟という手が、全て用意されている印象があり、こうなるとまた駆け引き云々ではない個々の能力の幅を広げて対抗していく他ありません。

だから、その感覚を持ち帰り、練習でまた個を磨き、個で対抗できる範囲を増やそうと励みました。結局、どんな駆け引きもそれを可能にする能力を有していなければ何も意味がありません。駆け引きによる戦い方の幅と、それら全てを自分の競り方にするための努力と。ヘディングの競り合いは、私にとっての武器で最も勝たなければいけないプレーでしたから、そういったことを最も考えさせられた相手でした。

4

立ち位置における駆け引き

いつも以上の集中を要した中村憲剛との駆け引き

鹿島アントラーズは伝統的に4－4－2のシステムを採用しています。前述したように、4－4－2は最も均等にピッチ全体をカバーできるシステムですが、反面、どこも厚くないシステムとも言えます。だから、4－4－2のシステム上の急所に立ち、そこから精度の高いプレーを繰り出されると非常に嫌だったものです。「うまいな」とか「嫌だな」と思う選手はみんなボール扱いが上手いだけではありませんでした。ボール扱いに加えて、良い立ち位置とそれによって起こるメカニズムをよく理解している選手たちでした。

真っ先に頭に浮かぶのは川崎フロンターレの中村憲剛選手です。私たちが優勝を争っていた頃、中村憲剛選手はボランチの位置でプレーしていました。私はセンターバックですから、マッチアップすることはほとんどなかったのですが、試合中、私はよく憲剛選手と目が合っていました。

というのも、憲剛選手はいつも目線が私の方を向いていました。ボールを受けると、必ずといっていいほど、私がいるディフェンスラインを視野に捉え、必殺のスルーパスを狙ってくるのです。

他の選手とはまるで違います。目線が「近くから遠く」ではなく、「遠くから近く」を探すので、私に一瞬の隙も許してくれないのです。

それを可能にしているのは立ち位置です。常に、私たちの中盤の４人の選手の間に立ってボールをもらっているように感じました。つまり、スルーパスか縦パスをフォワードに出すためのパスコースを確保した状態でボールを受けているように見えたのです。

それに気づいたのは、私自身が、味方の４人の中盤の選手の間に立つことを意識していたからだと思います。私は、当時川崎フロンターレに所属していたジュニーニョ選手や鄭大世選手に決定的なパスが出されないように先回りしてポジションを取ろうとしていたので、自然と憲剛選手が受けた時にはそこから見える縦のコースに立つようになっていました（図95）。

憲剛選手は「スルーパスを出したい」、私は「それをさせたくない」。それが駆け引きの始まりでした。憲剛選手は先回りして背後をケアする私をなんとかおびき出そうとフォワードの足元にシンプルにパスを出しながら、私がほんの一度でも前へ重心をかけたら、それを見計らったように背後を狙ってきました。

それを、流れる動きの中で右に左にと広範囲に動きながら実行してくる憲剛選手。それに決して惑わされまいと、私もいつも以上の集中をもって立ち位置を取り続けました。その駆け引きをお互いに分かった上で戦っていたので、憲剛選手とはプレーが切れると目線を合わせて笑い合うことも少なくありませんでした。

「今の分かってた？」「そこで狙いますか！」という感じで。

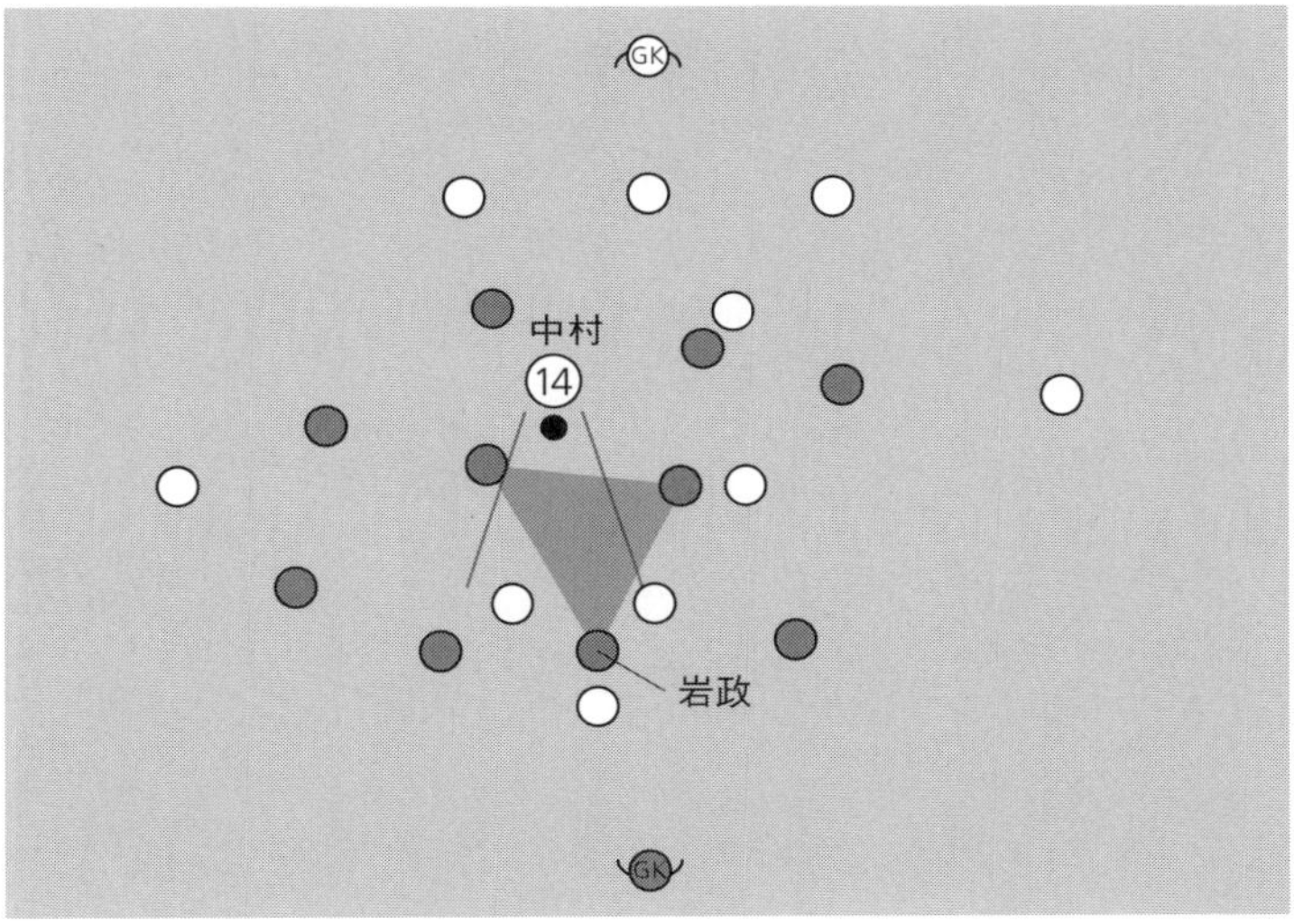

図95　中村憲剛選手が見える縦のコースに立って遮断する

広島の中で活きる青山敏弘のハイレベルな目線と技術

ボランチは、サンフレッチェ広島の青山敏弘選手も同様に「遠くから近く」の目線を持った選手で、対戦して嫌な選手でした。

日本では、ボール扱いが上手な選手はどんどん増えてきている印象がありますが、「遠くから近く」の目線を持った選手はほとんど出会わなくなりました。

ディフェンスラインで私が守っていて、相手がビルドアップを始めた時に、中盤のあたりでボールを持った選手の目線がこちらに合わないのです。鹿島で共にプレーした小笠原満男選手もそういう選手の代表ですが、若い世代の選手は、ボールを失わないことが優先されて、攻撃の優先順位が置いてきぼりにされている気がしてなりません。

さて、青山選手ですが、そのポジショニングセンスをより高めたのは、現在は北海道コンサドーレ札幌を率いるミハイロ・ペトロビッチ監督に指導されてからだと思います。3－4－3と4－1－4－1（4－1－2－3）を可変させていくようなやり方の中で、4－4－2の私たちに対する良い立ち位置を見つけていったように感じました。

ペトロビッチ監督時代には攻撃の時にチームが4－1－4－1のようになり、青山選手は1ボランチのようなポジションを取っていました。そのことで鹿島の2トップと2ボランチの4人の真ん中で急所となる立ち位置を取ることができます。4－4－2の構造上、そこは自然にフリーになってしまいます。

さらに、青山選手は縦パスを送る意識が高いため、必ず鹿島のボランチに睨まれないように二人の間に立つようにしていました。そのことで、鹿島のボランチは青山選手に出て行こうとすれば斜めに出ていくことになり、1トップへのパス

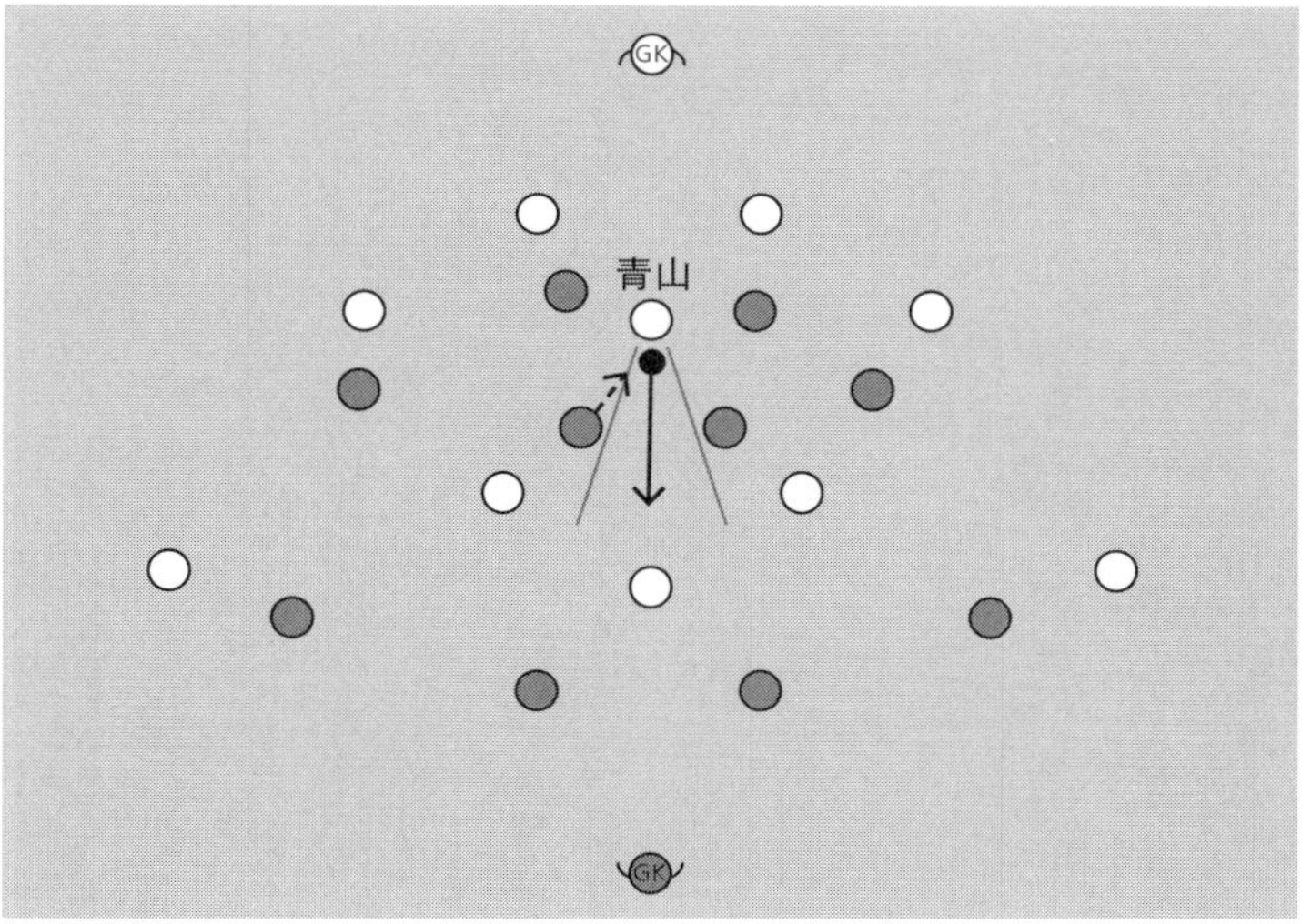

図96　斜めにプレスするので1トップへのパスコースが切れない

コースを切ることができません（図96）。もしそれを嫌って真ん中を切るように出て行けばシャドーの選手を使われ（図97）、そこにサイドバックの選手が絞って対応しようとするとウイングバックの選手を使われ（図98）、私たちの対処に対する次の対処がいつもありました。その上、青山選手は判断も技術も的確なので、私たちは随分困らされました。

当時の広島は、センターバックにもパスや持ち出しの能力を持った選手を擁していたので、青山選手をマークするために1トップにして4ー4ー1ー1で守備を組んでも、今度はセンターバックの選

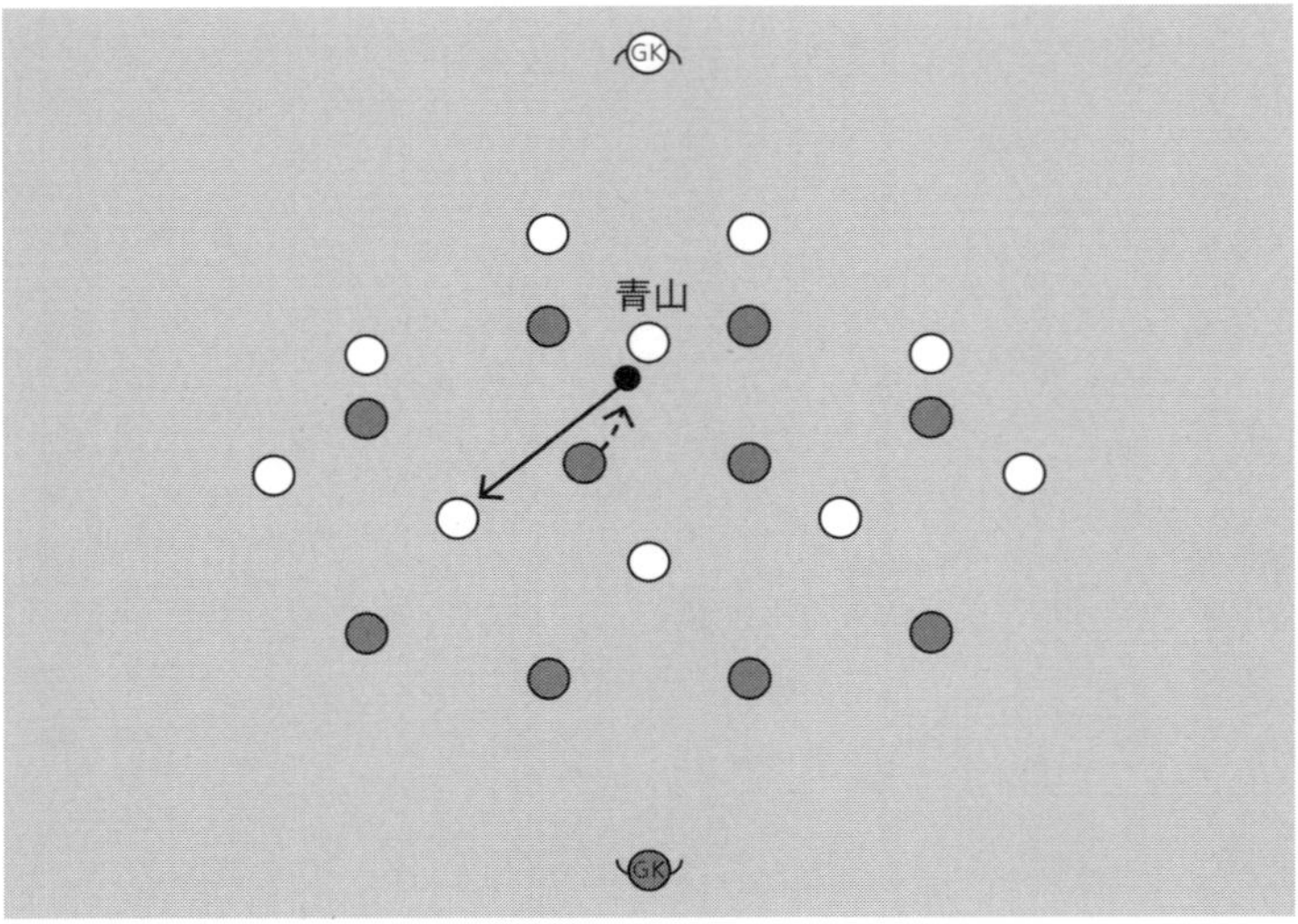

図97　内側からプレスすればシャドーを使われる

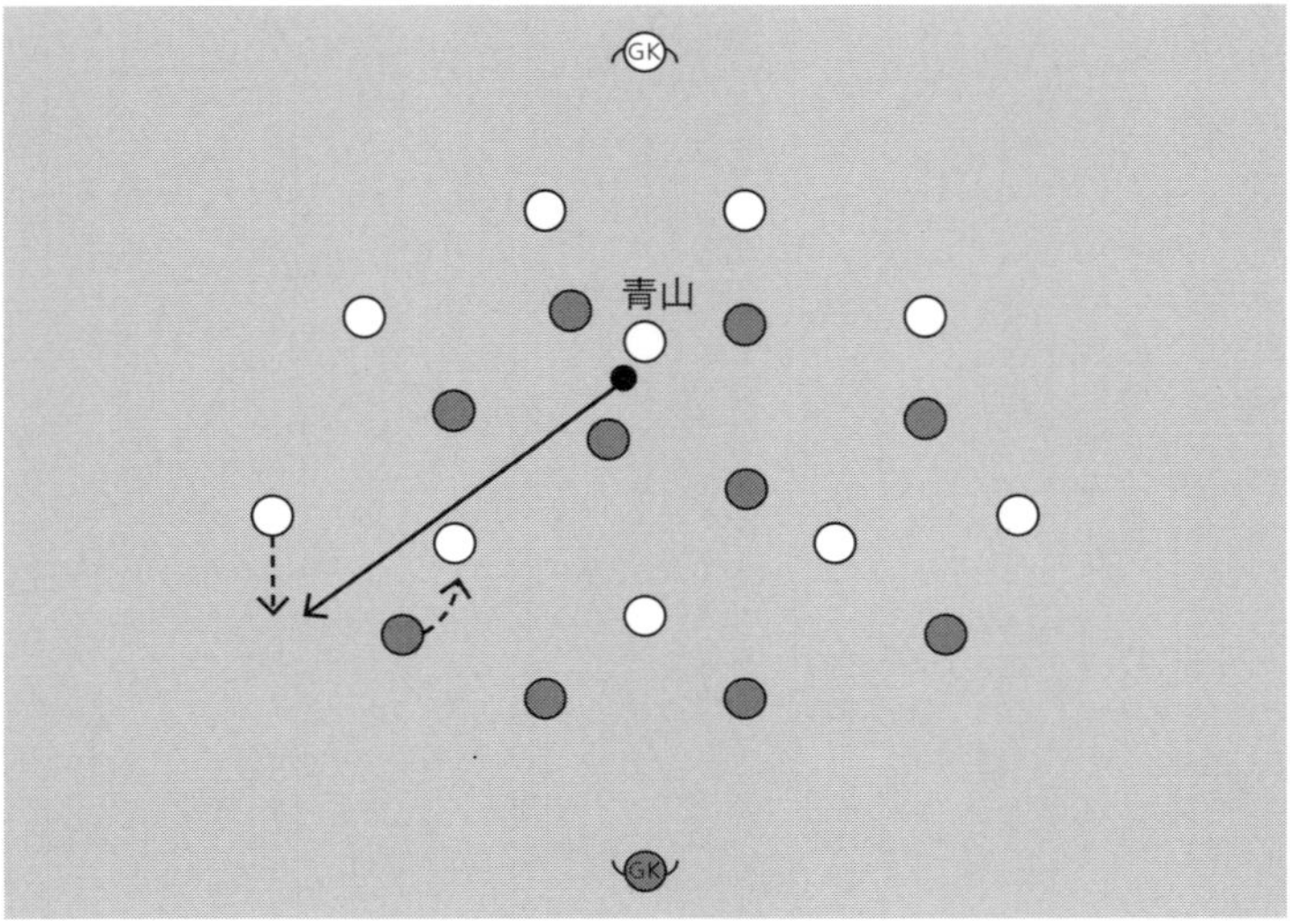

図98　サイドバックが絞って対応すればさらに外を使われる

手が持ち運んで前線に配球してきました。私たちのような4－4－2で守るチームには本当につかみどころのない相手でした。

つまりは、どんな相手に対しても準備ができている戦いを〝自分たちのサッカー〟にしていた当時の広島の戦いは非常に参考になりました。明確なロジックの上に、青山選手のような目線や技術が備わっていたのですから、それは強いはずでした。

相手を見ながらサッカーができる遠藤保仁の優れた能力

ガンバ大阪の遠藤保仁選手も常に細かく立ち位置を調整する選手でした。シンプルに早くボールをはたき、またすぐにポジションを移します。と言ってもスプリントはほとんどしません。ほんの少しだけ横にズレて、縦パスを入れられる立ち位置を取ろうとしてきます。ボールに行かなければ多彩なパスが飛んできますし、行けばパスをはたいてリズムを作ってきます。その時も常に相手を視野に入れて、相手の嫌がることを探す選手だったので、やはり掴みどころのない選手でした。
特に怖かったのは、パスだけでなく、その得点能力でした。いつの間にかスルスルっと前線に駆け上がってきてゴールを奪っていました。

この〝いつの間にか〟がポイントです。
遠藤選手は、いつ前線に走り込むべきかをよく知っていました。それは相手が遠藤選手を視野に捉えられない時。だから私たちはいつの間にかと感じてしまいます。

トップ下の選手のところでも書きましたが、それは自分のマーカーの背後にポジションを取れたときです。特にサイドを味方が崩しにかかった瞬間。遠藤選手は味方の攻撃を促しながら、相手の「隙」をうかがっていたはずです。この「隙」が、つまりは相手の背中に立つことができた時。ランパードやジェラードのように、遠藤選手もそれをよく知っていたのだと思います。

きっとこれは遠藤選手にとっては「駆け引き」という次元でもない話なのだと思います。「こうなったらこうなる」というような整理が自然となされているだけでしょう。

「相手を見てサッカーをする」ためには、相手を見てサッカーができる立ち位置を知ることが大切です。相手を見ようにも、相手を見ることができる立ち位置で、相手を見ることができる体の向きをしていなくては見ることはできません。「サッカーがうまい」は、立ち位置と視野。私にそれを学ばせてくれたのは、対峙した相手の中盤の選手たちでした。

5

ゴール前における駆け引き

相手の背中を取り、瞬間的に前へ出る術を会得したゴールゲッターたち

「僕の仕事場はゴール前でした」。鹿島退団時に使わせてもらった言葉です。私にはペナルティエリア内で〝得点を取るか、取られるか〟の紙一重の局面への人一倍強いこだわりがありました。器用ではない私がプロで生き残っていくなら、そこで存在価値を示すしかなかったからです。

ゴール前ではわずかな差が勝負を分けます。攻める側は、中盤のように相手を完全に外してフリーになる必要はありません。ほんのわずか相手の前に出てボールに触りさえすれば、その先はもうゴールです。それを守る守備側には、繊細な対応と大きな責任が求められました。

その責任のおかげで、私は随分ゴール前の対応について考えました。相手も毎試合必ず一発で私を出し抜いてこようとしてきます。それをシャットアウトするのは本当に骨の折れる作業でした。

最高の対応をした、と思っても守りきれる訳ではありません。それを相手が上回れば失点になり、失点の近くにいる私は批判の対象になりました。

そこで、私は自分なりの基準を持たないといけないと思いました。結果は大事ですが、確率の問題です。相手に確率の高いシュートを打たせない方法からプレーを選ばないと、いつまで経っても安定した守備にはならないと考えました。

そうして見ていくと、相手フォワードも似たようなことを考えているのだと知ることができました。サッカーは得点チャンスの少ない競技。その中で訪れた得点チャンスでは、出来るだけ確率の高いプレーから選択をするはずなのです。

それがどんなプレーかはすぐに分かりました。私がセットプレーにおいて探して見つけたポイントと同じだったからです。つまり、私の視野から外れるように背中側に立ち、クロスやパスが出される瞬間に私の前を取ってくる動きです。

ゴール前での駆け引きという言葉をよく聞きますが、実は難しいことはやっていません。ディフェンダーの背中にフォワードが位置取りをしたところからスタート。そこからクロスが上がった時に前を一度でも取りたいフォワードとそれをさせたくないディフェンダーが1試合を通して駆け引きをしていくのです。

佐藤寿人との対決は常に同じところを睨んだ神経戦に

この動き（立ち位置とタイミング）を会得したら、みんなゴールゲッターになっていきます。得点ランキングの上位にコンスタントに名を連ねる日本人選手は必ずこの動きを得意としています。

代表的なのが、佐藤寿人選手（現ジェフユナイテッド市原・千葉所属）でしょう。

彼は小柄ながら、この「相手の背中から前」の動きで得点を量産しました。「消える動き」などとよく言われていましたが、実際に消えるわけはなく、ただ「ボールを見ようとしたら佐藤選手が見えなくなる場所＝ディフェンダーの背中」に入り込んで、そこからクロス（パス）の瞬間にスッと前に現れるのでディフェンダーからすると消えて出てくるように感じてしまう。そのための立ち位置とタイミングをよく知っていました。

私は、この方法をよく知っていたので、佐藤選手との対戦はいつも同じところを睨みながらの神経戦でした。私の背中側から前に入ることを基本としながらも、それだけでは私に読まれたままなので、佐藤選手は何度か後ろ（ファー）で止まってみたり、早めに前に入ってみたり、あの手この手と私を見ながら手を打ってきました。私も佐藤選手を見ながら、それについていくか、惑わされずにセオリーを守るかをはかって対応しました。

〝私の前〟はセオリーではありますが、それ以外が必ず失点にならないというわけではありません。確率の低いシュートであっても決まってしまえばそれは私の負けです。そこからは判断と判断の対決。「次はどうする？」私たちは対峙しながら心で会話をし、対戦をいつも楽しんでいました。

歳を重ねるごとに洗練されていった前田遼一のゴール前の形

前田遼一選手（現ＦＣ岐阜所属）もプロに入り、この形を自分のものにしたことから得点をコンスタントに取れるストライカーになりました。そして、そこからの駆け引きが歳を重ねるごとに洗練されていきました。

若い頃は対戦してもほとんどゴールを許すことはなかったはずです。しかし、30歳手前あたりになった頃からは逆に毎試合得点を取られました。特に、駒野友一選手（現ＦＣ今治所属）がジュビロ磐田に加入してからは、右サイドの駒野選手のクロスに合わせて、毎試合のように私の前で得点を奪っていきました。

毎回、注意はしていたのです。私の背後に回った時点でできるだけ視野に収めるように体の向きを調整し、駒野選手がクロスを上げる瞬間にはファーも警戒しながら、前をやられないことを最優先で待ちました。それでもやられてしまったのです。

駒野選手は佐藤選手とも広島時代にホットラインを築いていましたし、前田選手の動きをよく理解していたのでしょう。私たちは皆、同級生なのですが、そうした縁も相まって、非常に対抗心を燃やして戦いました。今となってはとても思い出深い対戦です。

逆の動きを何度でも繰り返してきた
北嶋秀朗とレアンドロ・ドミンゲスのコンビ

ホットラインというところでいくと、Ｊ１昇格初年度でリーグ優勝を果たした２０１１年の柏レイソルのレアンドロ・ドミンゲス選手（現横浜ＦＣ所属）と北嶋秀朗選手（現ロアッソ熊本コーチ）のコンビも非常に厄介だった印象が残っています。

何より、レアンドロ選手が無双状態だったのですが、レアンドロ選手がボールを持ったときの北嶋選手の駆け引きが対峙した私からしたらめんどくさくてたまらなかったのです。

北嶋選手は、レアンドロ選手がボールを持つと、常に私が動く向きを感じて、そのベクトルの逆の動きを繰り返してきます。それも一度の動き出しではなく、ボールが出てこなければ二度三度と動き直しをして、また逆を取ってきます。そこに抜群のタイミングと精度でレアンドロ選手からパスが飛んでくるのですから、守っている私はたまったものではありません。実際、その駆け引きに敗れて得点も奪われました。

特に、背後にプルアウェイしたところへ速く正確に送り込まれるパスには苦労しました。それを先に警戒してしまうと、私の中のセオリーである「まず前を抑える」ということに反してしまいます。やはり、前（ニア）よりも後ろ（ファー）で合わされる方がゴールの確率は低いので、私は前を警戒せざるを得ません。

しかし、それをあざ笑うかのように背後で合わされてしまうと、そちらもより気にして対応に臨まなくてはなりません。すると、前か後ろかの的が絞れません。そうなると、ディフェンダーはゴール前の守備にどんどん安定感を欠いてしまうのです。

何度も言うように、勝負は結局、精度やタイミングの問題にはなります。前田選手にあれほどやられたのは駒野選手のクロスありき、北嶋選手もレアンドロ選手のパスありきだったはずです。しかし、駒野選手とレアンドロ選手のパスもまた、前田選手と北嶋選手のポジション取りありきのものでした。

それを知った上で初めてゴール前の駆け引きが始まります。いくら「高さがある」とか「動き出しが速い」といっても、私が睨んでいるところからヨーイドンで仕掛けてきても怖さは感じません。やはり人は見えないものが怖いわけで、そのためのポジション取りとは明確に「背中側」であり、つまり「ボールと逆サイド」です。

チームでゴール前にボールを運ぶための役割もフォワードにはあるわけで、ディフェンダーの背後に隠れているだけではいけないこともあるでしょう。ただ、得点を取るための立ち位置とタイミングをぜひ知っておくべきだと思います。「消える動き」、「分かっていても止められない」。それを繰り返していれば、ゴールはいつか生まれるでしょう。そこに精度が合わされば、コンスタントな得点につながるはずです。

6

メンタルにおける駆け引き

「最初の1プレー」で
相手がいつも通りを発揮できるかどうかをはかる

サッカーではいろいろなことが起こります。それを流れる時間の中で処理していきながら、平静を保ち、平常心で〝いつも通り〟にプレーできるかが勝負を分けます。

逆に言えば、相手をいつも通りにプレーさせないことが重要です。それも試合の一部で、駆け引きの一部です。

私は試合の中で、一つの心理戦を仕掛けることがありました。心理状態を揺さぶれる相手かどうかをはかってみるのです。

サッカーは接触プレーが当たり前のスポーツ。それは「最初の1プレー」から始まります。試合の立ち上がりに、私は特に強気の姿勢を見せ、相手の出方をうかがいました。ムキになって向かってくるようならこちらの勝ち。逆に、それで怯むようならもっと簡単でしょう。相手のいつも通りを出させないために、心理を動かして、良いバランスに心を置かせないことを考えていました。

ただ、ここまで紹介してきたようなトップクラスの選手たちは、そうした心の駆け引きには全くのってこない選手たちばかりでした。私がどんなに厳しくいっても、ひょうひょうとプレーされるか、あるいは自分の闘争本能を掻き立ててくるか。いつもそれぞれの良いバランスの心にもっていけるメンタルがありました。

前田遼一選手や佐藤寿人選手などは常にマイペース。試合をしながらコミュニケーションをとることも多かったのですが、強くマークしても「いてーよ～」とさも大して効いていないかのように話してくるので調子を狂わされました。

ケネディ選手やワシントン選手は老獪。私と取り合わずに次のプレーに向かい、逆に私の強度を利用するように入れ替わろうとしてくるので困らされました。

鄭大世選手やジュニーニョ選手は不屈。「一発をとればオレの勝ちだから」といわんばかりに挑み続けてきて、実際毎試合のように一発を食らいました。

こういう選手たちには心理面の駆け引きは逆効果でしかありません。むしろ彼らのいつも通りに引き込まれてしまうようにも感じたので、そうした駆け引きはむしろしないようになっていきました。

ただ、中には私の様々な駆け引きに心理を動かされてしまう選手もいました。こちらからけしかけると冷静さを失ったり、怯んでしまったり。メンタルが動かされて、いつも通りにプレーできなくなる選手も少なくありませんでした。だから、特に初めて対戦する選手に対しては、その選手がいつも通りを維持できるメンタルをもった選手なのかどうかをはかってから対応するようにしていたのです。

18歳の時点で邪魔をされてもブレないメンタルを持っていた大迫勇也

その面で、思い出深いのが、同じ鹿島に所属していた大迫勇也選手（現ヴェルダー・ブレーメン所属）です。今や日本代表のエースとなりましたが、新人の頃から、今の成長ぶりがうなずけるメンタルの持ち主でした。

「超高校級」という触れ込みで鹿島に加入してきた大迫選手は、練習からその片鱗を如何なく発揮していました。それ自体は大したことではありません。新人で入ってきたばかりの選手は、みんな自分の良さを出そうと躍起になり、最初は思い切りよくプレーできるものです。

それよりも、大迫選手に「違うな」と感じたのは、私が心理面の揺さぶりをかけてみたときでした。

確か、紅白戦でマッチアップしていたときだったと思います。私はすでにプレーヤーとして厄介だった大迫選手に対し、厳しくチャージをしました。正当なプレーだったと思いますが、大迫選手は少しイラっとしたのでしょう。その次にボールが入るところで私に必要以上に強く体を当てて挑んできました。「おっ、やるな」と思いましたが、私も怯んではいられません。対抗して、私も必要以上に強く当たっていきました。紅白戦とはいえ、真剣勝負です。私たちはお互い一歩も引きませんでした。

紅白戦が終わり、私は一声かけにいきました。「お互い謝ろう」と。汚いプレーではお互いありませんでしたが、必要以上に当たってしまったことは事実でしたから。

しかし、大迫選手はそこでも一歩も引かなかったのです。「別に悪いことはしていません」という感じで取り合おうともしません。

私もだいぶ粘りましたが、途中で折れ、引き下がりました。大迫選手は今でこそ日本代表のエースですが、当時は18歳の〝若造〟です。一方の私は鹿島アントラーズで試合に出続けているとき。「だから」というわけでもありませんが、そこまで私の強気に強気で返してくるとは恐れ入りました。自分が進む道を真っ直ぐ見据えて、そこに邪魔が入ってもブレてしまうことのない強さを私はその時の大迫選手に感じて、「この選手は必ずフォワードとして成功するだろう」と思いました。

心理面の揺さぶりが全く通用しないフォワードはディフェンダーからするとやりづらいものです。何をしてくるか分からないからです。ディフェンダーは、相手を少しでも知りたい。しかし、大迫選手と対峙する相手はそれができないだろうと思いました。私は、前述したトップレベルのストライカーたちと同じような印象をそのときの大迫選手に感じたのです。

「メンタルの強さ」とは一概にどんなものとは言えないものです。その強さの意味は、私が対戦してきた素晴らしい選手たちはみんなそれぞれに異なりました。

言葉にすれば「自分を持っている」ということなのだろうと思います。相手が駆け引きを挑んできてもブレない強さを自分なりに持っているということでしょう。

本書では、立ち位置やシステム、そこにから始まる駆け引きについて書いてきましたが、それらを「相手を見て」変えていけるには、「自分を持っている」ということが不可欠だと思います。

「相手によってぶれることがないメンタル」と「相手を見て変えていける方法論」と。そのどちらかではなく、どちらも持ち合わせていなければ、どんな相手も凌駕していける自分にはたどり着けないでしょう。相手はいつも異なるのですから。

「自分たちのサッカー」も同じかもしれません。

「相手云々にかかわらず自分たちがやるべきこと」と「相手（あるいは試合の流れなど）によって変えるべきもの」と。日本人が持つ強さとはきっとしなやかなものです。であるならば一面的でなく、どちらも兼ね備えたときに初めて「日本人らしいサッカー」が確立される、とは言えないでしょうか。

FOOTBALL INTELLIGENCE

終章

フットボールインテリジェンスとは何か？

やるべきことに「相手」は存在しているか？

フットボールインテリジェンス。様々な意味で定義することができます。本書で書いてきたことがその全てだと言うつもりは毛頭ありません。その解釈はいつまでも語られ続けるもの。「あーでもないこーでもない」とそれぞれのサッカー観をぶつけてみていただければと思います。

私の恩師、東京学芸大学蹴球部の瀧井敏郎先生がこの3月に退官されます。年明けの退官式に参加した時に思い出したのです。瀧井先生が私たちに、大学出身の選手がプロの世界で生き残っていくために追求すべきことを「インテリジェンス」という言葉で表現されていたことを。

私も同じタイミングで現役を引退することになりました。15年という長いキャリアを通して、私は「インテリジェンス」という言葉を少なからず意識してきたことに気づきました。プレーをしながら、いろいろな選手を観ながら、サッカーにおける「インテリジェンス」の意味を考えてきた選手生活だったように感じます。

最後の2年間はプレーをしながら、コーチングや執筆、解説業なども同時に行うことでサッカーの言語化にも努めてきました。それも結局は「サッカーが上手い選手とは？」。つまり〝フットボールインテリジェンスに優れた選手〟という言葉を噛み砕くことでした。

ぶち当たったのはいつも「フットボールインテリジェンス」の高い選手とは、相手とプレーしているということでした。決して自分の中、自分たちの中で完結するのではなく、常に判断基準の中に相手が存在し、相手によって判断を変えていける選手。考えていく先にはいつもそこに出口がありました。

言い換えれば、「勝つためにプレーしている」ことにつながります。試合は相手と戦うもの。相手に勝ったか負けたかで勝負は決まるものです。当たり前のことですが、それって意外と難しいことなのかもしれません。

やるべきことをやって負けたなら仕方ない。それはある意味で物事の真理で、勝った負けたを繰り返す中では、次に向かうために必要な心理でもあるでしょう。

ただ、問題として残るのは〝やるべきこと〟に相手が存在したか、ということです。「目の前の相手に勝つために全力を尽くした」と言えるのは、最後まで相手を見て、相手に勝つための方法を考え抜いた者だけです。

もし「やるべきこと」に相手が存在しなかったのであれば、サッカーが相手と戦っているスポーツである限り、やるべきことをやったとは言えない。だから、「やるべきこと」に相手を常に含んで話すべきなのだと思うのです。

もう一度、学び、考えることの第一歩

本書では、相手を見てプレーするための立ち位置、相手を見てサッカーをする

ためのシステムの理解、そして、それを踏まえた上で起こる駆け引きとは実際にどのように行われているかを書いてきました。

冒頭で書いたように、これで充分だとはまったくもって言えないものです。ただ、本書をきっかけとして、「相手を見てサッカーをする」ということを考えてみてほしいと思います。掘り下げていくと、きっとそれは決して「自分たちのサッカー」から外して考えることでもなく、ごく当たり前に「自分たちのサッカー」の一部であることを感じていただけると思います。

サッカーをプレーしていると把握しなければいけないことは多岐にわたります。ボール、味方、相手、流れ、時間帯、調子、気候、環境……。

その中で、どうしても把握しづらい「相手」というものを見るための〝私なり〟のコツのようなものがご紹介できていれば、本書の役割は果たしたと言えます。

そこから先はあなた自身で考えてみてください。

「フットボールインテリジェンス」に優れた選手とはどんな選手ですか？

相手を見てサッカーをするために必要なことはどんなことですか？

プロサッカー選手としての人生に幕を下ろした今、私もまた新たな入り口に立っています。もう一度、学ぶこと、考えることから。

この本がその第一歩となりました。

２０１９年３月　岩政大樹

岩政大樹

DAIKI IWAMASA

1982年1月30日生まれ、山口県出身。東京学芸大から鹿島アントラーズに加入し、2007年からJリーグ3連覇に貢献した。3年連続Jリーグベストイレブンに選出された。2010年南アフリカW杯日本代表。13年に鹿島を退団したあとタイのテロ・サーサナ、ファジアーノ岡山、東京ユナイテッドFCを経て18年に現役を引退。ベストセラーとなった『PITCH LEVEL』(KKベストセラーズ)ではサッカー本大賞2018を受賞。解説や執筆を行うかたわら、メルマガ、ライブ配信、イベントを行う参加型の『PITCH LEVELラボ』を開設するなど、多方面に活躍の場を広げている。

ブックデザイン

鈴木成一デザイン室

DTPオペレーション

株式会社ライブ

カバー写真

Getty Images

編集協力

鈴木康浩、小林哲也、一木大治朗、今川一輝

編集

森 哲也

(株式会社カンゼン)

協力

株式会社三桂

FOOTBALL INTELLIGENCE

相手を見てサッカーをする

発行日
2019年3月28日初版
2020年8月23日第5刷発行

著者
岩政大樹

発行人
坪井義哉

発行所
株式会社カンゼン
〒101-0021
東京都千代田区外神田2-7-1 開花ビル
TEL 03(5295)7723　FAX 03(5295)7725
http://www.kanzen.jp/　郵便為替 00150-7-130339

印刷・製本
株式会社シナノ

万一、落丁、乱丁などがありましたら、お取り替え致します。

ISBN978-4-86255-505-2　Printed in Japan
定価はカバーに表示してあります。
ご意見、ご感想に関しましては、kanso@kanzen.jpまで
Eメールにてお寄せください。お待ちしております。